SAVOIR TOUT FAIRE

168 bis - 170 rue Raymond Losserand
75014 Paris
Tél. : 01 44 78 98 38
Fax. : 01 44 78 97 70

Éditrice Sylvie Valentin
Directrice de collection Stéphanie Guillaume
Auteur Julien Debove
Graphisme Clotilde Chevalier
Maquette Vanessa Paris - Sébastien Sibiril
Révision Emmanuelle Raux-Roterberg
& Jean-Marie Lorin

ISBN : 978-2-36145-002-1

SAVOIR TOUT FAIRE avec PHOTOSHOP®

Montage et effets spéciaux

TUTORIELS par Julien Debove

Oracom Éditions

SOMMAIRE

IV **Sommaire**
VI **Présentation de l'ouvrage**
VII **Interface de Photoshop**

1 Introduction
4 Mayday
12 Mieux comprendre : Nouveau document
14 Bulles lumineuses
22 Mieux comprendre : Les calques
24 Style Leopard
30 Mieux comprendre : Autres calques
32 Montgolfières
44 Mieux comprendre : Les modes de fusion
46 Rock'n'roll
56 Mieux comprendre : Les objets dynamiques
58 Catastrophe
70 Mieux comprendre : Les styles de calque
72 Danse lumineuse
78 Mieux comprendre : Les masques
80 Enfer incarné
88 Mieux comprendre : La Plume
90 Visage typo
98 Mieux comprendre : Les sélections
100 Homme liquide
110 Mieux comprendre : Transformation
112 Aurore Boréale
120 Mieux comprendre : Les filtres

122 L'eau et le feu
140 Mieux comprendre : Les pinceaux
142 Désintégration
152 Mieux comprendre : Couleurs
154 Vive le rétro !
168 Mieux comprendre : Couleurs (suite)
170 Swirl Girl
180 Mieux comprendre : Les formats
182 Pile glossy
198 Mieux comprendre : Les dégradés
200 Bubbleman
214 Mieux comprendre : Le texte
216 Voiture en fuite

Annexes

224 Les raccourcis les plus courants
226 Index

PRÉSENTATION DE L'OUVRAGE

1. Image du tutoriel

Au début de chaque tutoriel, vous trouverez l'image finale en grande taille afin d'apprécier le résultat auquel vous parviendrez.

2. Titre et introduction

Le titre, le chapeau et l'introduction ont pour but de vous présenter le tutoriel qui suit pour vous mettre dans les conditions de sa réalisation.

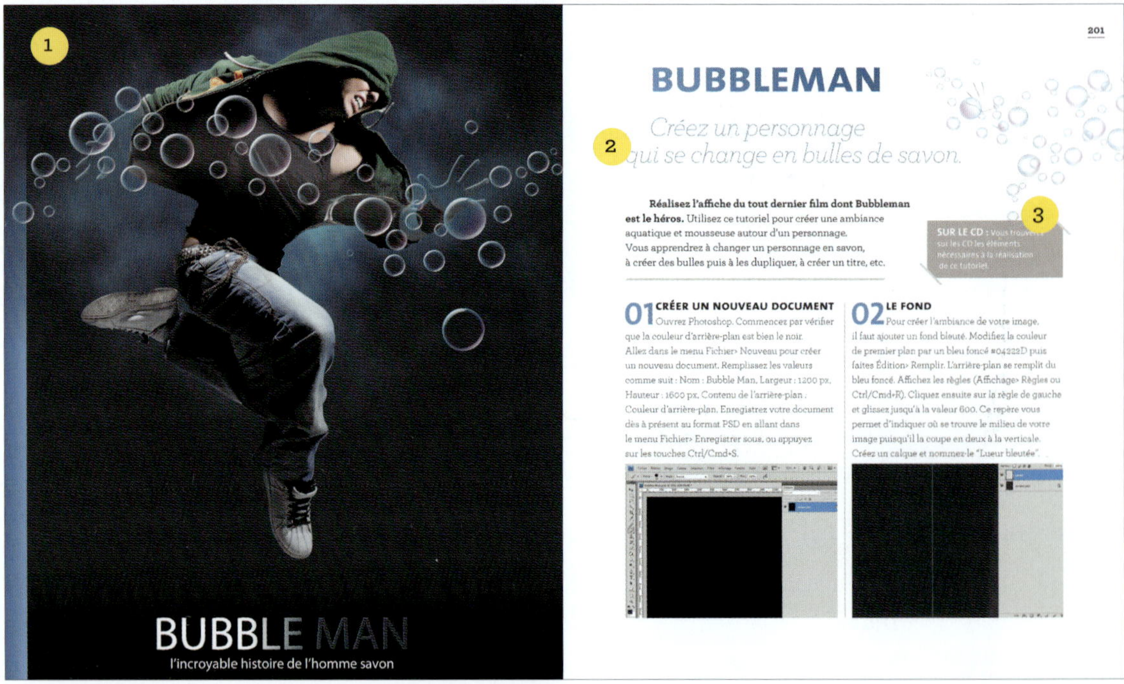

3. Sur le CD

Lorsque les éléments du tutoriel se trouvent sur le CD qui accompagne ce livre, ils sont détaillés ici.

1. Titre de l'étape
Le titre de chaque étape vous indique ce que vous allez précisément entreprendre.

2. Texte de l'étape
Le texte est concis afin de contenir une nouvelle avancée stratégique dans la réalisation du tutoriel complet.

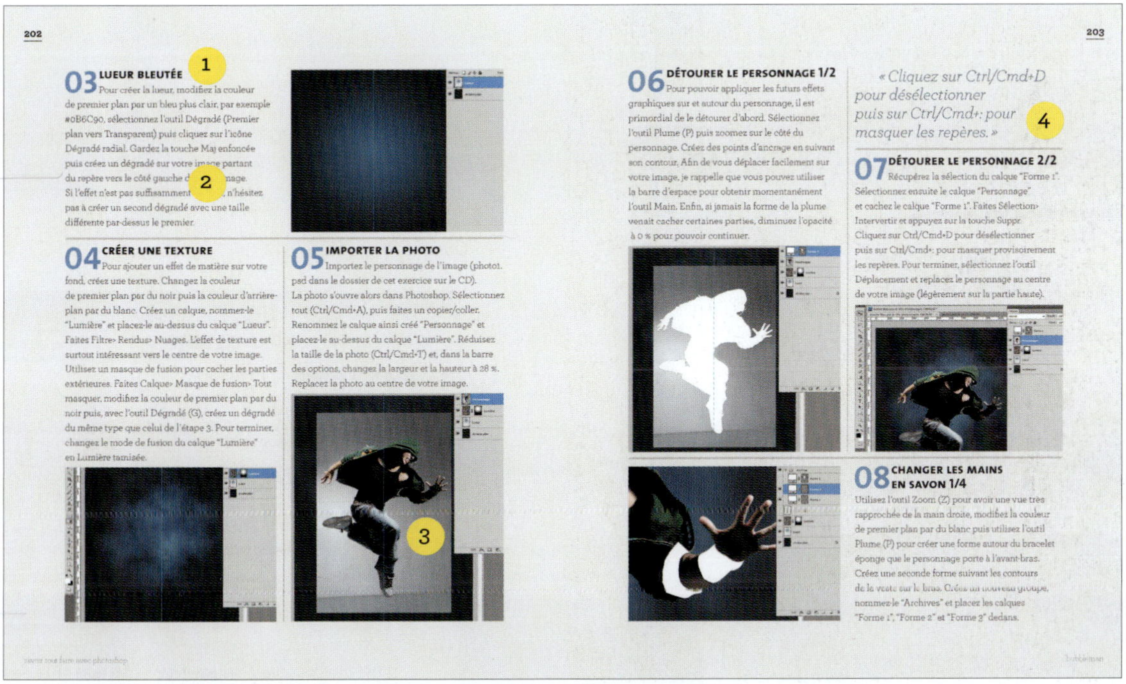
202

03 LUEUR BLEUTÉE 1
Pour créer la lueur, modifiez la couleur de premier plan par un bleu plus clair, par exemple #0B6C90, sélectionnez l'outil Dégradé (Premier plan vers Transparent) puis cliquez sur l'icône Dégradé radial. Gardez la touche Maj enfoncée puis créez un dégradé sur votre im 2 partant du repère vers le côté gauche d nage. Si l'effet n'est pas suffisamment , n'hésitez pas à créer un second dégradé avec une taille différente par-dessus le premier.

04 CRÉER UNE TEXTURE
Pour ajouter un effet de matière sur votre fond, créez une texture. Changez la couleur de premier plan par du noir puis la couleur d'arrière-plan par du blanc. Créez un calque, nommez-le "Lumière" et placez-le au-dessus du calque "Lueur". Faites Filtre› Rendus› Nuages. L'effet de texture est surtout intéressant vers le centre de votre image. Utilisez un masque de fusion pour cacher les parties extérieures. Faites Calque› Masque de fusion› Tout masquer, modifiez la couleur de premier plan par du noir puis, avec l'outil Dégradé (G), créez un dégradé du même type que celui de l'étape 3. Pour terminer, changez le mode de fusion du calque "Lumière" en Lumière tamisée.

05 IMPORTER LA PHOTO
Importez le personnage de l'image (photo1.psd dans le dossier de cet exercice sur le CD). La photo s'ouvre alors dans Photoshop. Sélectionnez tout (Ctrl/Cmd+A), puis faites un copier/coller. Renommez le calque ainsi créé "Personnage" et placez-le au-dessus du calque "Lumière". Réduisez la taille de la photo (Ctrl/Cmd+T) et, dans la barre des options, changez la largeur et la hauteur à 28 %. Replacez la photo au centre de votre image.

3

203

06 DÉTOURER LE PERSONNAGE 1/2
Pour pouvoir appliquer les futurs effets graphiques sur et autour du personnage, il est primordial de le détourer d'abord. Sélectionnez l'outil Plume (P) puis zoomez sur le côté du personnage. Créez des points d'ancrage en suivant son contour. Afin de vous déplacer facilement sur votre image, je rappelle que vous pouvez utiliser la barre d'espace pour obtenir momentanément l'outil Main. Enfin, si jamais la forme de la plume venait cacher certaines parties, diminuez l'opacité à 0 % pour pouvoir continuer.

« Cliquez sur Ctrl/Cmd+D pour désélectionner puis sur Ctrl/Cmd+: pour masquer les repères. » 4

07 DÉTOURER LE PERSONNAGE 2/2
Récupérez la sélection du calque "Forme 1". Sélectionnez ensuite le calque "Personnage" et cachez le calque "Forme 1". Faites Sélection› Intervertir et appuyez sur la touche Suppr. Cliquez sur Ctrl/Cmd+D pour désélectionner puis sur Ctrl/Cmd+: pour masquer provisoirement les repères. Pour terminer, sélectionnez l'outil Déplacement et replacez le personnage au centre de votre image (légèrement sur la partie haute).

08 CHANGER LES MAINS EN SAVON 1/4
Utilisez l'outil Zoom (Z) pour avoir une vue très rapprochée de la main droite, modifiez la couleur de premier plan par du blanc puis utilisez l'outil Plume (P) pour créer une forme autour du bracelet éponge que le personnage porte à l'avant-bras. Créez une seconde forme suivant les contours de la veste sur le bras. Créez un nouveau groupe, nommez-le "Archives" et placez les calques "Forme 1", "Forme 2" et "Forme 3" dedans.

3. Capture d'écran
La capture d'écran est là en support du texte et vous montre où cliquer et comment agir.

4. Encadré et exergues
Certains tutoriels sont ponctués d'encadrés et d'exergues qui vous fournissent des astuces.

L'INTERFACE DE PHOTOSHOP

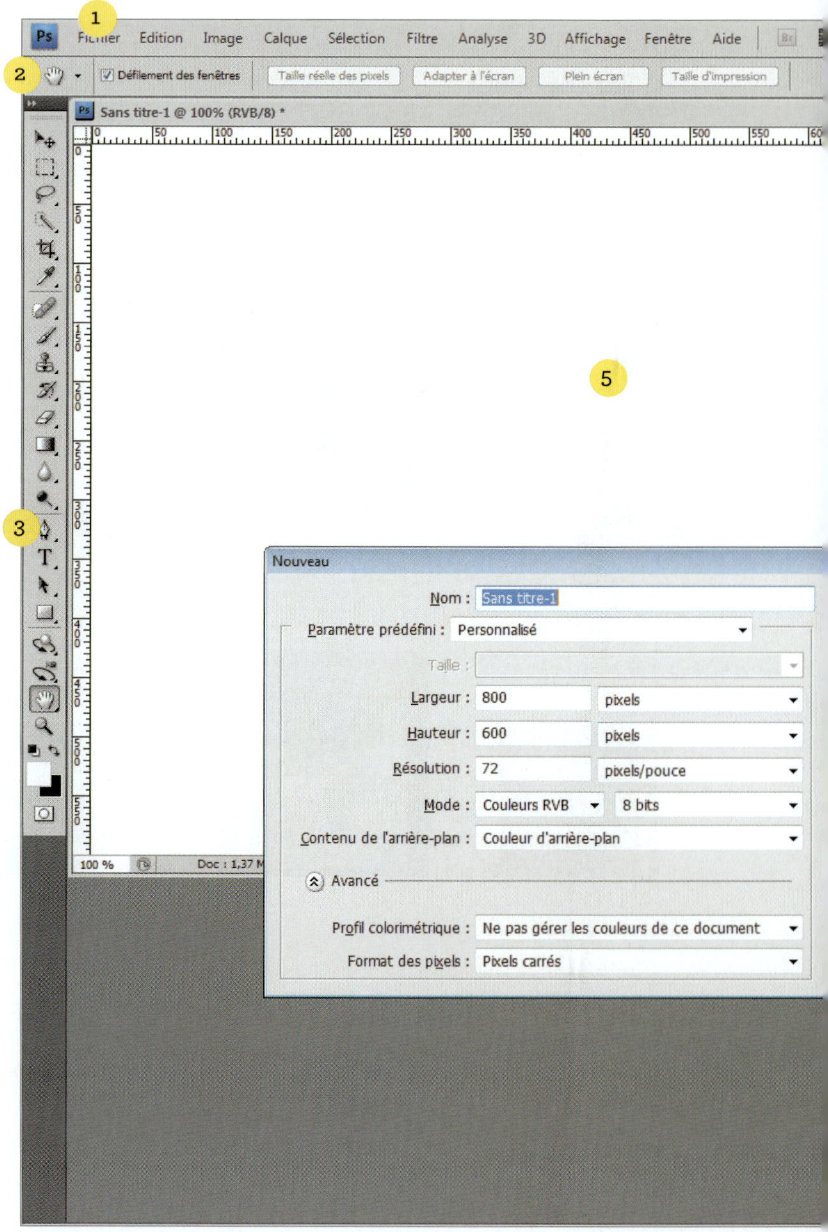

Qu'il s'agisse des menus ou du placement des panneaux et barres, Photoshop vous permet à tout moment de sauvegarder l'espace de travail tel que vous l'avez configuré, ou de revenir à un placement par défaut ou paramétré en passant par le menu Fenêtre> Espace de travail.
Vous trouverez dans l'aide du logiciel plus de détails sur la gestion de l'interface.

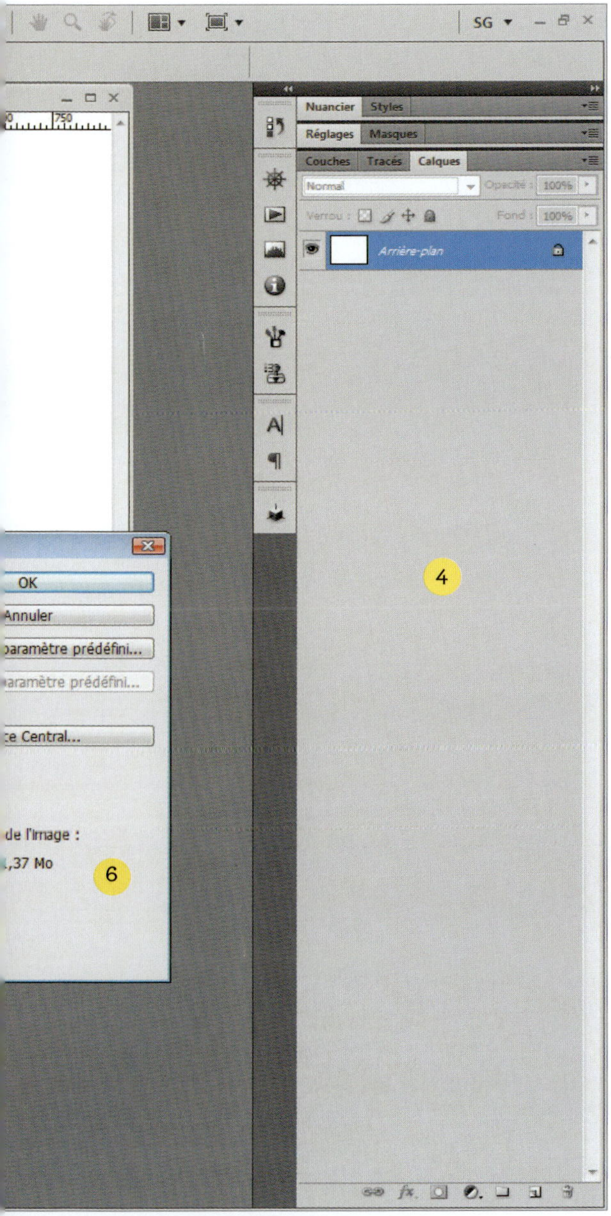

1. Le menu

Le menu se trouve en haut de l'interface, au-dessus de la barre d'options et contient tous les menus de l'application.

2. La barre d'options

Cette barre, placée en haut de l'écran, contient les options de l'outil sélectionné. Elle permet de le paramétrer plus précisément.

3. La barre d'outils

Cette barre contient tous les outils de Photoshop. Vous pouvez la réduire sur une colonne ou la laisser sur deux selon vos préférences.

4. Les panneaux

Les panneaux de Photoshop se trouvent par défaut à droite de l'interface, mais peuvent être détachés, empilés, réduits et développés à souhait.

5. Les documents

Les documents de Photoshop peuvent être ouverts par onglets, les uns à côté des autres ou encore les uns sous les autres selon les besoins.

6. Les boîtes de dialogue

Lorsque vous sélectionnez une fonction dans un menu, souvent une boîte de dialogue s'ouvre pour vous permettre d'entrer des réglages.

REMERCIEMENTS

Francis Milani
Johnson Koh
Uli Staiger & video2brain
Nicolas Chaunu
Designious
Akeara Williams
Adobe et Ketchum

Et nos proches pour leur soutien.

INTRODUCTION

Depuis des années que j'écris des tutoriels pour aider les utilisateurs de Photoshop à apprendre et à se perfectionner, je n'ai de cesse d'essayer d'améliorer la méthode mais surtout la façon de placer les bons mots sur les bonnes actions. Cependant, un texte ne pourra que vous expliquer une technique ou vous donner des astuces pour une utilisation plus rapide, ou vous fournir des informations sur la façon la plus efficace d'utiliser les outils que ce logiciel met à votre disposition. Ceci étant dit, maîtriser l'outil est primordial si vous souhaitez avancer dans le monde de la création graphique ; aussi, j'ai pris un soin particulier à vous apporter le plus possible d'explications sur les outils à utiliser, les fonctions à activer, les zones où cliquer. Les tutoriels de ce livre sont ainsi d'une extrême précision et vous aideront à appréhender, que vous soyez utilisateur débutant ou confirmé, les côtés les plus complexes de Photoshop.

Que ce soit via mes sites Internet ou lors de mes formations, j'ai remarqué que les étudiants avaient systématiquement un décalage entre l'apprentissage de l'outil ou la reproduction d'une action et sa mise en pratique sur un travail concret. Il paraît évident que, même si un outil est compris, l'utiliser au bon moment et de façon efficace est une tout autre affaire.

S'il y a bien une chose que j'ai apprise durant ces années, c'est que l'inspiration, que ce soit en termes d'originalité ou de conception, ne s'apprend pas mais qu'elle s'obtient. Dire qu'une personne est plus inspirée qu'une autre, c'est peut-être vrai, mais sachez que l'inspiration n'est pas un talent inné, ça se prépare, se travaille et surtout s'entretient.

Beaucoup de graphistes débutants pensent subir le syndrome de la page blanche alors que leur manque d'idées provient justement du fait qu'ils sont débutants. Quelques lignes plus haut, j'écrivais que l'inspiration se prépare, se travaille et s'entretient, je crois profondément à ce cheminement, laissez-moi vous l'expliquer et vous l'imager : si votre savoir concernant l'art et le graphisme était matérialisé par un livre, alors celui-ci, au premier jour de votre apprentissage, serait vierge.

La première étape, la préparation, passe par le suivi et la réalisation d'exercices. Ces actions vous permettront d'écrire le sommaire, mais également le glossaire, vous connaîtrez alors les outils, les fonctions et les fenêtres de Photoshop, et comment cela fonctionne. La deuxième étape, le travail, passe par la réalisation de compositions graphiques uniques, l'important n'étant pas de produire mais de mettre en pratique les connaissances que vous avez acquises. L'expérience ainsi tirée de ces travaux vous permettra de remplir vos pages. Petit à petit, votre livre se remplira... mais après quelque temps, vous remarquerez que l'homogénéité de l'écriture vous dérange. Il sera temps de passer à la dernière étape : l'entretien. Ouvrez-vous aux travaux des autres, soyez observateur et utilisez chaque chose pour vous en inspirer. Personnellement, il ne se passe pas un jour sans que je consulte une galerie, un site, un livre, un magazine en me disant : *« Tiens ! Cette composition graphique, cette couleur ou cette forme est vraiment intéressante... Pourquoi ne pas l'ajouter à mon livre ? »*

Si cette métaphore était réelle et que je pouvais vous montrer mon livre, alors il ressemblerait très certainement à ce que vous avez entre les mains. Ce livre rassemble tout ce dont vous avez besoin pour préparer, travailler et entretenir vos connaissances liées à Photoshop. Des informations claires et précises sur les outils et les fonctions pour vous aider à utiliser Photoshop. Des exercices complets et originaux, expliqués étape par étape pour vous aider à travailler. Enfin de magnifiques compositions graphiques réalisées par plus d'une dizaine d'artistes pour vous donner de l'inspiration et des idées.

Comment j'ai créé ce livre

S'il y a bien une thématique qui rencontre un franc succès dans les communautés de graphistes, ce sont les effets spéciaux, voilà pourquoi j'ai choisi cette thématique. J'ai ensuite discuté de ce projet avec des amis (Webdesigners et graphistes pour la plupart) et je leur ai demandé quelles techniques ils pensaient être les plus utiles et surtout les plus utilisées sous Photoshop. J'ai ensuite fait le tour du Web, de mes livres et de mes magazines et j'ai sélectionné une vingtaine d'effets spéciaux différents. À ce moment-là, je possédais deux listes, une première avec des techniques et des outils, une seconde avec des effets spéciaux. J'ai commencé à écrire mes tutoriels pour expliquer un à un les effets spéciaux que j'avais sélectionnés, tout en veillant à cocher chaque outil et chaque technique pour être sûr de les avoir tous expliqués dans les pages du livre.

À qui ce livre est-il destiné ?

J'ai écrit les tutoriels avec une attention particulière, chaque étape de chaque exercice bénéficie d'une précision extrême permettant de suivre en étant débutant, ce qui ne signifie en rien que ce livre soit spécifiquement destiné aux débutants. Il pourra en particulier ravir les initiés et autres professionnels en leur apportant de nouvelles méthodes pour créer tel ou tel effet. De plus, les pages "inspiration" pourront les aiguiller vers de nouvelles idées de créations graphiques. Pour synthétiser, ce livre est destiné à tous les utilisateurs de Photoshop.

Comment lire ce livre ?

Le livre se compose d'une vingtaine de tutoriels, chacun séparé par une image d'inspiration. Chaque tutoriel peut être lu de façon indépendante, vous pouvez par exemple suivre le dernier tutoriel avant le premier. J'ai écrit chaque tutoriel en suivant une même matrice. Ils commencent tous par l'ouverture de Photoshop, la création d'une nouvelle image, puis chaque étape s'enchaîne et l'image se crée petit à petit. Les étapes d'un même tutoriel ne peuvent pas être mélangées et doivent obligatoirement être suivies dans l'ordre chronologique.

JULIEN DEBOVE

MAYDAY

Atterrissage forcé d'un avion grâce à la photomanipulation.

Dans ce tutoriel, vous n'apprendrez pas à détourner un avion mais le sens de plusieurs photos pour créer un photomontage d'une catastrophe aérienne. Ce tutoriel est une initiation à cette nouvelle technique qui sera utilisée de façon plus complète et spécialisée dans d'autres tutoriels de ce livre, voilà pourquoi il est important que vous réussissiez celui-ci.

SUR LE CD : Vous trouverez sur le CD les éléments nécessaires à ce tutoriel : brushesws31.abr, Clouds-by-Mila.abr, photo1.psd, photo2.psd et photo3.psd.

01 OUVRIR PHOTOSHOP

Ouvrez Photoshop. Ensuite, insérez le CD-Rom fourni avec ce livre. Si une nouvelle fenêtre ne s'ouvre pas, allez directement dans les dossiers du CD pour trouver les fichiers sources des tutoriels : dans le dossier Tutoriel Air plane, ouvrez le fichier photo1.psd. La première étape consiste à détourer la partie inférieure pour supprimer la partie supérieure. Pour cela, sélectionnez l'outil Plume (P) puis zoomez sur l'horizon à gauche de l'image.

02 DÉTOURER LE PAYSAGE 1/3

Une fois que vous avez une vue suffisamment proche de l'horizon, commencez par créer un point d'ancrage sur le côté gauche de l'image, puis un deuxième suivant les contours des montages, puis un troisième. En même temps que vous créez des points d'ancrage, suivez les contours des montagnes. Soyez précis, le réalisme du photomontage passe également par le sérieux de vos détourages.

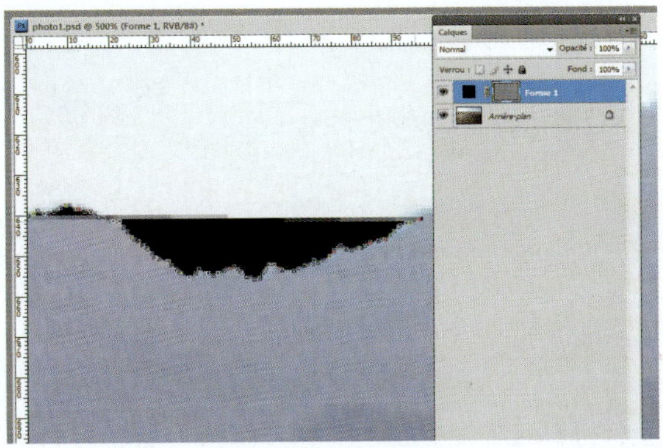

« N'oubliez pas de fermer complètement votre forme en créant le dernier point d'ancrage sur le premier. »

03 DÉTOURER LE PAYSAGE 2/3

N'oubliez pas de fermer complètement votre forme en créant le dernier point d'ancrage sur le premier. Une fois cela fait, vérifiez qu'un nouveau calque "Forme 1" est bien présent dans le panneau Calques. Puis, en appuyant sur la touche Ctrl/Cmd, faites un clic sur la seconde vignette du calque "Forme 1". Le calque correspondant se sélectionne, allez maintenant dans le menu Sélection> Intervertir, cliquez sur l'icône de l'œil du calque "Forme 1" pour le masquer et cliquez sur le calque "Arrière-plan".

04 DÉTOURER LE PAYSAGE 3/3

Vous allez dupliquer le calque "Arrière-plan". Pour cela, faites un clic droit dessus puis cliquez sur Dupliquer le calque. Maintenant, vous allez masquer le calque "Arrière-plan" (en cliquant sur son icône œil). Positionnez-vous sur le calque "Arrière-plan copie" et appuyez sur la touche Suppr. Vous pouvez constater que la partie du ciel a disparu, laissant place à un espace transparent (la transparence est symbolisée dans Photoshop par un damier gris et blanc).

05 AGRANDIR VOTRE DOCUMENT

Dans cet exercice, nous avons besoin de travailler sur une image positionnée à la verticale. Vous devez donc redimensionner votre document. Pour cela, rien de plus simple : appuyez en même temps sur les touches Ctrl/Cmd+Alt+C pour ouvrir la fenêtre Taille de la zone de travail. Changez la hauteur à 3000 pixels (vérifiez que l'unité de mesure sélectionnée est bien le pixel et non le centimètre) et changez la position en cliquant sur le petit carré au milieu en bas. Pour valider la modification, cliquez sur OK. Remarquez le changement de dimension de votre image.

06 COLLER UN NOUVEAU CIEL

Retournez dans les fichiers du tutoriel (sur le CD) puis ouvrez le fichier photo2.psd dans Photoshop. Une fois le fichier ouvert, faites Ctrl/Cmd+A pour sélectionner tout le document puis copiez. Ensuite, retournez sur votre création graphique, cliquez une fois sur le calque "Arrière-plan" puis collez photo2. Votre image prend alors une nouvelle dimension, vous pouvez passer à la création de l'avion !

07 DÉTOURER L'AVION 1/3

À présent que vous avez terminé le paysage, vous allez commencer par ajouter l'avion. L'élément principal de cet exercice étant cet avion, je vous conseille d'apporter un soin particulier à cette étape ! Retournez dans les fichiers du tutoriel (sur le CD) puis ouvrez le fichier photo3.psd dans Photoshop. Ensuite, sélectionnez l'outil Plume (P), zoomez sur l'une des ailes de l'avion et commencez à créer une forme qui fera tout le tour de la carlingue.

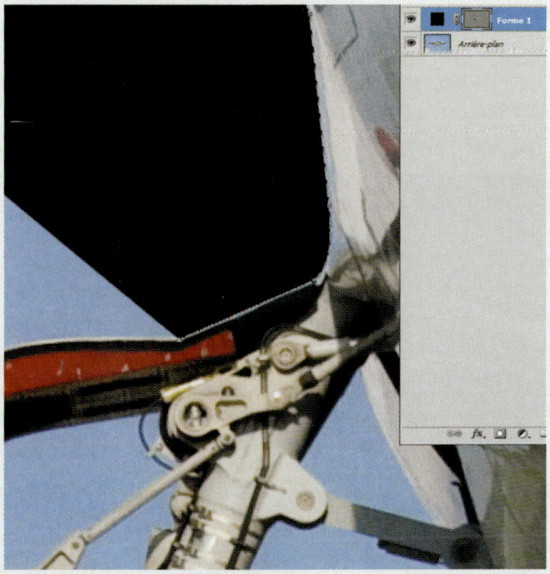

08 DÉTOURER L'AVION 2/3

N'hésitez pas à zoomer sur certaines parties difficiles de l'avion pour avoir plus de précision. Une fois que vous avez fait le tour, fermez la forme. Vous allez maintenant dupliquer le calque "Arrière-plan" puis le masquer. Pour le dupliquer, faites un clic droit sur le calque et sélectionnez Dupliquer le calque ; pour le masquer, un clic sur l'icône œil devrait suffire. Pour terminer cette étape, vous allez récupérer la sélection du calque "Forme 1". Pour cela, appuyez sur la touche Ctrl/Cmd puis cliquez sur la seconde vignette du calque "Forme 1".

09 DÉTOURER L'AVION 3/3

Vous allez ici terminer le détourage de l'avion. Commencez par masquer le calque "Forme 1". Normalement seul le calque "Arrière-plan copie" reste visible. Allez dans le menu Sélection> Intervertir, vérifiez que vous vous trouvez bien sur le calque "Arrière-plan copie" et appuyez sur la touche Suppr. Cette ultime manipulation fait disparaître le ciel, laissant place au damier de transparence de Photoshop. Vous remarquerez que certaines parties du ciel sont encore présentes, notamment au niveau du train d'atterrissage, utilisez alors la même méthode de détourage pour les supprimer.

10 AJOUTER L'AVION

Importez maintenant cet avion vers votre composition graphique. Pour cela, utilisez la même méthode que pour l'étape 6 : commencez par sélectionner toute l'image, puis copiez/collez-la dans votre document initial. Votre avion devrait alors se positionner au milieu de votre document. Vous allez maintenant le modifier légèrement en le réduisant (si vous le souhaitez) et en le faisant pivoter de quelques degrés sur la gauche grâce à la Transformation libre que vous activerez grâce aux touches Ctrl/Cmd+T.

11 ABÎMER LE RÉACTEUR

Vous allez maintenant apporter des effets graphiques sur le réacteur gauche pour donner l'illusion qu'il est abîmé et qu'il ne fonctionne plus, rendant l'atterrissage de l'avion obligatoire. Commencez par zoomer sur le réacteur en question. Ensuite, assombrissez la zone autour (sur l'aile) puis le réacteur lui-même. Utilisez pour cela l'outil Densité + (disponible dans la barre d'outils, raccourci O). Cet outil s'utilise comme un pinceau : cliquez sur l'image puis dessinez sur les parties à assombrir. Répétez l'opération autant de fois que nécessaire.

« Le réacteur a l'air vraiment mal en point, vous allez créer de la fumée s'échappant des turbines. »

12 SUPPRIMER LES PARTIES ÉTINCELANTES 1/2

Créez un nouveau calque au-dessus du calque "Calque 2" (correspondant à l'avion) en faisant Ctrl/Cmd+Maj+N. Sélectionnez l'outil Pinceau (B) puis changez la couleur de premier plan en noir et enfin sélectionnez une forme Arrondi flou de 70 pixels. Sur l'image, recouvrez la partie haute du réacteur, le contour ainsi que l'intérieur. Pour terminer cette étape, dupliquez le calque "Calque 3"en faisant clic droit dessus et en sélectionnant Dupliquer ce calque.

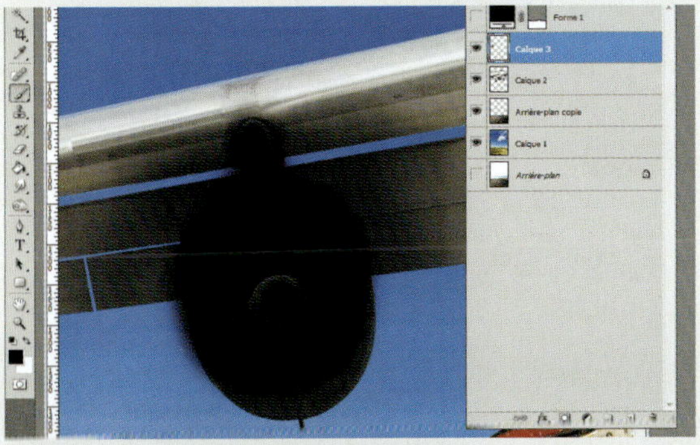

13 SUPPRIMER LES PARTIES ÉTINCELANTES 2/2

Il faut maintenant modifier les deux calques précédemment créés ("Calque 3" et "Calque 3 copie"). Sélectionnez le calque "Calque 3" puis changez son mode de fusion en Lumière tamisée (voir le menu déroulant en haut à gauche du panneau Calques). Enfin, sélectionnez le calque "Calque 3 copie" et réduisez son opacité à 40 % (voir le menu déroulant Opacité en haut à droite du panneau Calques).

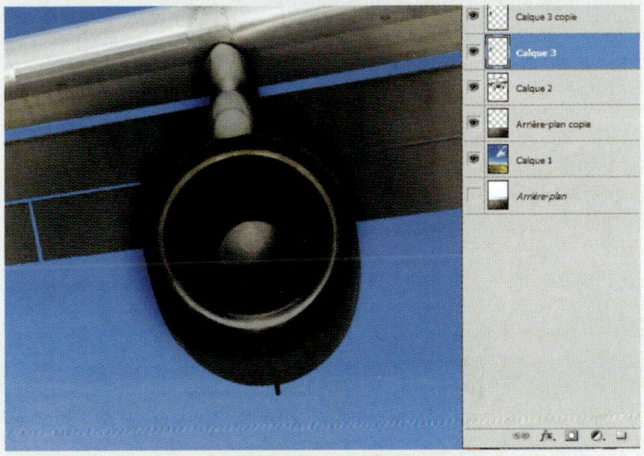

14 CRÉER DE LA FUMÉE NOIRE

Maintenant que le réacteur a l'air vraiment mal en point, vous allez créer de la fumée s'échappant des turbines. Pour cela, rien de plus simple : commencez par créer un nouveau calque au-dessus de "Calque 3 copie" en appuyant sur les touches Ctrl/Cmd+Maj+N. Ensuite, sélectionnez l'outil Pinceau (B) puis chargez les formes des pinceaux disponibles dans les fichiers sources (voir sur le CD le fichier nuage.abr). Enfin, avec une couleur noire et les formes de nuages, créez de la fumée qui s'échappe du réacteur, à gauche puis à droite.

15 RENOMMER LES CALQUES

Vous pouvez constater que le panneau Calques commence à être encombré. Vous allez donc profiter de cette étape pour renommer chacun des calques. Pour renommer un calque, c'est très simple : il suffit de double-cliquer sur son nom. Voici comment les renommer : "Calque 1" en "Ciel", "Arrière-plan copie" en "Paysage", "Calque 2" en "Avion", "Calque 3" en "Ombre 1", "Calque 3 copie" en "Ombre 2" et enfin "Calque 4" en "Fumée". Enfin, créez un nouveau calque que vous placerez sous le calque "Avion" et que vous appellerez "Fumée gris clair".

16 FUMÉE DANS LE CIEL 1/2

Vous allez maintenant créer de la fumée qui se répand dans le ciel. Pour obtenir un effet de profondeur, vous allez devoir le faire en plusieurs étapes. Commencez par créer la fumée lointaine avant de revenir petit à petit vers le réacteur. Placez-vous sur le calque "Fumée gris clair", sélectionnez l'outil Pinceau (B) avec une forme Arrondi flou à 800 pixels puis cliquez une fois sur votre image (le réacteur devra bien sûr être au centre de cette volute de fumée).

17 FUMÉE DANS LE CIEL 2/2

Utilisez la même technique que précédemment pour créer de la fumée sur cinq calques. Commencez par le premier calque avec un gris très clair et un pinceau Arrondi flou à 800 pixels puis, sur le deuxième calque, prenez un pinceau Arrondi flou à 600 pixels avec un gris clair, et sur le troisième un pinceau de 400 pixels Arrondi flou avec une couleur grise, etc. Vous devrez à la fin obtenir sur votre image une sorte de nuage de fumée noire se dissipant derrière l'avion.

18 CRÉER UNE OMBRE SUR LE SOL 1/3

Le paysage et l'avion sont terminés. Pour en finir avec ce tutoriel, vous allez simplement donner un peu plus de réalisme à votre scène en ajoutant l'ombre de l'avion venant se projeter sur la route. Pour cela, commencez par vous positionner sur le calque "Paysage" puis créez un nouveau calque (Ctrl/Cmd+Maj+N ou allez dans le menu Calque> Nouveau > Calque) que vous appellerez "Ombre". Récupérez la sélection du calque "Avion" (cliquez sur la vignette du calque "Avion" avec la touche Ctrl/Cmd enfoncée).

19 CRÉER UNE OMBRE SUR LE SOL 2/3

L'avion est alors sélectionné. Remplissez cette sélection de noir en utilisant l'outil Pot de peinture (G). Appuyez sur les touches Ctrl/Cmd+D pour désélectionner. En utilisant l'outil Déplacement (V), placez cet avion noir sur le bas de votre image, puis appuyez sur les touches Ctrl/Cmd+T pour activer la Transformation libre. Avec la souris, cliquez sur le point de transformation en haut au milieu et ramenez-le vers le bas pour aplatir l'ombre sur la route.

20 CRÉER UNE OMBRE SUR LE SOL 3/3

Vous allez maintenant donner une touche de réalisme à l'ombre. Pour cela, commencez par flouter l'ombre puis allez dans le menu Filtre> Atténuation> Flou gaussien et configurez à 40 pixels. Cliquez sur OK pour valider. Enfin, diminuez l'opacité de ce calque à 50 % (l'option d'opacité se trouve en haut à droite du panneau Calques). Pour terminer, n'oubliez pas de sauvegarder votre document en PSD afin de garder une trace de vos calques et en JPEG pour une utilisation sur Internet.

L'ARTISTE
Akeara Williams
Akeara est designer graphique et photographe de mode en devenir à Memphis, Tenessee (USA). Elle aimerait, un jour, mélanger ses designs et ses photos. Elle espère qu'un jour, ce sera ses créations que l'on verra dans les magazines. http://akearayvette.deviantart.com/

Nouveau document

Passage obligatoire pour une nouvelle création, le menu Fichier> Nouveau document ouvre une boîte de dialogue permettant de définir la taille de votre document soit en choisissant un format prédéfini dans le menu déroulant, soit en indiquant la Largeur, la Hauteur et la Résolution dans différentes unités de mesure. Vous pouvez, dans cette boîte, choisir aussi le mode de couleur et le contenu de l'arrière-plan ainsi que le profil colorimétrique du fichier.

Si vous avez l'habitude d'utiliser souvent les mêmes formats, une fois les réglages définis, vous pouvez cliquer sur le bouton Enregistrer le paramètre prédéfini... à droite de la boîte de dialogue pour le mémoriser. Il apparaîtra alors dans le menu déroulant pour les prochaines fois.

BULLES LUMINEUSES

Créer un incroyable effet de lumière colorée.

Réalisez en quelques minutes cet incroyable effet coloré en utilisant des techniques simples. Cet effet est inspiré d'une réalisation du brésilien Fabio Sasso (www.abduzeedo.com).

SUR LE CD : Vous trouverez sur les CD le fichier final au format PSD avec les calques pour suivre le tutoriel.

01 CRÉER UN NOUVEAU DOCUMENT

Ouvrez Photoshop. Dans mon exemple, j'ai créé un nouveau document de 1200 pixels de large sur 1600 de haut avec un fond noir. Pour cela, changez la couleur d'arrière-plan par du noir dans la barre d'outils puis allez dans le menu Fichier> Nouveau ou faites Ctrl/Cmd+N et configurez comme suit : Largeur : 1200 px, Hauteur : 1600 px, Contenu de l'arrière-plan : Couleur d'arrière-plan. Cliquez sur OK.

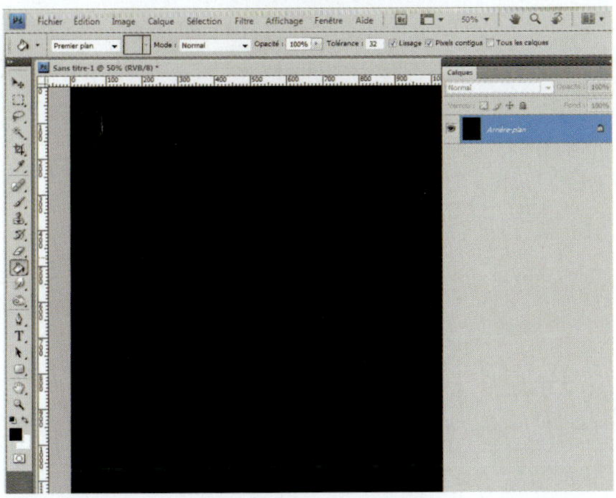

02 REMPLIR L'ARRIÈRE-PLAN

Votre nouveau document apparaît alors à l'écran. Vous allez maintenant remplir le calque "Arrière-plan" d'une nouvelle couleur. Pour cela, changez la couleur de premier plan par un gris foncé (#474747 par exemple), sélectionnez l'outil Pot de peinture (G) puis cliquez une fois sur votre image pour la colorier.

03 CRÉER LE FOND COLORÉ

Vous allez créer un nouveau calque (Calque> Nouveau> Calque... ou Ctrl/Cmd+Maj+N) puis, en utilisant une nouvelle fois le Pot de peinture, le remplir de la même couleur que celle de l'étape 2 (#474747). Enfin, ajoutez un style de calque Incrustation en dégradé. Pour cela, allez dans le menu Calque> Style de calque> Incrustation en dégradé... La fenêtre Incrustation en dégradé s'ouvre, passez à l'étape suivante pour connaître la configuration exacte.

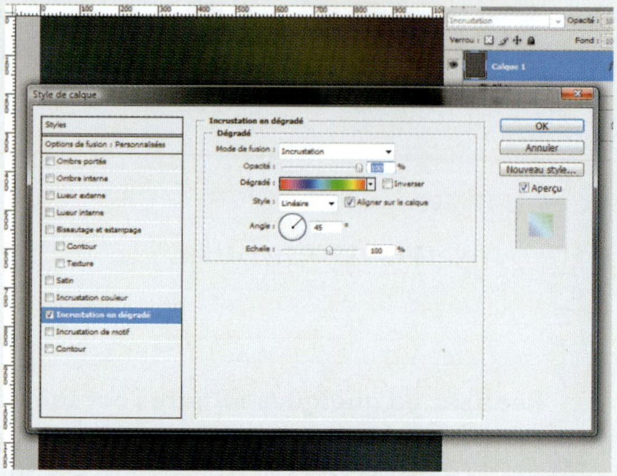

04 VALIDATION DU DÉGRADÉ

Dans le menu Mode de fusion de la fenêtre Incrustation en dégradé, choisissez Incrustation puis le dégradé Spectre dans la configuration des couleurs. Enfin, changez l'angle à 45° et, pour valider votre dégradé, cliquez sur OK. Vous devriez obtenir sur le "Calque 1" un dégradé coloré comme dans notre capture. Si ce n'est pas le cas, vérifiez que vous avez bien configuré le dégradé dans la fenêtre des styles.

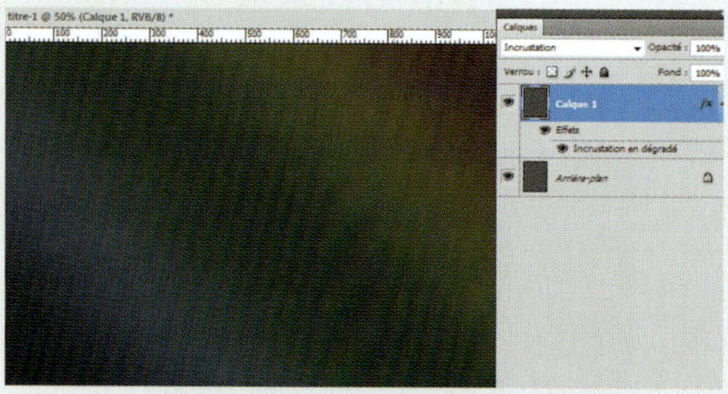

« Faites bien attention que le dégradé soit moins visible et qu'il reste toujours affiché à l'écran. »

05 MODE INCRUSTATION

Vous allez maintenant changer le mode de fusion du "Calque 1" sur Incrustation. Pour cela, vérifiez que vous vous trouvez bien sur le "Calque 1" puis identifiez le menu déroulant Mode de fusion en haut à gauche dans le panneau Calques. Par défaut, il est réglé sur Normal. Changez-le en sélectionnant Incrustation. Faites bien attention que le dégradé soit moins visible et qu'il reste toujours affiché à l'écran ; si ce n'est pas le cas, utilisez un gris plus clair dans les étapes 2 et 3.

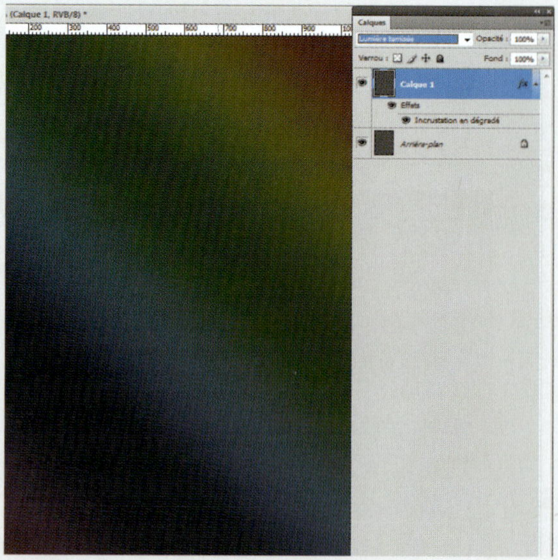

« Pour créer un rond et non un ovale, n'oubliez pas de garder la touche Maj enfoncée »

06 CACHER LES CALQUES

Dans le panneau Calques, vous avez la possibilité de masquer un calque en appuyant sur l'icône en forme d'œil. Utilisez cette technique pour masquer le "Calque 1" ainsi que le calque "Arrière-plan". En masquant ces deux calques, votre image devrait maintenant ressembler à un damier bicolore blanc et gris.

07 CRÉER LE MOTIF

Vous allez créer un nouveau calque (Calque> Nouveau> Calque... ou Ctrl/Cmd+Maj+N), puis sélectionnez l'outil Ellipse (U) disponible dans la barre d'outils. Changez la couleur de premier plan en noir (#000000) puis créez un rond au milieu de votre image. Pour créer un rond et non un ovale, n'oubliez pas de garder la touche Maj enfoncée lorsque vous créez votre forme. Normalement, un nouveau calque "Forme 1" a été ajouté à votre panneau Calques.

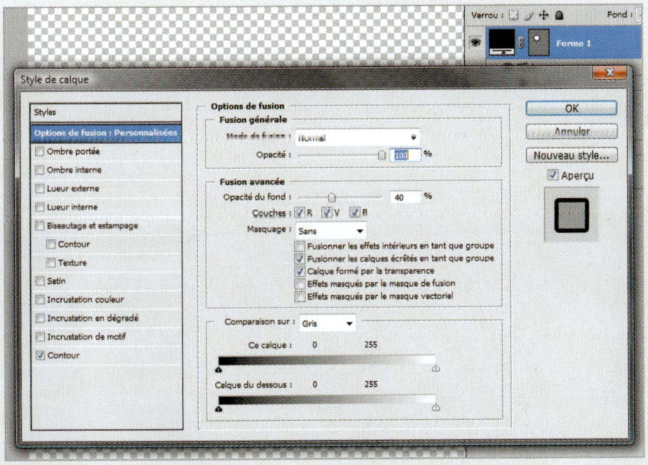

08 AJOUTER DES STYLES 1/2

Cliquez sur le calque "Forme 1" puis ouvrez la fenêtre Style de calque (pour cela, allez dans le menu Calque> Style de calque> Option de fusion). Dans la fenêtre, identifiez les options de Fusion avancées et diminuez l'Opacité du fond à 40 %. Il est important de diminuer l'opacité du fond car nous avons besoin de garder 100 % d'opacité sur les styles, or l'option Opacité générale diminue la visibilité sur tout le calque, y compris les styles !

« Pour les fusionner, allez dans le menu Calque> Fusionner les calques. »

09 AJOUTER DES STYLES 2/2

Vous allez pouvoir constater ici les différences entre Opacité et Fond. Toujours dans la même fenêtre (Style de calque), cliquez sur l'onglet Contour à gauche et configurez le contour comme suit : Taille : 5 px (à faire varier selon la taille de votre rond et de votre document), Position : Extérieur, Couleur : noir. Les autres options restent par défaut. Vous devriez obtenir un rond semi-transparent avec un contour noir profond, comme sur l'image ci-dessous.

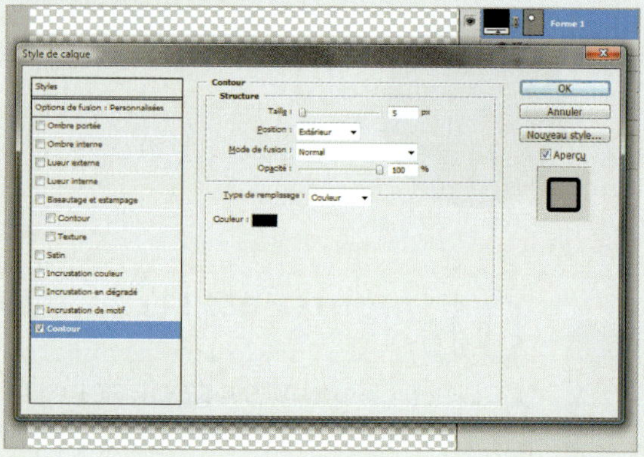

10 APLATIR LES STYLES 1/2

Avant de pouvoir utiliser votre rond pour créer une nouvelle forme, vous allez devoir aplatir les styles du calque “Forme 1”. Pour cela, commencez par créer un nouveau calque (Calque> Nouveau> Calque... ou Ctrl/Cmd+Maj+N). Un nouveau calque “Calque 2” devrait apparaître tout en haut dans le panneau Calques. Avec votre souris, faites-le glisser sous le calque “Forme 1” (un simple glisser-déposer est suffisant).

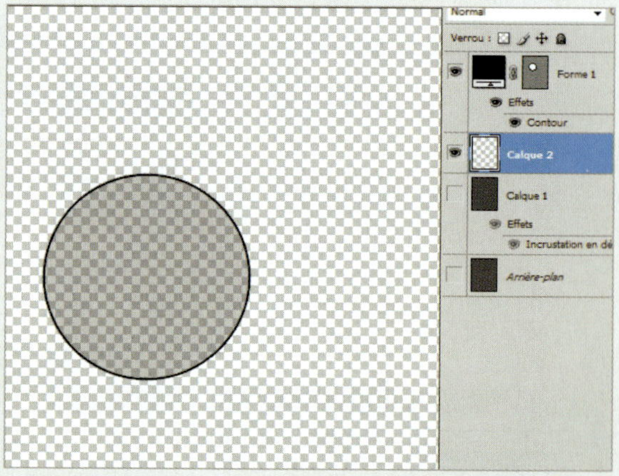

11 APLATIR LES STYLES 2/2

Pour aplatir les styles du calque “Forme 1”, vous allez devoir fusionner le calque “Forme 1” avec le calque “Calque 2”. Pour cela, commencez par sélectionner le calque “Forme 1” puis, en maintenant la touche Ctrl/Cmd enfoncée, sélectionnez le calque “Calque 2”. Cette manipulation vous permet de sélectionner deux calques en même temps. Pour les fusionner, allez dans le menu Calque> Fusionner les calques (ou Ctrl/Cmd+E). Le calque “Calque 2” disparaît, laissant place à un calque “Forme 1” avec des styles aplatis.

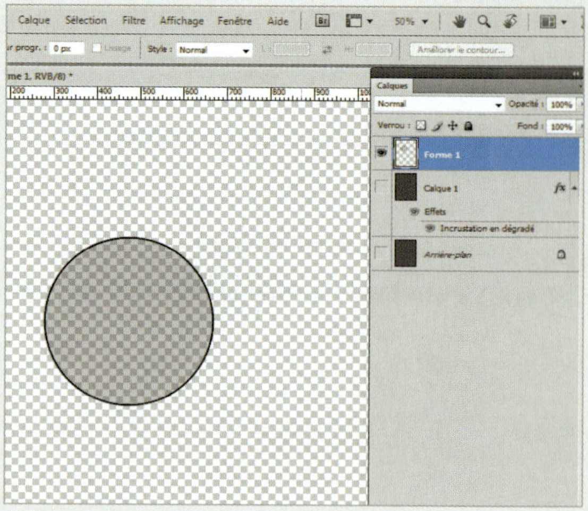

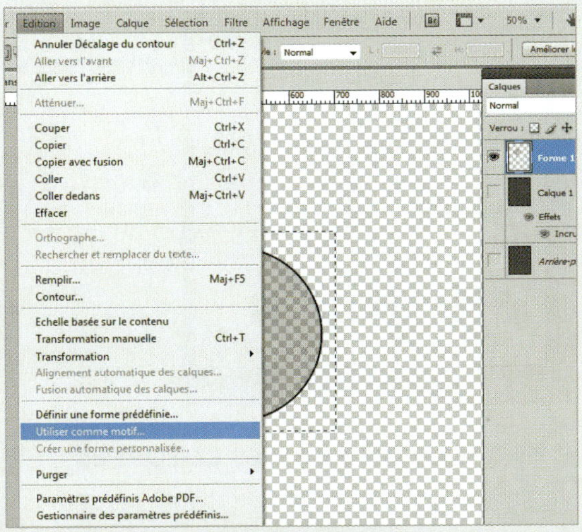

12 CRÉER VOTRE FORME

Vous allez maintenant utiliser le calque "Forme 1" pour créer une nouvelle forme de pinceau. Pour cela, rendez-vous dans le menu Édition> Définir une forme prédéfinie. Une nouvelle fenêtre apparaît, changez le nom si vous le désirez puis validez en cliquant sur le bouton OK. Pour voir si la création a bien été effectuée, appuyez sur F5 pour ouvrir le panneau Formes. La dernière de la liste devrait être votre forme tout juste créée.

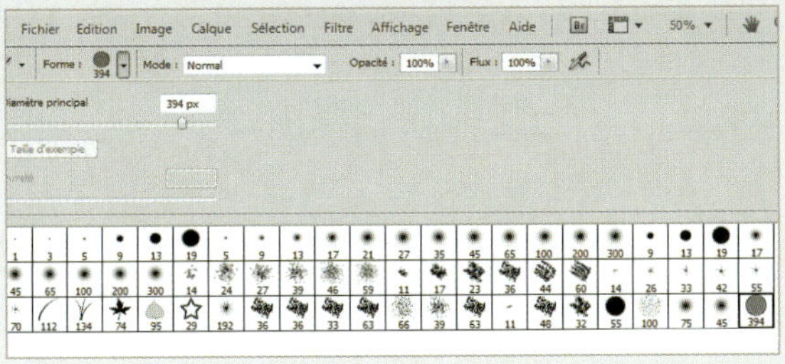

13 SÉLECTIONNER VOTRE NOUVELLE FORME

Sélectionnez le Pinceau dans la barre d'outils puis cliquez sur l'icône en haut pour ouvrir le sélecteur de formes prédéfinies (vous pouvez également appuyer sur F5 ou aller dans le menu Fenêtres> Formes). Dans la liste de formes, choisissez la dernière icône, soit celle que vous venez de créer.

14 CRÉER LES FORMES COLORÉES 1/4

Vous n'aurez plus besoin du calque "Forme 1". Cliquez sur l'œil pour le masquer ou supprimez-le (clic droit sur le calque puis Supprimer ce calque). Ensuite, cliquez sur l'œil du calque "Arrière-plan" ainsi que "Calque 1" pour les afficher de nouveau. Vous allez maintenant créer un nouveau groupe de calques. Pour cela, allez dans le menu Calque> Nouveau> Groupe, renommez-le en "Ronds" puis changez le mode de fusion de ce groupe en Densité couleur -. Enfin, créez un nouveau calque dans le dossier "Ronds" (Calques> Nouveau> Calque).

15 CRÉER LES FORMES COLORÉES 2/4

Vous avez normalement sélectionné l'outil Pinceau ainsi que votre nouvelle forme. Vous allez maintenant modifier sa diffusion. Pour cela, appuyez de nouveau sur F5 pour ouvrir la fenêtre des formes. Puis configurez ainsi la Dynamique de forme : Variation de la taille 40 %, puis la Diffusion : 800 %, Nombre : 1 et enfin Autre dynamique : Variation de l'opacité 50 %. Et, pour terminer, changez la Taille de la forme à 500 pixels.

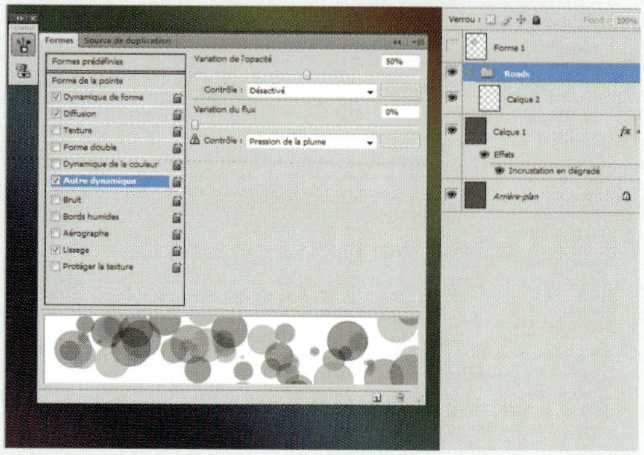

16 CRÉER LES FORMES COLORÉES 3/4

Vous allez maintenant créer la première volée d'effets. Pour cela, vérifiez que vous vous trouvez bien sur le calque "Calque 2" (dans la panneau Calques) puis choisissez le blanc comme couleur de premier plan. Enfin, avec votre souris, faites un long clic du haut vers le bas afin de créer une multitude de très grands ronds. Il est possible que la fonction aléatoire de Photoshop ne répartisse pas parfaitement les ronds sur la surface totale de votre image. Si c'est le cas, faites Ctrl/Cmd+Z pour annuler et recommencez. N'hésitez pas à recommencer plusieurs fois pour obtenir l'effet parfait.

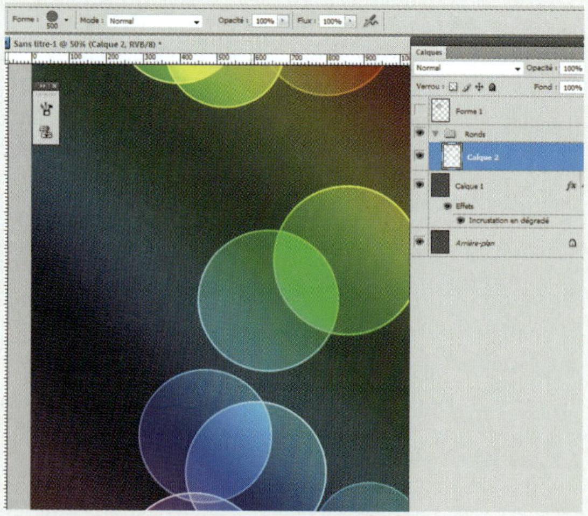

17 CRÉER LES FORMES COLORÉES 4/4

Pour donner un effet de profondeur à votre document, vous allez flouter cette première volée de ronds. Pour cela, utilisez le filtre Flou gaussien disponible dans le menu Filtre> Atténuation> Flou gaussien. Une nouvelle fenêtre devrait apparaître. Configurez alors le flou à 5 (attention, cette valeur devra diminuer ou augmenter selon la proportion de votre document). Pour valider le flou, cliquez simplement sur le bouton OK.

18 ENCORE DES RONDS

Vous allez maintenant créer une deuxième volée de ronds. Pour cela, commencez par créer un nouveau calque (Calque> Nouveau> Calque... ou Maj+Ctrl/Cmd+N), puis répétez les étapes 15, 16 et 17. Attention, dans l'étape 15, vous utiliserez une taille de 250 pixels et non de 500 pixels, et pour l'étape 17 appliquez un flou de 2 plutôt que de 5. Encore une fois, n'hésitez pas à recommencer plusieurs fois la création des points si la fonction aléatoire de Photoshop ne dispose pas les points sur toute la surface.

19 FINALISER AVEC DES RONDS

Vous voici déjà à la dernière étape de cet exercice ! Vous avez besoin pour terminer votre image d'une dernière volée de points. Pour cela, commencez par créer un nouveau calque (Calque> Nouveau> Calque... ou Maj+Ctrl/Cmd+N), puis répétez une nouvelle fois les étapes 15, 16 et 17. Vous réglerez la taille du pinceau à 200 pixels pour l'étape 15. Remarque : afin de respecter l'effet de profondeur, vous n'utiliserez pas le Flou gaussien à cette étape. Pour terminer, n'oubliez pas de sauvegarder votre document en PSD de façon à garder une trace de vos calques et en JPEG pour une utilisation sur Internet.

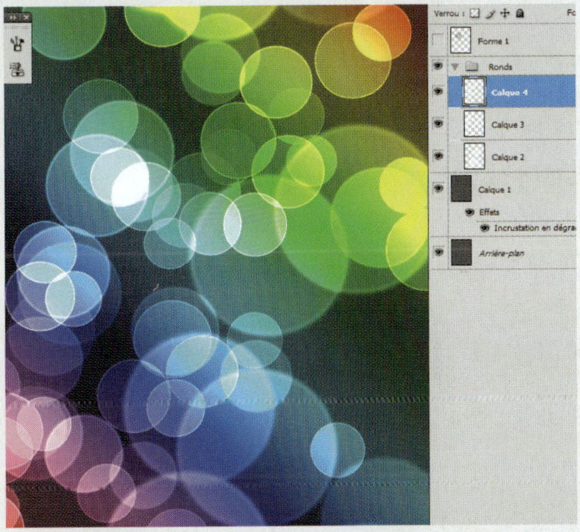

Effet de profondeur

Lors d'une prise de vue photographique, vous avez certainement remarqué que les objets se trouvant en arrière-plan sont flous alors que ceux en premier plan sont nets. Sous Photoshop, vous pouvez recréer cet effet en utilisant le Flou gaussien.

L'ARTISTE

Michael Mugnier

Michaël Mugnier, aka emka3000, est un jeune artiste de 26 ans qui exerce ses talents sur Lyon, en freelance depuis un an après avoir travaillé en agence. Il est spécialisé dans les illustrations dont les domaines sont le sport et la musique. http://www.emka3000.com.

Les calques

Les calques de Photoshop fonctionnent comme des vrais calques. Ce que vous voyez dans le panneau des calques en vertical, c'est comme regarder les épaisseurs que vous auriez posées sur un dessin. L'arrière-plan est votre feuille de base ou votre photo. Puis les calques s'empilent. Celui qui est en haut du panneau est celui qui est tout en haut de la pile. Vous pouvez les déplacer juste en cliquant dessus et en les glissant. Vous pouvez en ajouter et en supprimer grâce aux options en bas du panneau. Vous pouvez les renommer en double-cliquant sur leur nom et les colorer dans le menu d'options du panneau. Ici, vous pouvez également changer leur taille pour plus de visibilité, mais aussi choisir que le calque n'affiche que l'élément qu'il contient.

STYLE LEOPARD

Une image dans le style de la galaxie Apple Leopard.

Utilisé pour la promotion de son OS Leopard et sur la boîte de l'OS, ce design de galaxie est tout simplement magnifique. Voyez ici comme il est simple d'obtenir vous aussi votre galaxie design !

SUR LE CD : Vous trouverez sur le CD le fichier final avec les calques. Vous pouvez télécharger gratuitement les formes sur http://demosthenesvoice.deviantart.com/art/Star-Brushes-97311837 et http://keren-r.deviantart.com/art/Stars-Brushes-2-131218321

01 CRÉER UN NOUVEAU DOCUMENT

Ouvrez le logiciel Photoshop. Dans mon exemple, j'ai créé un nouveau document de 1200 pixels de large sur 1600 de haut avec un fond noir. Commencez par changer la couleur d'arrière-plan par du noir dans la barre d'outils puis allez dans le menu Fichier> Nouveau ou faites Ctrl/Cmd+N et configurez comme suit : Largeur : 1200 px, Hauteur : 1600 px, Contenu de l'arrière-plan : Couleur d'arrière-plan. Cliquez sur OK.

02 CRÉER DES ÉTOILES 1/3

Vous allez créer un parterre d'étoiles à l'aide de deux packs de formes de pinceaux dont l'URL est indiquée en introduction. Chargez le premier pack et sélectionnez l'outil Pinceau (B) puis, dans la barre d'options (en haut de l'écran), déroulez la configuration des formes. Dans le menu contextuel, cliquez sur Charger des formes. Dans la fenêtre, parcourez les dossiers pour trouver le fichier Stars Brushes by KeReN-R.abr. Pour terminer, appuyez sur Charger.

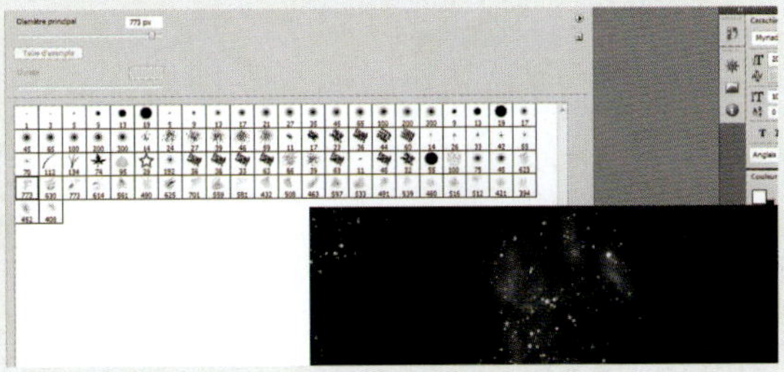

03 CRÉER DES ÉTOILES 2/3

Vous pouvez constater que les formes ont bien été ajoutées aux autres formes. Vous allez créer un nouveau calque (Calque> Nouveau> Calque... ou Ctrl/Cmd+Maj+N) que vous appellerez "Stars 1". Modifiez la couleur de premier plan en blanc puis faites varier les formes de pinceau pour créer des étoiles sur toute la surface de votre image. Enfin, vous allez diminuer l'Opacité du calque "Stars 1" à 60 %.

04 CRÉER DES ÉTOILES 3/3

Chargez le second pack de formes (voir étape 2) et chargez cette fois-ci le fichier Star_Brushes_by_DemosthenesVoice.abr. Enfin, créez un nouveau calque que vous appellerez "Stars 2". Vous allez sur ce calque utiliser les formes d'étoiles uniques pour créer çà et là des étoiles étincelantes. N'hésitez surtout pas à faire varier leur taille afin de leur ajouter un effet de profondeur.

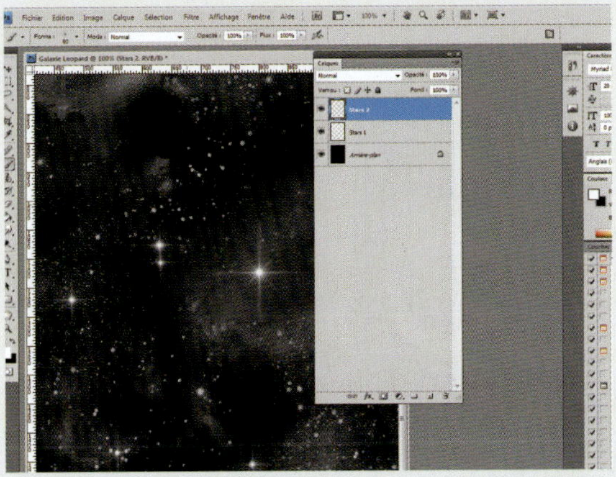

05 AJOUTER DE LA PROFONDEUR

Cliquez sur le calque “Stars 1” puis créez un nouveau calque nommé “Nuages”. Vérifiez que vous avez bien le blanc comme couleur de premier plan et le noir en arrière-plan. Ensuite, allez dans le menu Filtres> Rendu> Nuages. Le calque “Nuages” se remplit. Passez ce calque en mode de fusion Lumière tamisée et diminuez son Opacité à 60 % (vous trouverez ces deux options en haut à gauche et à droite du panneau Calques).

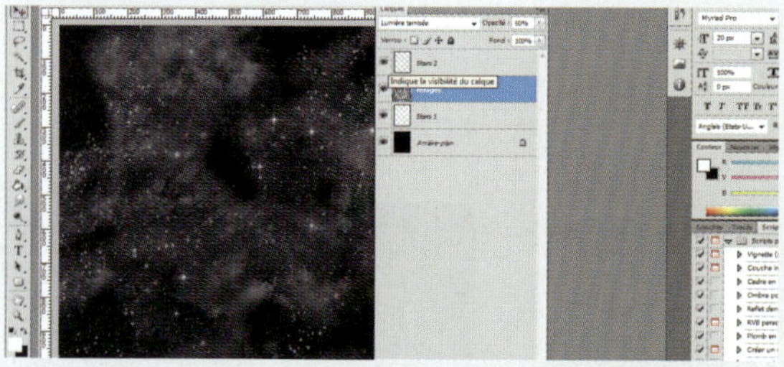

06 CRÉATION DE LA GALAXIE 1/5

Pour créer la galaxie, vous partirez d’un fondement très basique que vous modifierez par la suite de plusieurs filtres : flou et déformation. Sélectionnez l’outil Forme personnalisée. Puis, dans la barre d’options, sélectionnez la forme Étoile éclatante et créez cette forme blanche au milieu de votre image. Si vous ne trouvez pas la forme Étoile éclatante, cliquez sur la flèche de la fenêtre Formes en haut à droite puis sélectionnez Toutes dans le menu déroulant.

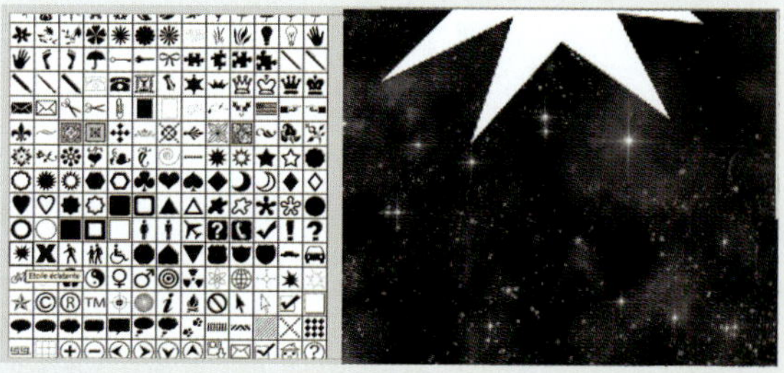

07 CRÉATION DE LA GALAXIE 2/5

Commencez par renommer le calque “Calque 1” en “Galaxie 1” puis faites un clic droit dessus et sélectionnez Pixéliser le calque. Vous allez maintenant appliquer votre premier filtre sur la galaxie. Pour cela, allez dans le menu Filtre> Atténuation> Flou gaussien et entrez une valeur de 20 pixels, validez en cliquant sur OK. Vous allez ensuite appliquer un deuxième filtre. Allez dans le menu Filtre> Déformation> Tourbillon et entrez la valeur - 650 pixels avant d’appuyer sur le bouton OK.

08 CRÉATION DE LA GALAXIE 3/5

Vous remarquerez que la galaxie est déformée sur la hauteur. Vous allez donc utiliser la Transformation libre pour lui redonner des proportions rondes (pour activer la Transformation libre, appuyez sur les touches Ctrl/Cmd+T). Ensuite, appliquez un dernier filtre. Allez dans le menu Filtre> Atténuation> Flou radial et configurez les options comme suit : Valeur : 65, Mode : Rotation et Qualité : Supérieur avant de cliquer sur OK.

09 CRÉATION DE LA GALAXIE 4/5

Teminez la galaxie en lui donnant un peu de couleur. Commencez par dupliquer deux fois le calque “Galaxie 1”. Renommez les trois calques en “Galaxie 1”, “Galaxie 2” et “Galaxie 3”. Enfin, cachez le calque “Galaxie 1” en appuyant sur l’icône en forme d’œil. Activez la Transformation libre (sur le calque “Galaxie 3”) en appuyant sur Ctrl/Cmd+T et faites pivoter la galaxie. Faites la même chose sur le calque “Galaxie 2” pour obtenir un résultat comme ci-contre.

10 CRÉATION DE LA GALAXIE 5/5

Placez-vous sur le calque “Galaxie 3” et faites Image> Réglages> Teinte/Saturation (Ctrl/Cmd+U). Cochez les cases en bas à droite de la fenêtre : Redéfinir et Aperçu. Entrez : Teinte : + 290, Saturation : 50 et Luminosité : - 40. Pour le calque “Galaxie 2”, entrez : Teinte : + 300, Saturation : 50 et Luminosité : - 20. Remarque : vous pouvez faire varier les options pour choisir d’autres teintes. Passez le calque “Galaxie 1” en mode Incrustation.

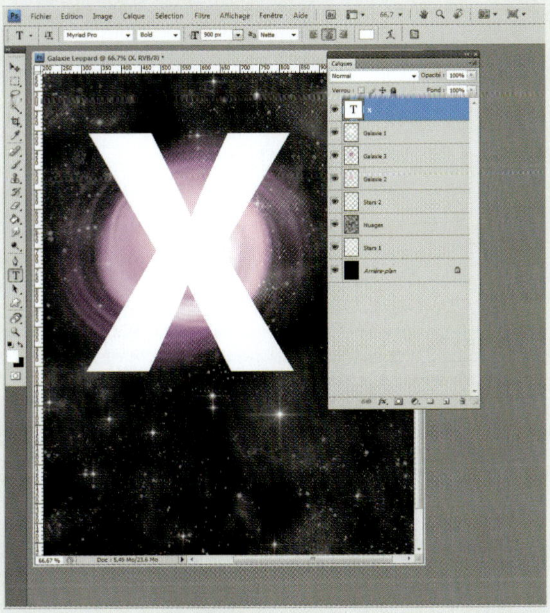

11 AJOUT DE LA LETTRE

Sélectionnez l’outil Texte (T) puis cliquez sur votre image. Tapez votre lettre (ici, un X). Modifiez la configuration de cette lettre : Police de caractères : Myriad Pro, Format : Bold, Taille : 900 px et Finition : Nette. Dans cette étape, la couleur du texte n’est pas importante car vous la changerez dans l’étape suivante avec un style de calque. Pour terminer, utilisez l’outil Déplacement si besoin afin de centrer la lettre au-dessus de la galaxie.

« Teminez la galaxie en lui donnant un peu de couleur. »

12 STYLISER LA LETTRE 1/2

Ajoutez deux styles de calque en faisant Calque> Style de calque> Incrustation en dégradé. Comme vous l'aurez compris, le premier style sera un dégradé. Configurez-le comme suit : Dégradé : Gris foncé (#2C3033) : position 0 % vers Noir (#000000) : position : 40 % vers Gris foncé (#2C3033) position 100 %. Ne cliquez pas sur OK car vous allez encore utiliser cette fenêtre pour ajouter un autre style.

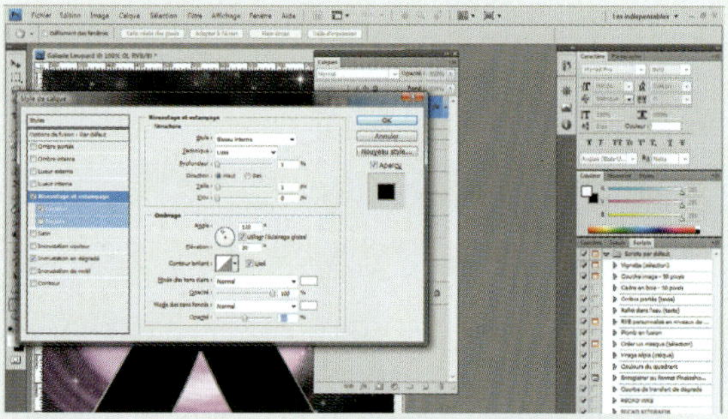

13 STYLISER LA LETTRE 2/2

Dans la même fenêtre, cliquez sur l'onglet Biseautage et estampage : Style : Biseau Internet, Technique : Lisse, Profondeur : 1 %, Direction : Haut, Taille : 1 px, Flou : 0 px. Ensuite, dans la seconde partie : Angle : 120°, Élévation : 30°, Contour brillant : Lissé, Tonalité des tons clairs : Normal à 100 %, Tonalité des tons foncés : Normal à 50 %. Cochez le style Contour et configurez ainsi : Contour : Lissé, Étendue : 0 %. Pour valider les styles, cliquez sur OK.

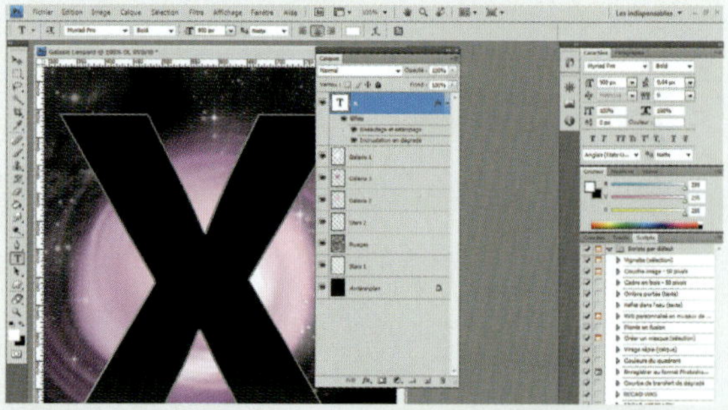

14 CRÉATION DU REFLET 1/2

Ajoutez un reflet sur la lettre en récupérant la sélection de la lettre (Ctrl/Cmd+clic sur la vignette du calque texte). Puis créez un nouveau calque nommé "Reflet". Sélectionnez l'outil Pot de peinture (G), modifiez la couleur de premier plan en blanc, puis remplissez. Sélectionnez l'outil Ellipse de sélection (M), créez une très grande sélection ovale et appuyez sur la touche Suppr. Reportez-vous à l'image ci-contre pour vous rendre compte du résultat à obtenir.

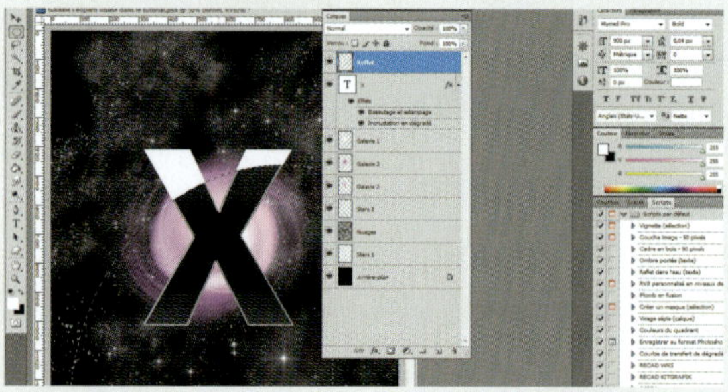

15 CRÉATION DU REFLET 2/2

Désélectionnez (Ctrl/Cmd+D) puis, sur le calque "Reflet", ajoutez un masque de fusion. Modifiez la couleur de premier plan par du noir puis sélectionnez l'outil Dégradé (G) en choisissant la configuration Premier plan vers Transparent. Enfin, créez un dégradé sur votre masque de fusion : commencez en haut de la lettre pour terminer sur sa droite. Je vous conseille d'annuler et de répéter l'opération autant de fois que nécessaire pour obtenir un effet de reflet parfait.

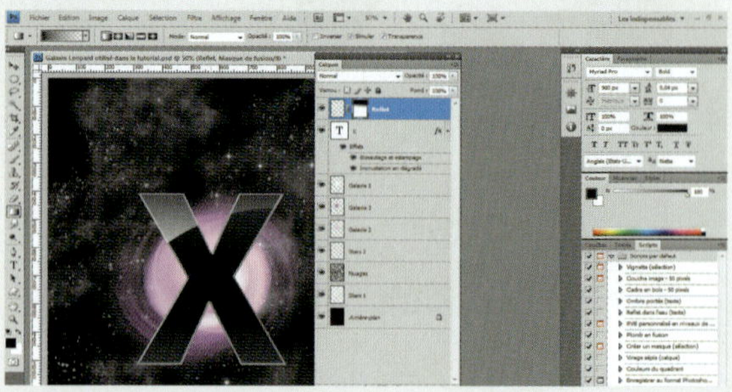

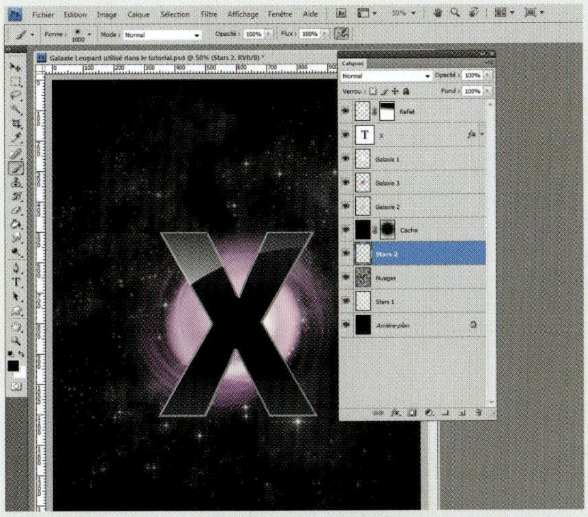

16 CRÉATION D'UN CACHE 1/2

Vous allez créer un cache pour centrer les étoiles autour de la galaxie en créant d'abord un nouveau calque nommé "Cache". Placez-le juste au-dessus du calque "Stars 2" et modifiez la couleur de premier plan par du noir (#000000). Sélectionnez l'outil Pot de peinture (G) et remplissez totalement ce nouveau calque. Ajoutez un masque de fusion sur le calque "Cache", sélectionnez l'outil Pinceau (B) avec une forme de pinceau Arrondi flou de 1000 pixels. Appuyez une fois au-dessus de la lettre puis augmentez la taille et appuyez une seconde fois.

17 CRÉATION D'UN CACHE 2/2

Faites la même chose avec une forme de pinceau à 1400 pixels. Ces actions devraient découvrir les étoiles progressivement en partant du centre pour les faire disparaître totalement sur les côtés et sur le haut et le bas. Si ce n'est pas le cas, recommencez le masque de fusion pour obtenir un bon résultat.

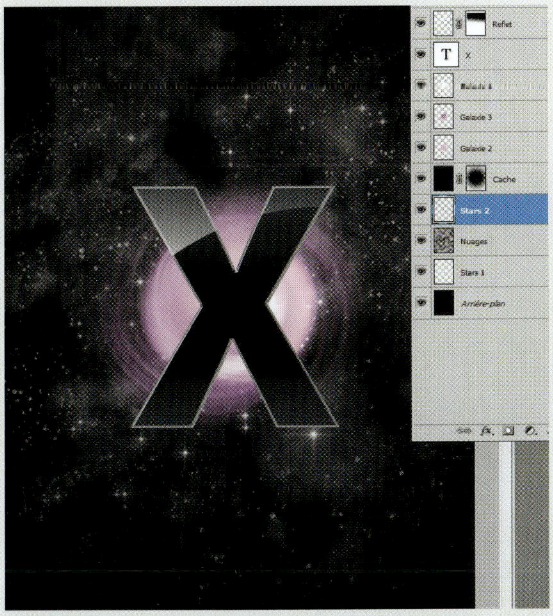

18 FINITION DE L'IMAGE

Veillez à ce que votre lettre et votre galaxie se trouvent bien au centre du document. Si ce n'est pas le cas, vous pouvez utiliser l'outil Déplacement (V). Vous pouvez aussi aller un peu plus loin : faites un clic droit sur le calque "Stars 2" puis sélectionnez Dupliquer le calque. Diminuez l'opacité de cette copie à 50 %. Autre possibilité : augmenter l'opacité du calque "Stars 1" à 60 ou 70 %. Enfin, n'hésitez pas à utiliser d'autres astuces pour personnaliser votre création ! Pour terminer votre image, n'oubliez pas de sauvegarder votre document en PSD pour garder une trace de vos calques et en JPEG pour une utilisation sur Internet.

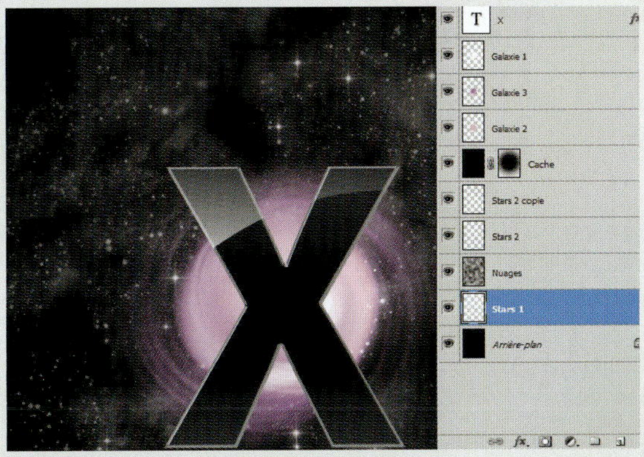

WOKINE
agence interactive

L'ARTISTE
Mathieu Schatzler

Mathieu Schatzler a commencé sa carrière de graphiste en 2005. Il travaille principalement en tant que directeur artistique dans l'agence Web interactive Wokine de Lille (www.wokine.com), mais agit également en tant qu'indépendant autant dans le branding que dans l'illustration. Ses logiciels de prédilection sont Photoshop, Flash et Illustrator. Rendez-vous sur www.mathieuschatzler.com pour plus de détails.

Les autres calques

Il existe un grand nombre de types de calques dans Photoshop. Les calques classiques ne sont que la partie visible de l'iceberg. Vous pouvez créer des calques de texte juste en prenant l'outil Texte et en cliquant une fois dans l'image. Automatiquement, un calque de texte se crée. En bas du panneau Calques, vous pouvez également ajouter des calques de réglage. Ils contiennent des outils qui permettent de modifier les calques sans altérer directement les pixels. Depuis peu, vous pouvez maintenant importer des éléments dans Photoshop et non plus juste les ouvrir. Ils deviennent alors des objets dynamiques sur lesquels nous reviendrons plus loin. Il y a ensuite les calques vectoriels. Dès que vous utilisez un outil vectoriel comme la Plume en mode Calque de forme, ou l'outil Forme, un calque vectoriel se crée. Enfin, la version Extended de Photoshop propose également des calques 3D et vidéo.

Tous ces calques, d'un clic droit sur leur nom, peuvent être pixellisés pour devenir des calques classiques. Les groupes ne sont pas des calques mais permettent de les réunir, soit en créant un groupe (en cliquant sur l'icône en bas du panneau Calques) puis en les glissant dedans, soit en sélectionnant plusieurs calques à l'aide de la touche Ctrl/Cmd puis en faisant Ctrl/Cmd+G.

1924

MONTGOLFIÈRES

Créez une envolée de montgolfières d'un coffre magique...

SUR LE CD : Vous trouverez sur les CD les éléments nécessaires à la réalisation de ce tutoriel.

INSPIRATION

Ce tutoriel a été imaginé par Uli Staiger. Après plusieurs années passées un appareil photo en main, la retouche d'images numériques a rendu possible la découverte de son propre style : photographier des parties d'images indépendantes les unes des autres afin de les rassembler en un seul tableau.

Envolez-vous vers le ciel et les nuages grâce à la photomanipulation sous Photoshop. Vous apprendrez à créer cette incroyable mise en scène en modifiant et en créant des nuages, des montgolfières... Pour ce faire, vous allez apprendre à maîtriser des outils et des techniques tels que les masques de fusion, les filtres d'atténuation ou encore les formes de pinceaux personnalisées. Lancez-vous !

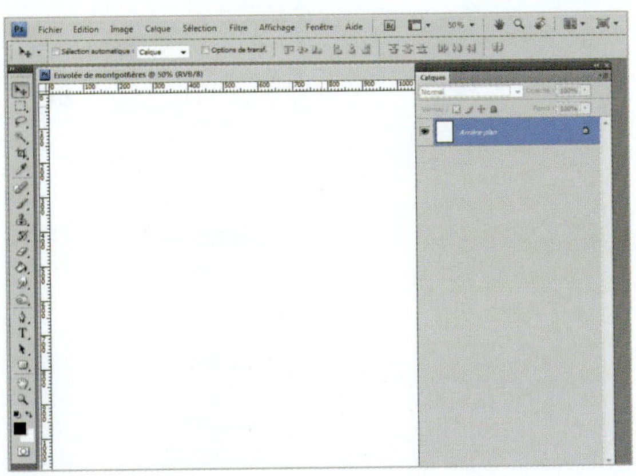

01 CRÉATION DE VOTRE IMAGE

Ouvrez Photoshop. Commencez par modifier la couleur d'arrière-plan par du blanc dans la barre d'outils, puis faites Fichier> Nouveau pour créer un nouveau document. Remplissez les valeurs comme suit : Nom : Envolée de montgolfières, Largeur : 1200 px, Hauteur : 1600 px, et Contenu de l'arrière-plan : Couleur d'arrière-plan. Une nouvelle image s'ouvre. Pour éviter de mauvaises surprises, enregistrez votre document dès à présent au format PSD.

« Continuez jusqu'à obtenir une bande blanche en bas de votre image. »

02 IMPORTER UN CIEL

Sur le CD, ouvrez le dossier relatif à cet exercice puis double-cliquez sur le fichier Photo1.psd. Le fichier s'ouvre dans Photoshop, vérifiez que le calque "Arrière-plan" est bien sélectionné puis faites Ctrl/Cmd+A pour sélectionner toute l'image. Copiez, retournez sur votre image et collez le ciel sur votre composition. Renommez le calque "Calque 1" en "Ciel".

03 REDIMENSIONNER LE CIEL

Vérifiez que vous êtes toujours sur le calque "Ciel" et appuyez sur les touches Ctrl/Cmd+T pour activer la Transformation libre. Allez chercher la poignée située en bas à droite puis, en gardant la touche Maj enfoncée, venez redimensionner le ciel sur la largeur de votre image. Pour terminer, sélectionnez l'outil Déplacement (V) et, en gardant la touche Maj enfoncée, appuyez sur la flèche directionnelle du haut. Cette manipulation permet de déplacer un élément de 10 x 10 pixels. Continuez jusqu'à obtenir une bande blanche en bas de votre image.

04 CRÉER LE REFLET DU CIEL 1/2

Dans les deux prochaines étapes, vous allez créer un reflet du ciel. Faites un clic droit sur le calque "Ciel" puis sélectionnez Dupliquer le calque. Ensuite, allez dans le menu Édition> Transformation> Symétrie axe vertical. Sélectionnez l'outil Déplacement (V) et faites descendre le calque "Ciel copie" tout à fait en bas de façon à ce que le haut touche le bas du calque "Ciel".

05 CRÉER LE REFLET DU CIEL 2/2

Renommez le calque "Ciel copie" en "Ciel Reflet" et placez-le sous le calque "Ciel". Enfin, vous allez lui donner un effet imparfait en allant dans le menu Filtre> Atténuation> Flou directionnel. Configurez comme suit : Angle : - 92°, Taille : 30 px, et cliquez sur OK. Pour terminer le reflet, déplacez le calque "Ciel Reflet" de quelques pixels vers le haut pour faire disparaître la ligne blanche apparue entre ciel et reflet.

06 CRÉER DE LA BRUME

Pour insister sur la transition du ciel et du reflet, vous allez maintenant créer un effet de brume. Pour cela, rien de plus simple. Créez un nouveau calque (Calque> Nouveau> Calque... ou Ctrl/Cmd+Maj+N) que vous appellerez "Brume". Sélectionnez l'outil Pinceau (B) et modifiez la couleur de premier-plan pour du blanc, puis la taille à 150 pixels, la forme à Arrondi flou, et enfin l'Opacité à 15 %. Dessinez sur la ligne d'horizon pour créer de la brume (partez de la gauche pour aller vers la droite, n'oubliez pas de déborder très largement sur le reflet et le ciel).

07 TONALITÉS DU REFLET 1/2

Pour donner un peu de profondeur au reflet, vous allez rendre la partie inférieure plus foncée et la partie proche du ciel plus claire. Utilisez la technique du masque. Commencez par sélectionner l'outil Dégradé (G), vérifiez que c'est bien le dégradé Premier plan vers Arrière-plan qui est sélectionné, masquez le calque "Ciel" (en cliquant sur l'œil) puis cliquez sur l'icône Masque située tout à fait en bas de la barre d'outils.

08 TONALITÉS DU REFLET 2/2

Créez un dégradé en partant du haut vers le bas du reflet. Sous cette action, un masque rouge est créé. Cliquez de nouveau sur l'icône Masque pour créer la sélection. Maintenant, pour modifier les tons, allez dans le menu Image> Réglages> Niveaux (ou Ctrl/Cmd+L) et remplissez la valeur du centre (tons moyens) à 0,75 par exemple. Allez dans le menu Sélection> Intervertir pour modifier le haut. Appuyez de nouveau sur Ctrl/Cmd+L et configurez la valeur du centre (tons moyens) sur 1,35.

09 DÉTOURER LE COFFRE

Retournez sur le CD et double-cliquez sur le fichier Coffre.psd. Vous allez devoir détourer le coffre. Commencez par sélectionner l'outil Plume (P) puis zoomez sur le côté du coffre et créez des points d'ancrage en suivant petit à petit les contours du coffre. Faites cela jusqu'à que vous puissiez fermer votre forme. Un nouveau calque "Forme 1" vient d'apparaître, il contient le contour du coffre. Maintenez Ctrl/Cmd et cliquez sur la seconde vignette de ce calque pour en récupérer sa sélection.

10 IMPORTER LE COFFRE

Avant d'importer le coffre, vous allez améliorer légèrement la sélection. Allez dans le menu Sélection> Modifier> Contour progressif. Configurez à 1 pixel avant de cliquer sur OK. Maintenant, copiez le coffre. Pour cela, cliquez sur le calque "Arrière-plan", faites Ctrl/Cmd+C, puis retournez sur votre composition et faites Ctrl/Cmd+V pour coller le coffre sur votre image. Changez le nom du calque "Calque 1" en "Coffre" puis placez-le en première position au-dessus des autres calques.

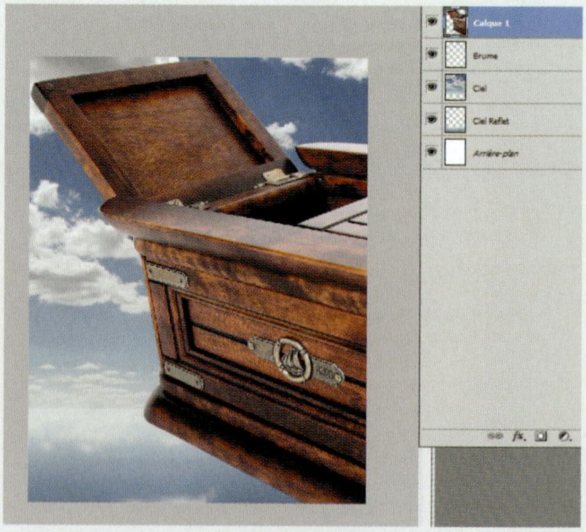

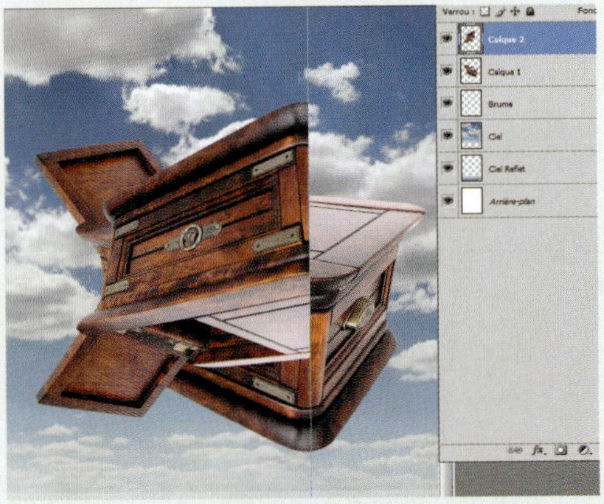

11 CRÉER LE REFLET DU COFFRE 1/3

Avant de commencer à créer le reflet du coffre, vous allez redimensionner le coffre lui-même. Pour ce faire, rien de plus simple. Activez la Transformation libre en appuyant sur les touches Ctrl/Cmd+T. Puis, en maintenant la touche Maj enfoncée, réduisez la taille du coffre. Pour le reflet, prenez l'outil Rectangle de sélection (M) et sélectionnez la partie gauche du coffre (je vous conseille de créer un repère pour vous aider) que vous copierez puis collerez. Ensuite, allez dans le menu Édition> Transformation> Symétrie axe vertical.

12 CRÉER LE REFLET DU COFFRE 2/3

Sélectionnez l'outil Déplacement (V) et faites descendre la copie vers le bas du coffre. Répétez maintenant l'étape 11 sur la partie droite du coffre. Vous devriez avoir un coffre inversé en deux parties. Renommez ces calques en "Coffre Reflet 1" et "Coffre Reflet 2". Pour continuer le reflet, vous avez besoin de redresser la perspective de ces deux calques. Allez dans le menu Édition> Transformation> Perspective. Passez votre souris sur l'extrémité de la transformation, une double flèche apparaît. Faites alors glisser votre souris vers le haut pour adapter au mieux le reflet.

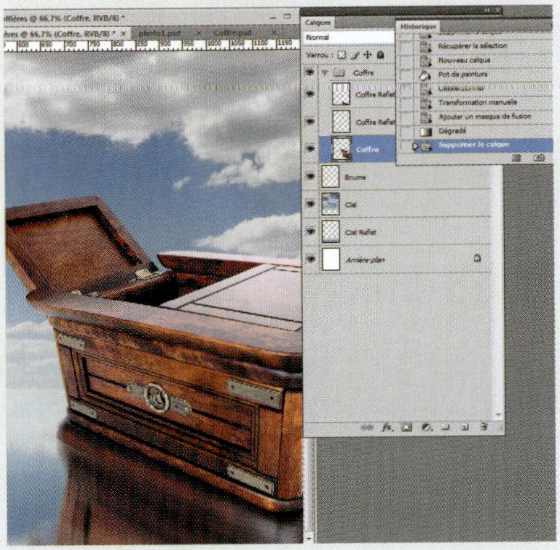

13 CRÉER LE REFLET DU COFFRE 3/3

Modifiez également la perspective du calque "Coffre Reflet 2" en utilisant la même technique que celle expliquée dans l'étape 12. Vous allez maintenant terminer le reflet du coffre. Allez dans le menu Filtre> Atténuation> Flou directionnel et entrez ces valeurs : Angle : 88°, Taille : 70 px. Enfin, sélectionnez tous les calques constituant le coffre et faites-en un groupe que vous appellerez "Coffre". Pour terminer, sélectionnez l'outil Déplacement et placez le groupe coffre en bas à droite de votre composition graphique. Faites Ctrl/Cmd+S pour enregistrer.

« Vous allez maintenant créer de vrais nuages, qui devront donner l'illusion qu'ils sortent du coffre. »

14 AJOUTER DE L'OMBRE

Pour terminer le reflet, vous allez assombrir le haut du reflet. Sélectionnez l'outil Densité + (U) et modifiez la forme en Arrondi flou avec une taille de 100 pixels et une Opacité à 40 pixels. Puis dessinez sur le calque "Coffre Reflet 1" puis sur "Coffre Reflet 2" en suivant le bas du coffre.

15 CRÉER DE LA BRUME

Vous n'allez pas vraiment créer de la brume dans cette étape mais plutôt faire apparaître les nuages se trouvant derrière le coffre pour créer une ambiance brumeuse. Commencez par ajouter un masque de fusion sur le calque "Coffre" (menu Calque> Masque de fusion> Tout faire apparaître) puis sélectionnez l'outil Pinceau (B) et configurez-le comme suit : Taille : 25 px, Forme : Arrondi Flou, Opacité : 10 %, Couleur : Noir. Enfin sur le masque de fusion, dessinez sur les nuages en noir et sur le ciel en blanc. Petit à petit, les nuages apparaissent au-dessus du coffre.

16 CRÉER DES NUAGES 1/2

Vous allez maintenant créer de vrais nuages, qui devront donner l'illusion qu'ils sortent du coffre. Utilisez pour cela des formes de pinceaux personnalisées. Pour commencer, vous allez charger les formes de pinceaux. Sélectionnez l'outil Pinceau (B), ouvrez la fenêtre Formes (F5) et cliquez sur l'icône en haut à droite. Un menu déroulant apparaît, sélectionnez Ajouter des formes. Parcourez les dossiers et sélectionnez le fichier Cloud Brushes by Blazter.abr.

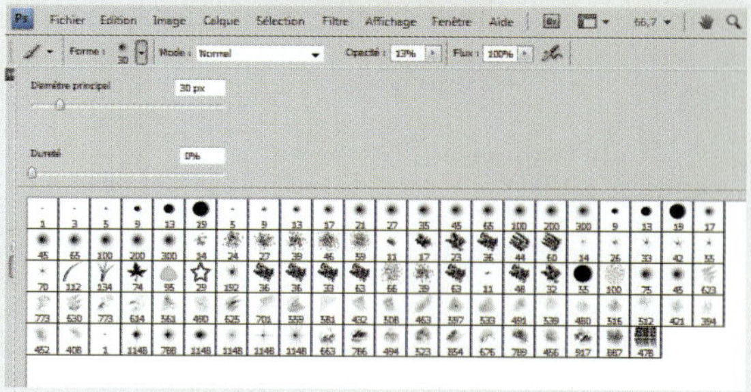

17 CRÉER DES NUAGES 2/2

Créez un nouveau calque (Calque> Nouveau> Calque... ou Maj+Ctrl/Cmd+N) et appelez-le “Nuages” (placez-le au-dessus du calque “Coffre”). Modifiez la couleur de premier plan pour du blanc, puis utilisez les formes de pinceaux nuages pour créer des traînées de brumes sortant du coffre. N’hésitez pas à faire varier les formes, l’opacité et la taille du pinceau pour arriver à un résultat concluant.

18 ENCORE QUELQUES NUAGES 1/2

Dernière étape de modification des nuages. Retournez sur le fichier photo1.psd (il devrait encore être ouvert puisque vous l’avez utilisé à l’étape 2) puis sélectionnez la traînée de nuages en bas de la photo. Faites ensuite Ctrl/Cmd+C et Ctrl/Cmd+Maj+N pour créer un nouveau document et enfin Ctrl/Cmd+V pour coller la traînée de nuages sur ce nouveau document. Allez ensuite dans le menu Sélection> Plage de couleurs et, avec la Pipette + (icône à droite de la fenêtre), sélectionnez le bleu de votre image. Cliquez ensuite sur OK.

19 ENCORE QUELQUES NUAGES 2/2

La traînée de nuages devrait être sélectionnée. Allez maintenant dans le menu Sélection> Intervertir, puis Sélection> Modifier> Contour progressif. Changez la configuration à 10 pixels et cliquez sur OK. Enfin, copiez les nuages et collez-les dans votre image. Renommez le calque en “Nuage de premier plan”, allez dans le menu Édition> Transformation> Déformation et déformez la traînée de nuages pour qu’elle pointe vers l’intérieur du coffre.

« N’hésitez pas à faire varier les formes, l’opacité et la taille du pinceau pour arriver à un résultat concluant. »

Glisser/déposer

Pour importer les montgolfières sur votre image, vous pouvez, comme décrit aux étapes 20 et 21, copier toute l'image puis la coller dans votre composition graphique. Mais vous pouvez également glisser puis déposer un calque d'un document à un autre directement dans Photoshop avec l'outil Déplacement.

20 AJOUT DE MONTGOLFIÈRES 1/4

Retournez dans le dossier des fichiers sources sur le CD et double-cliquez sur le fichier montgolfiere.psd. Nous avons préparé pour vous une multitude de montgolfières que vous allez pouvoir incruster directement dans votre composition graphique. Cliquez sur le calque "Montgolfière 1", faites Ctrl/Cmd+A pour sélectionner toute l'image et copiez la première montgolfière. Retournez dans votre image puis collez-la.

21 AJOUT DE MONTGOLFIÈRES 2/4

Une fois que la première montgolfière est ajoutée sur l'image, vous allez devoir la redimensionner. Activez la Transformation libre en appuyant sur les touches Ctrl/Cmd+T puis, en gardant la touche Maj enfoncée, redimensionnez la montgolfière. Sélectionnez ensuite l'outil Déplacement (V) et placez-la dans le coffre. Répétez maintenant cette opération deux ou trois fois pour ajouter plusieurs montgolfières dans le coffre.

22 AJOUT DE MONTGOLFIÈRES 3/4

Renommez les calques correspondant aux montgolfières “Montgolfière 1”, “Montgolfière 2” et “Montgolfière 3”. Sélectionnez-les en faisant un clic sur le premier calque puis Ctrl/Cmd+clic sur les autres. Ensuite, appuyez sur les touches Ctrl/Cmd+G pour créer un groupe et les placer automatiquement dedans. Renommez ce groupe “Montgolfières” puis créez un masque de fusion sur ce groupe en allant dans le menu Calque> Masque de fusion> Tout faire apparaître.

23 AJOUT DE MONTGOLFIÈRES 4/4

Dans cette étape, vous allez masquer la partie basse des montgolfières pour donner l’illusion qu’elles sortent du coffre. Sélectionnez le Lasso polygonal (L) et créez une sélection partant du haut et suivant le bord du coffre intérieur. Allez dans le menu Sélection> Intervertir, sélectionnez l’outil Pinceau (B), modifiez la couleur de premier plan pour du noir, et pour terminer coloriez sur la zone extérieure afin de masquer le bas des montgolfières.

24 AJOUTER UNE OMBRE INTÉRIEURE

Commencez par faire Ctrl/Cmd+D pour désélectionner. Ensuite, dans le dossier “Montgolfières”, créez un nouveau calque (Calque> Nouveau> Calque... ou Ctrl/Cmd+Maj+N) que vous appellerez Ombre. Modifiez la couleur de premier plan par du noir et sélectionnez le pinceau avec la configuration suivante : Taille : 80 px, Forme : Arrondi flou, Opacité : 25 %. Zoomez sur la partie intérieure du coffre et dessinez une ombre interne partant du bas gauche jusqu’au haut droit.

« Pour accentuer l'effet de profondeur, vous allez modifier le deuxième plan. »

25 MONTGOLFIÈRES DU PREMIER PLAN

Vous allez utiliser de nouveau le fichier montgolfiere.psd pour ajouter sur un premier niveau une série de montgolfières. Regroupez-les toutes sur un seul calque que vous appellerez "Ballons premier plan".

26 MONTGOLFIÈRES DU DEUXIÈME PLAN

Utilisez encore une fois cette même technique pour créer un deuxième plan de montgolfières. Pour commencer, créez un nouveau calque (Calque> Nouveau> Calque... ou Maj+Ctrl/Cmd+N) et appelez-le "Ballons deuxième plan". Cependant, pour accentuer l'effet de profondeur, vous allez modifier ce deuxième plan. Allez dans le menu Filtre> Atténuation> Flou gaussien et, avant d'appuyer sur OK, configurez le filtre à 0,5 pixel. Faites Ctrl/Cmd+L pour ouvrir les Niveaux puis modifiez la valeur du centre à 1,30.

27 MONTGOLFIÈRES DU TROISIÈME PLAN

Répétez l'étape 26 pour créer un troisième plan sur votre image. Vous appellerez le calque contenant les montgolfières du troisième plan "Ballons troisième plan". Mais attention, vous modifierez la valeur du filtre Atténuation> Flou gaussien à 1 pixel et, concernant les Tons moyens des Niveaux, vous les réglerez à 1,50.

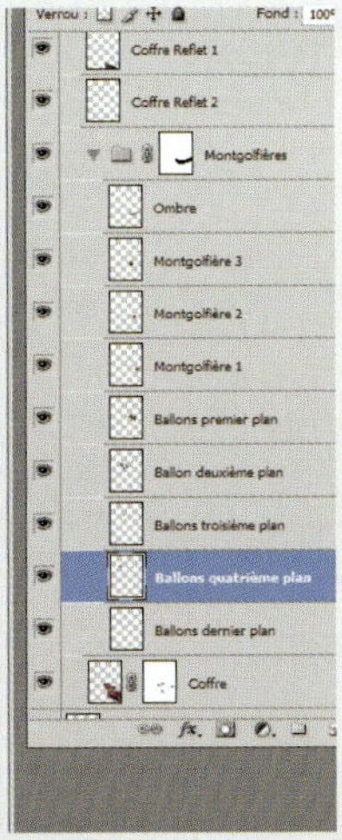

28 DERNIÈRES MONTGOLFIÈRES

Vous voici aux derniers ajouts de montgolfières. Créez donc un quatrième et un cinquième plans avec comme configuration pour le quatrième plan : Flou gaussien : 1,5 px, et 1,70 pour les tons moyens de la fenêtre Niveaux. Pour le cinquième plan : Flou gaussien : 2 px, et 1,90 pour les tons moyens de la fenêtre Niveaux. Pour terminer avec les montgolfières, vérifiez que chaque calque est bien dans ce sens, de haut en bas : “Ballons premier plan”, “Ballons deuxième plan”, “Ballons troisième plan”, “Ballons quatrième plan”, “Ballons dernier plan”.

29 CHANGER LA COULEUR DES MONTGOLFIÈRES

Pour donner un meilleur effet d’éloignement sur le deuxième, le troisième, le quatrième et le dernier plan de montgolfières, vous allez leur donner une tonalité bleutée. Placez-vous sur le calque “Ballons deuxième plan” puis faites Ctrl/Cmd+B ou allez dans le menu Images> Réglages> Balance des couleurs. Configurez les Tons moyens ainsi : - 25 | 0 | + 25. Répétez cette manipulation sur chacun des plans.

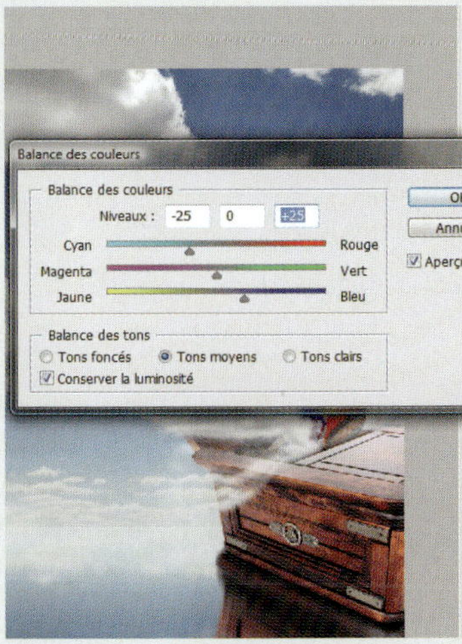

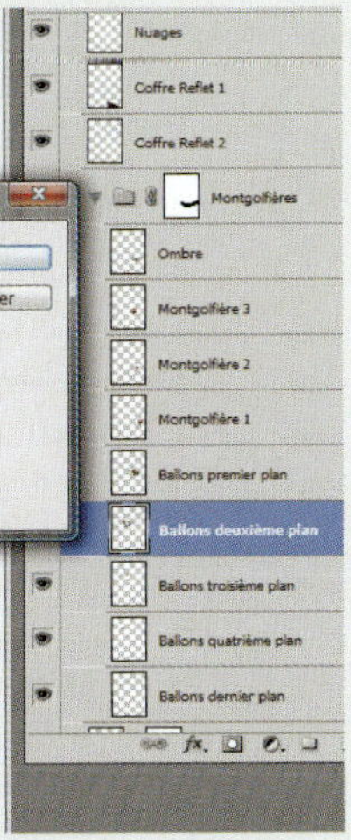

30 TERMINER L’IMAGE

Pour terminer cette image, vous allez ajouter deux calques de réglage afin d’harmoniser les couleurs de votre image et les désaturer. Faites Calques> Nouveau calque de réglage> Niveaux puis modifier la valeur du centre à 0,70. Enfin, retournez dans le menu Calques> Nouveau calque de réglage> Teinte/Saturation et diminuez la Saturation à - 20. Voilà, l’exercice est terminé, faites un Ctrl/Cmd+S pour enregistrer, et n’oubliez pas d’enregistrer une copie de sauvegarde et une copie en JPEG pour un export sur Internet.

L'ARTISTE

Joe Vains

Joe Vains (Sylvain Guizard) crée divers supports publicitaires et de communication pour un grand groupe (La Poste). Durant son temps libre, il s'évade en créant des mondes imaginaires appartenant à des galaxies lointaines, très lointaines... Cette créa est un cadavre exquis réalisé avec Sebastien Gaetta, Xavier Fabiani et Matt Godallier.

Les modes de fusion

Les modes de fusion sont des formules mathématiques présentées sous la forme de termes plus ou moins explicites qui permettent de mélanger les pixels d'un calque avec ceux des calques sous-jacents. Les plus utilisés sont les modes Produit, Incrustation, Superposition, Couleur, Lumière tamisée et Lumière crue.

Chaque mode permet de créer des effets plus ou moins prononcés dans vos créations et vous devez toujours faire des tests pour voir ce que cela pourrait donner. Ces modes sont également disponibles avec les outils de dessin. Astuce sur Windows : cliquez deux fois sur le menu déroulant des modes de fusion, puis utilisez les flèches haut et bas pour changer de mode.

ROCK'N'ROLL

Créez une scène à l'ambiance rock'n'roll.

Créer des éléments vectoriels avec Photoshop, c'est possible ! Apprenez à détourer des personnages, à créer des formes de pinceaux personnalisées et à monter une mise en scène de A à Z dans le but de créer cet incroyable jeu de lumières. Tendez l'oreille, le concert de rock va bientôt commencer !

SUR LE CD : Vous trouverez sur les CD les éléments nécessaires à la réalisation de ce tutoriel. Remerciement : Stéphane Lim pour le concept original.

01 CRÉATION DE VOTRE IMAGE

Ouvrez Photoshop. Commencez par vérifier que la couleur d'arrière-plan est bien le noir dans la barre d'outils. Puis allez dans le menu Fichier> Nouveau pour créer un nouveau document. Remplissez les valeurs comme suit : Nom : Scène de Rock, Largeur : 1200 px, Hauteur : 1600 px, Contenu de l'arrière-plan : Couleur d'arrière-plan. Une nouvelle image s'ouvre. Pour éviter de mauvaises surprises, enregistrez votre document dès à présent, au format PSD.

02 DÉTOURER LE PUBLIC

Sur le CD, ouvrez le dossier relatif à cet exercice puis double-cliquez sur le fichier photo1.psd. Le fichier s'ouvre dans Photoshop. Vous pouvez constater qu'il s'agit d'un public vu de dos. Vous allez maintenant sélectionner l'outil Plume (P) puis zoomer sur le côté gauche de l'image. Ensuite, en créant des points d'ancrage, essayez de suivre au mieux les contours des personnages. Faites attention, l'aspect flouté de la photo rend le détourage très périlleux. Soyez très précis.

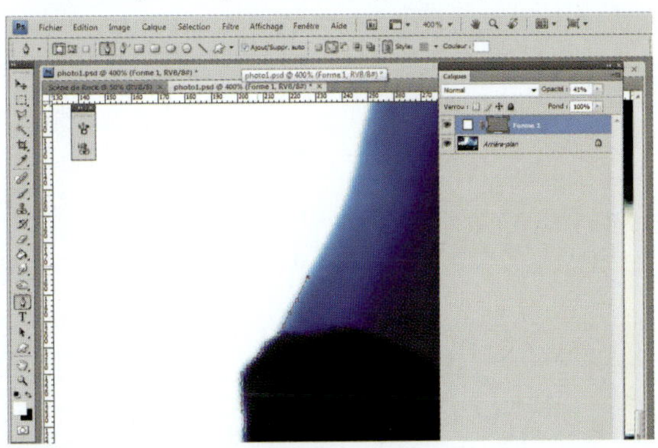

03 IMPORTER LE PUBLIC 1/2

Vérifiez que le calque "Forme 1" est bien apparu dans le panneau Calques puis cliquez sur sa seconde vignette en appuyant sur la touche Ctrl/Cmd. Cette manipulation permet de créer une sélection autour de la forme. Ensuite, cliquez sur le calque "Arrière-plan", faites Ctrl/Cmd+C pour copier le public et Ctrl/Cmd+V pour le coller. Un nouveau calque "Calque 1" contenant le public vient d'être ajouté. Renommez ce calque en "Foule 1 relief" et le calque "Forme 1" en "Foule 1".

04 IMPORTER LE PUBLIC 2/2

Sélectionnez les deux calques "Foule 1" et "Foule 1 relief" (cliquez sur l'un d'eux puis sur l'autre avec la touche Ctrl/Cmd enfoncée) puis faites-les glisser sur votre composition graphique. Ensuite, activez la Transformation libre en appuyant sur Ctrl/Cmd+T pour adapter la foule à la largeur de votre image (n'oubliez pas de garder la touche Maj enfoncée lorsque vous faites la transformation, cela permet de conserver les proportions). Enfin, si vous masquez le calque "Arrière-plan" en cliquant sur l'icône en forme d'œil, voici ce que vous obtenez.

Silhouette

Pour créer les silhouettes dans Photoshop, vous devez utiliser l'outil Plume (P) et créer des points d'ancrages en suivant l'objet à transformer. Dans cet exercice, par exemple, il fallait suivre les contours de chaque personnage de la foule !

05 CRÉER LE BACKGROUND 1/3

Avant de commencer à créer le fond, allez dans le menu Calque> Nouveau> Groupe. Changez le nom en "Foules" et cliquez sur OK. Enfin, placez les deux calques "Foule 1" et "Foule 1 relief" dans ce dossier. Faites un clic droit sur le calque "Arrière-plan" et sélectionnez Dupliquer ce calque. Cliquez sur l'œil pour afficher le calque, allez dans le menu Calque> Style de calque> Incrustation en dégradé, configurez le dégradé : Bleu #529EE9 position 40 % vers Bleu foncé #123C70 position 100 %.

06 CRÉER LE BACKGROUND 2/3

Renommez le calque "Arrière-plan copie" en "Fond" puis créez un nouveau calque. Pour cela, allez dans le menu Calque> Nouveau> Calque (ou Ctrl/Cmd+Maj+N) que vous appellerez "Lumière 1". Maintenant, vous allez créer une très large lumière venant de dernière. Pour cela, sélectionnez l'outil Pinceau (B) puis choisissez une forme Arrondi flou, une taille d'au moins 1400 pixels, une couleur bleu clair #C7F6FE et créez une lueur en bas.

07 CRÉER LE BACKGROUND 3/3

Retournez dans le dossier sur le CD contenant les fichiers sources puis double-cliquez sur le fichier explosion1.psd. Le fichier s'ouvre dans Photoshop. Vous allez importer cette explosion de lumière bleutée dans votre image : appuyez sur les touches Ctrl/Cmd+A pour sélectionner toute l'image, faites Ctrl/Cmd+C pour la copier, retournez sur votre image et faites Ctrl/Cmd+V pour coller les pixels dessus. Un nouveau calque est automatiquement créé. Renommez-le "Explosion". Enfin, passez le mode de fusion sur Produit.

08 AJOUTER DE LA FOULE

Allez dans le dossier “Foules”, faites un clic droit sur le calque “Foule 1” et sélectionnez Dupliquer le calque. Renommez cette copie “Foule 2” puis allez dans le menu Édition> Transformation> Symétrie axe horizontal. Double-cliquez sur la vignette du calque “Foule 2” et modifiez la couleur de remplissage pour ce bleu : #0960AD. Enfin, placez le calque “Foule 2” en dessous du calque “Foule 1”.

09 AJOUTER ENCORE DE LA FOULE

Retournez sur le CD contenant les fichiers sources et double-cliquez sur le fichier photo2.psd, une nouvelle photo s’ouvre dans Photoshop. Comme pour la première, utilisez l’outil Plume (P) pour détourer les personnages et faites un glisser-déposer de cette nouvelle forme dans votre image. Vous appellerez ces nouveaux personnages “Foule 3” et vous changerez la couleur de remplissage par ce bleu : #6EB4E7.

10 CRÉER DU RELIEF SUR LA FOULE

Vous allez dans cette étape ajouter un peu de relief sur la première rangée de foule. Commencez par afficher le calque “Foule 1 relief” puis allez dans le menu Calque> Masque de fusion> Tout masquer. Ensuite, sélectionnez l’outil Pinceau (B) et modifiez les valeurs comme suit : Forme : Arrondi flou, Taille : 25 px, Opacité : 15 %, Couleur : blanc. Une fois que le pinceau est configuré, vous allez peindre sur les côtés gauche des personnages pour donner l’illusion qu’ils sont éclairés par une légère lumière venant de la gauche.

11 CRÉER UNE SCÈNE 1/3

Vous avez terminé le public. Cependant, pour le moment, celui-ci s'extasie devant du vide. Vous allez donc créer la scène. Pour ce faire, sélectionnez l'outil Ellipse (U) puis faites une ellipse très large sur votre image. Renommez le calque qui vient de se créer (normalement appelé "Forme... ") en "Scène". Puis sélectionnez le calque "Scène", le calque "Fond", et allez dans le menu Calque> Alignement> Centrer dans le sens horizontal. Enfin, à l'aide de l'outil Déplacement (V), replacez les calques au centre.

12 CRÉER UNE SCÈNE 2/3

Pour terminer la scène, placez le calque "Scène" en dessous du groupe "Foules" et allez dans le menu Calque> Masque de fusion> Tout faire apparaître. Maintenant, vous allez cacher une partie de cette scène. Pour cela, vous utiliserez un masque de dégradé sur le masque de fusion. Suivez bien chaque étape. Sélectionnez l'outil Dégradé (G) avec le dégradé Premier plan vers Arrière-plan (première vignette), Type : Dégradé radial, noir en couleur de premier plan et blanc en d'arrière-plan. Cliquez ensuite sur l'icône masque tout en bas de la barre d'outils. Enfin, tracez un dégradé partant du centre de la scène vers la droite.

13 CRÉER UNE SCÈNE 3/3

Cliquez de nouveau sur l'icône Masque. Vous remarquez qu'une sélection est maintenant active. Vérifiez que la couleur de premier plan est toujours le noir et que vous êtes sur le masque de fusion du calque "Scène". Faites Édition> Remplir. Cette manipulation cache les côtés gauche et droit de la scène. Pour terminer, diminuez l'Opacité du calque "Scène" à 50 % et, en utilisant l'outil Déplacement (V), placez la scène sur le bas de l'image.

14 INTÉGRER UNE STAR DU ROCK 1/4

Retournez sur le CD pour ouvrir cette fois-ci le fichier photo3.psd. Sélectionnez l'outil Plume (P) pour détourer le personnage. Cependant, vous pourriez utiliser ici la Plage de couleurs ou même la Baguette magique pour le faire rapidement. Mais, pour créer un effet vectoriel, il est préférable d'utiliser la Plume. Zoomez donc sur le musicien et créez des points d'ancrage tout autour de lui. Pour terminer, appuyez sur la touche Ctrl/Cmd et cliquez sur la seconde vignette du calque "Forme" pour récupérer la sélection. Cliquez sur le calque "Arrière-plan" puis faites un copier/coller.

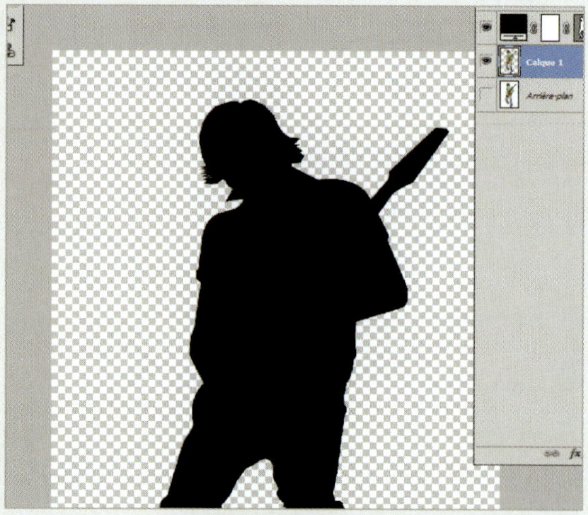

15 INTÉGRER UNE STAR DU ROCK 2/4

Faites un glisser/déposer des deux calques (silhouette et personnage) sur votre image. Utilisez la Transformation libre pour redimensionner le musicien (Ctrl/Cmd+T). Renommez le calque de la silhouette "Star du rock" et le personnage "Star du rock relief". Ensuite, sélectionnez l'outil Plume pour créer deux formes afin de recouvrir la zone blanche située entre les bras et le corps du personnage. Si vous masquez le calque "Star du rock relief", voici ce que vous devriez obtenir.

16 INTÉGRER UNE STAR DU ROCK 3/4

Affichez de nouveau le calque "Star du rock relief" puis cliquez dessus pour le sélectionner. Allez ensuite dans le menu Image> Réglages> Désaturation (Ctrl/Cmd+Maj+U) puis faites Calque> Masque de fusion> Tout masquer. Vous allez maintenant donner un peu de relief à la silhouette. Pour cela, sélectionnez l'outil Pinceau (B) et configurez-le comme à l'étape 10. Peignez ensuite sur le masque de fusion pour faire apparaître le relief sur la partie gauche.

Silhouette complexe

Pour ajouter un effet de réalisme sur une silhouette, comme dans cet exercice, vous avez la possibilité, dans Photoshop, d'utiliser plusieurs effets. Le premier consiste à laisser apparaître le personnage, le second à faire disparaître légèrement la forme noire à certains endroits, etc. Ces effets sont tous créés grâce au masque de fusion.

17 INTÉGRER UNE STAR DU ROCK 4/4

Vous allez maintenant ajouter un effet vibrant. Utilisez l'outil Plume et créez de petites formes noires qui suivent le personnage. Vous allez ensuite modifier la tonalité du relief. Cliquez sur le calque "Star du rock relief" et allez dans le menu Calque> Nouveau calque de réglage> Balance des couleurs. Une fenêtre s'ouvre. Cochez la case Créer un masque d'écrêtage puis cliquez sur OK. Enfin, configurez les valeurs comme suit : - 40, 0, + 40.

18 AJOUTER UN PROJECTEUR

Vous allez maintenant ajouter un projecteur de lumière derrière votre star du rock. Retournez sur le CD et ouvrez le fichier explosion2.psd. Copiez toute l'image puis collez-la dans votre composition graphique. Renommez le calque "Projecteur" et placez-le sous le calque "Star du rock". Utilisez de nouveau la technique du masque et du dégradé radial pour ne garder que le centre de la lumière (technique expliquée aux étapes 12 et 13).

19 RÉORGANISATION

Votre mise en scène est terminée. La dernière phase de cet exercice consiste à créer l'ambiance en ajoutant sur le haut de l'image une multitude d'étoiles. Mais avant cela, vous allez créer un groupe. Faites Calque> Nouveau> Groupe. Vous pouvez l'appeler "Star". Placez dedans tous les calques correspondant à la star du rock. Ensuite, allez dans le dossier des fichiers sources sur le CD puis ouvrez le fichier star.psd.

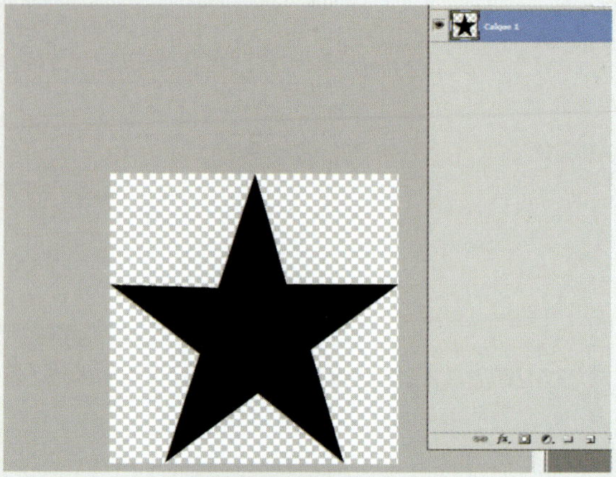

20 CRÉER UNE NOUVELLE FORME

Pour distribuer les étoiles de façon aléatoire sur votre image, vous devez avant toute chose créer une forme de pinceau personnalisée (cette forme est appelée un brush en anglais). Utilisez donc le fichier star.psd. Une fois l'étoile à l'écran, faites Édition> Définir une forme prédéfinie, ajoutez un nom si vous le souhaitez et cliquez sur OK. Sélectionnez maintenant l'outil Pinceau (B). Si vous regardez dans les formes de pinceaux, vous remarquerez que l'étoile y est maintenant ajoutée.

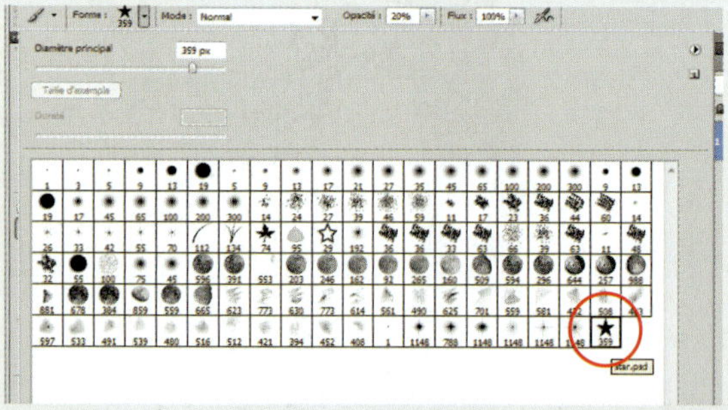

« Pour distribuer les étoiles de façon aléatoire, vous devez créer une forme de pinceau personnalisée »

21 CONFIGURER LE PINCEAU

Pour utiliser l'étoile de façon aléatoire sur le document, vous allez devoir passer par un réglage avancé de l'outil Pinceau. Revenez sur votre composition graphique. Appuyez sur la touche F5 pour ouvrir le panneau Formes. Configurez comme suit : Forme de la pointe : choisissez votre étoile, Dynamique de forme : Variation de la taille : 100 %, Variation l'angle : 45 %, Diffusion : Diffusion : 500 %, Autre dynamique : Variation de l'opacité : 100 %.

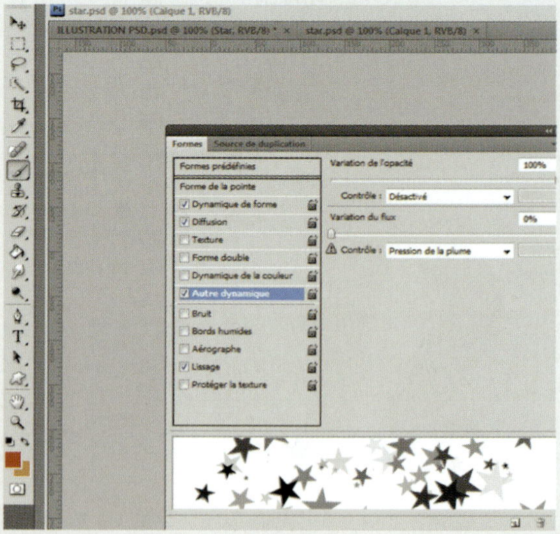

22 CRÉER DES ÉTOILES

Vous allez maintenant utiliser votre pinceau pour créer des étoiles. Créez un nouveau calque au-dessus du calque "Lumière 1". Pour ce faire, allez dans le menu Calque> Nouveau> Calque (ou appuyez sur les touches Ctrl/Cmd+Maj+N) puis renommez-le "Grandes étoiles". Modifiez la couleur de premier plan puis tracez une ligne sur le haut de votre image de gauche à droite. Vous remarquerez que votre pinceau a fonctionné si les étoiles s'y diffusent bien de façon aléatoire sur la surface. N'hésitez pas à annuler pour recommencer et ainsi obtenir l'effet souhaité.

23 D'AUTRES ÉTOILES

Répétez l'étape précédente mais en diminuant la taille des étoiles de moitié. Appelez ce second calque "Petites étoiles" et placez-le sous le calque "Grandes étoiles". Enfin, modifiez le mode de fusion de ces deux calques en Lumière tamisée (vous trouverez le menu déroulant en haut à gauche du panneau Calques).

24 POUR TERMINER

N'hésitez pas à ajouter d'autres éléments sur cette composition graphique pour la personnaliser et la rendre encore plus incroyable. Vous pouvez par exemple affiner les détails du public, ajouter d'autres musiciens pour constituer un groupe au complet ou encore décliner cette même image avec d'autres couleurs. Avant de fermer et de finir cet exercice, faites Ctrl/Cmd+S pour enregistrer. Vous pouvez également faire une copie de sauvegarde en PSD (copie) et une autre en JPEG pour un export sur Internet.

L'ARTISTE
Thomas Muselet

Thomas Muselet est un photographe retoucheur professionnel de 31 ans évoluant dans la région de Lille. Passionné par la technique photographique et la retouche photo, il s'est spécialisé dans les photos d'artistes parmi les musiciens, les magiciens et les comédiens... Son univers graphique et ses mises en scène atypiques lui ont permis de développer un style particulier et de créer une véritable identité visuelle. www.thomas-muselet.com

Les objets dynamiques

Il existe deux façons de créer des objets dynamiques. La première lors de l'importation d'un fichier (Fichier> Importer ou bien Fichier> Ouvrir en tant qu'objet dynamique). Le calque contient alors non pas les véritables pixels de ce fichier mais un lien vers lui, un peu comme quand on importe une image dans un logiciel de PAO. Idéal donc pour importer des fichiers Illustrator et les redimensionner dans perte, ou encore faire des modifications sur le fichier source importé qui seront automatiquement mises à jour dans le fichier PSD qui le contient.

La deuxième possibilité consiste à créer un objet dynamique à partir d'un calque ou d'un groupe de calques existant. Cela crée alors une sorte d'instantané de vos éléments, permettant de les réduire pour les raugmenter sans perte, et les utiliser comme un seul calque. Cela permet par exemple de déformer un texte transformé en objet dynamique sans pour autant devoir le pixelliser. Ou bien encore d'ajouter un filtre de manière non destructive, un peu comme un style de calque.

Vous ne pouvez pas éditer directement le contenu de l'objet dynamique, vous devez double-cliquer dessus pour éditer chaque calque qu'il contient indépendamment.

CATASTROPHE

SUR LE CD : Vous trouverez sur les CD les éléments nécessaires à la réalisation de ce tutoriel.

INSPIRATION

Ce tutoriel a été imaginé par Uli Staiger. Après plusieurs années passées un appareil photo en main, la retouche d'images numériques a rendu possible la découverte de son propre style : photographier des parties d'images indépendantes les unes des autres afin de les rassembler en un seul tableau.

Créez une scène d'inondation effrayante.

Maîtrisez l'eau et le vent en reconstituant une scène apocalyptique d'inondation dans une grande ville. Utilisez la technique du compositing 2D sous Photoshop pour ajouter sur une photo banale des tsunamis, des cascades et autres déferlantes inondant tout sur leur passage.

01 CRÉATION DE VOTRE IMAGE

Ouvrez Photoshop. Commencez par vérifier que la couleur d'arrière-plan est bien le noir dans la barre d'outils. Puis faites Fichier> Nouveau pour créer un nouveau document. Remplissez les valeurs comme suit : Nom : Scène d'inondation, Largeur : 1200 px, Hauteur : 1600 px, Contenu de l'arrière-plan : Couleur d'arrière-plan. Une nouvelle image s'ouvre. Pour éviter de mauvaises surprises, enregistrez votre document dès à présent au format PSD.

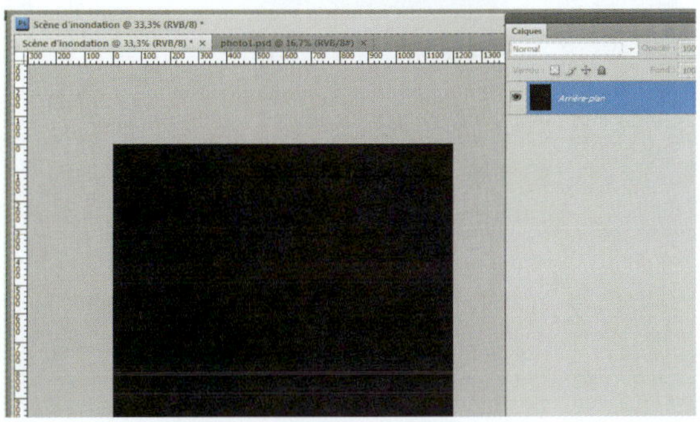

02 IMPORTER LA VILLE

À partir du CD, ouvrez le dossier relatif à cet exercice puis double-cliquez sur le fichier photo1.psd. Le fichier s'ouvre dans Photoshop, vérifiez que le calque "Arrière-plan" est bien sélectionné, faites Ctrl/Cmd+A pour sélectionner toute l'image et copiez/collez-la sur votre document. Renommez le calque "Calque 1" en "Ville".

03 REDIMENSIONNER LA VILLE

Vous avez sans doute remarqué que la taille de la photo est bien trop grande par rapport à votre document. Pour la redimensionner, rien de plus simple. Faites Ctrl/Cmd+T pour activer la Transformation libre et réduisez la taille de la ville en utilisant les poignées de transformation (n'oubliez pas de garder la touche Maj enfoncée lorsque vous redimensionnez afin de conserver les proportions).

« Pour supprimer le ciel, vous allez utiliser une technique non destructive. »

04 DÉTOURER LE CIEL

Vous allez maintenant modifier le ciel pour le rendre plus nuageux. Commencez par détourer et supprimer celui en place sur la photo. Sélectionnez l'outil Plume (P), zoomez sur le haut des immeubles et créez des points d'ancrage pour faire le tour exact des immeubles, puis fermez votre forme par le haut.

05 SUPPRIMER LE CIEL

Pour supprimer le ciel, vous allez utiliser une technique non destructive. Commencez par récupérer la sélection de la forme en appuyant sur les touches Ctrl/Cmd+clic sur la seconde vignette du calque “Forme 1”. Ajoutez un masque de fusion en cliquant sur le calque “Ville”. Allez dans le menu Calque> Masque de fusion> Tout faire apparaître. Enfin, changez la couleur de premier plan par du noir puis allez dans le menu Édition> Remplir. Pour terminer, masquez le calque “Forme 1” en cliquant sur l'œil.

06 IMPORTER LE NOUVEAU CIEL

Sur le CD, ouvrez le dossier relatif à cet exercice puis double-cliquez sur le fichier photo1.psd. La photo s'ouvre dans Photoshop. Vérifiez que le calque "Arrière-plan" est bien sélectionné puis faites Ctrl/Cmd+A pour sélectionner toute l'image, puis copiez/collez-la dans votre composition. Renommez le calque "Calque 1" en "Ciel".

07 TRANSFORMER LE CIEL

Vous allez commencer par redimensionner le ciel en l'adaptant à la largeur de votre image. Vous utiliserez pour cela la Transformation libre (Ctrl/Cmd+T). Ensuite, après avoir modifié la taille, allez dans Édition> Transformation> Perspective puis attrapez la poignée en haut à gauche et tirez-la vers la gauche. Cette manipulation devrait augmenter la profondeur du ciel. Enfin, placez le calque "Ciel" sous le calque "Ville". Le ciel devrait maintenant être parfaitement intégré à votre image.

Touche Maj

Dans Photoshop, lorsque vous créez un élément, une sélection ou que vous transformez une forme, vous avez la possibilité d'appuyer sur la touche Maj. Celle-ci permet de garder les proportions d'un carré ou d'un rond lors de la création d'une forme mais surtout de conserver les proportions initiales lors d'une transformation libre par exemple.

08 DUPLIQUER LE PONT 1/3

Pour créer l'effet de cascade qui passe au-dessus et en dessous du pont, vous devez d'abord dupliquer le pont. Pour ce faire, vous allez créer une forme grâce à l'outil Plume puis la copier/coller sur un nouveau calque. Enfin, vous devrez supprimer la partie intérieure pour donner l'illusion que l'on voit à travers. Sélectionnez l'outil Plume (P), zoomez sur la partie du pont et créez des points d'ancrage tout autour du pont.

09 DUPLIQUER LE PONT 2/3

Récupérez la sélection que vous venez de créer, cliquez sur le calque "Ville" et copiez/collez le pont. Renommez le calque "Pont" puis ajoutez un masque de fusion en faisant Calque> Masque de fusion> Tout faire apparaître. Sélectionnez le Lasso polygonal (L) et zoomez encore une fois sur le pont. Enfin, créez une sélection prenant la partie droite de l'intérieur du pont (seulement la partie haute de l'intérieur), modifiez la couleur de premier-plan pour du noir et faites Édition> Remplir.

10 DUPLIQUER LE PONT 3/3

Cette manipulation permet de vider l'intérieur du pont. Faites la même chose avec la partie gauche. Vous devriez maintenant avoir terminé de vider le pont. Pour vérifier que la manipulation a bien été faite, masquez le calque "Ville" et voyez si le ciel apparaît bien au travers du pont. Vous n'avez pas à vous préoccuper de la partie intérieure basse car, étant inondée, elle ne sera plus visible. Pour terminer cette étape, affichez de nouveau le calque "Ville".

11 AJOUTER UNE PREMIÈRE VAGUE 1/4

La phase de préparation est terminée, vous allez maintenant commencer l'ajout de l'eau. Pour cela, vous allez utiliser le fichier vague1.psd qui a la particularité de former un tube, parfait pour donner l'illusion que l'eau passe derrière le pont et vient déferler autour. Commencez par ouvrir le fichier vague1.psd, importez les pixels sur votre image puis sélectionnez l'outil Déplacement (V) et Transformation libre (Ctrl/Cmd+T) pour placer la vague comme il faut.

12 AJOUTER UNE PREMIÈRE VAGUE 2/4

Faites Calque> Masque de fusion> Tout faire apparaître puis, avec l'outil Pinceau (B) et la couleur noire, dessinez sur le masque de fusion pour faire disparaître les parties hautes et basses inutiles. Dupliquez ensuite le calque "Vague 1" et placez la copie sous le calque "Pont". Continuez à dessiner sur le masque de fusion du calque "Vague 1" pour faire disparaître toute la partie gauche. Conseil : utilisez l'outil Pinceau (B) avec une forme Effet pointilliste, une Opacité de 20 %, et faites varier la taille de 25 à 60 pixels pour masquer l'eau inutile.

13 AJOUTER UNE PREMIÈRE VAGUE 3/4

Vous allez maintenant terminer la partie de derrière. Cliquez sur le calque "Vague 1 copie" puis commencez par détourer précisément la partie haute de la vague. Vous utiliserez le même pinceau noir que précédemment. Faites le tour de la vague pour repérer les éventuelles anomalies, n'hésitez pas à repasser plusieurs fois sur le masque de fusion pour obtenir un résultat parfait.

Outil Tampon

L'outil Tampon, dans Photoshop, permet de remplir une zone avec des pixels préalablement copiés. Vous pouvez l'utiliser dans Photoshop pour supprimer certains éléments d'une photo, ou compléter un objet (comme dans le présent exercice).

14 AJOUTER UNE PREMIÈRE VAGUE 4/4

Faites un zoom sur la gauche de la vague. Il est possible qu'elle soit trop petite et qu'elle s'arrête net avant le côté gauche de votre image. Si tel est le cas, sélectionnez le Tampon de duplication (S) puis faites un clic sur le calque "Vague 1 copie". Puis, en maintenant la touche Alt enfoncée, sélectionnez avec la souris la zone à dupliquer et dessinez sur la partie gauche pour dupliquer les vagues.

15 AJOUTER UNE CASCADE 1/2

Retournez dans le dossier de cet exercice sur le CD et double-cliquez sur le fichier cascade1.psd. Avec l'outil Rectangle de sélection (M), sélectionnez la cascade située tout à fait à droite de la photo, puis faites un copier/coller sur votre composition graphique. Allez dans le menu Édition> Transformation> Symétrie axe horizontal. Utilisez l'outil Déplacement (V) pour placer cette cascade sur la gauche de votre image.

16 AJOUTER UNE CASCADE 2/2

Faites Calque> Masque de fusion> Tout faire apparaître pour ajouter un masque de fusion. Utilisez toujours le même pinceau noir pour cacher l'extérieur de la cascade. Faites varier la taille de votre pinceau pour avoir plus de précision. Cependant, vous ferez attention à ne jamais dépasser 20 % en Opacité de manière à ne pas créer des contours trop marqués. Pour terminer, renommez le calque de la cascade "Cascade 1" puis placez-le sous le calque "Vague 1 copie".

17 CRÉATION DU PREMIER PLAN 1/2

Pour cacher les rues et les voitures situées en bas de l'image, vous allez ajouter une très large cascade jaillissant de l'intérieur du pont. Retournez sur le fichier cascace1.psd et copiez cette fois-ci la cascade située au centre de la photo. Ensuite, faites un copier/coller vers votre image. Renommez le calque contenant la cascade du premier plan en "Cascade 2". Pour terminer, vous allez recadrer votre image : faites Ctrl/Cmd+C puis cliquez sur le petit carré du milieu (première ligne) et changez la hauteur à 1800 pixels.

18 CRÉATION DU PREMIER PLAN 2/2

Vous allez maintenant ajouter un masque de fusion sur le calque "Cascade 2" (Calque> Masque de fusion> Tout faire apparaître) et, toujours avec la même forme de pinceau noir, vous allez dessiner sur le masque pour cacher la partie supérieure de la cascade. Ensuite, pour incruster au mieux cette cascade à l'image, zoomez devant le poteau bleu du pont. Avec le Pinceau et une Opacité de 5 %, faites quelques coups du haut vers le bas pour donner l'illusion que la cascade se sépare devant le poteau.

19 AJOUTER UNE DEUXIÈME VAGUE 1/2

Pour terminer le premier plan de votre image, vous allez ajouter une vague sur la gauche. Elle donnera l'illusion d'entrer dans le pont en passant par-dessus. Retournez dans le dossier des fichiers sources sur le CD et double-cliquez sur le fichier vague2.psd. Le fichier ouvert, faites Ctrl/Cmd+A pour sélectionner toute l'image puis copiez/collez-la dans votre montage.

20 AJOUTER UNE DEUXIÈME VAGUE 2/2

Faites Ctrl/Cmd+T pour activer la Transformation libre puis rétrécissez et déplacez la vague dans le coin gauche. Renommez le calque "Vague 2" et ajoutez un masque de fusion (Calque> Masque de fusion> Tout faire apparaître). Avec le pinceau noir (toujours cette forme Effet pointilliste noir), masquez le haut et le bas de cette vague. Dupliquez le calque "Vague 2" et placez sa copie sous le calque "Pont". Pour terminer, peignez avec le pinceau sur les masques de fusion pour donner l'illusion que la vague passe au travers du pont.

21 EFFROYABLE TSUNAMI 1/3

Vous voilà déjà dans la dernière étape de manipulation des photos. Pour renforcer l'effet de profondeur de l'image, vous allez ajouter une immense vague à l'arrière-plan. Cette vague devra donner l'illusion d'être la dernière avant l'anéantissement total de la ville. Retournez dans le dossier des fichiers sources et ouvrez le fichier tsunami.psd. Copiez/collez la vague dans votre image.

« Pour renforcer l'effet de profondeur de l'image, vous allez ajouter une immense vague à l'arrière-plan. »

Masque de fusion

Pour supprimer certains pixels d'un calque ou d'une image, vous pouvez utiliser l'outil Gomme. Mais ceux-ci seront définitivement supprimés ! L'astuce est d'utiliser un masque de fusion, les parties ainsi cachées peuvent être retrouvées très facilement ; vous éviterez ainsi les pertes liées à l'utilisation d'un outil destructeur !

22 EFFROYABLE TSUNAMI 2/3

Renommez le calque contenant l'immense vague en "Tsunami". Ensuite, déplacez ce calque "Tsunami" en dessous du calque "Ville", celui-ci passe automatiquement derrière les immeubles. Activez la Transformation libre en appuyant sur les touches Ctrl/Cmd+T puis redimensionnez la grande vague pour qu'elle vienne se positionner dans l'arrière-plan de la ville. Ajoutez un masque de fusion sur le calque "Tsunami" (Calque> Masque de fusion> Tout faire apparaître) puis masquez la partie inutile en haut du tsunami.

23 EFFROYABLE TSUNAMI 3/3

Cliquez sur le masque de fusion du calque "Ville" puis, à l'aide du Lasso polygonal (L), sélectionnez les petits immeubles au centre. Modifiez la couleur de premier plan en noir puis faites Édition> Remplir ; sous cette action, les petits immeubles disparaissent. Enfin, sélectionnez le Pinceau et, avec une Opacité de 10 %, peignez sur le haut du premier immeuble à droite pour le faire disparaître légèrement, donnant l'illusion qu'il se fait engloutir par l'énorme vague.

24 CRÉER DES OMBRES 1/2

L'image est presque terminée, il faut encore que vous peaufiniez quelques détails, notamment les ombres. Par exemple, la cascade de gauche devrait projeter une ombre sur l'immeuble du dessous, et celle qui passe au-dessus du pont devrait elle aussi en projeter une. Cliquez sur le calque "Pont" puis créez un nouveau calque (Calque> Nouveau> Calque... ou Maj+Ctrl/Cmd+N) que vous appellerez "Ombre pont" puis récupérez la sélection du pont (Ctrl/Cmd+clic sur la vignette du calque "Pont"). Avec l'outil Pinceau (B) et du noir, tracez une ombre sous la vague. Pour terminer, changez le mode de fusion du calque en Produit.

25 CRÉER DES OMBRES 2/2

Avec la même technique, vous allez créer une ombre en dessous de la cascade de gauche. Commencez par cliquer sur le calque "Ville" et créez un nouveau calque (Calque> Nouveau> Calque... ou Maj+Ctrl/Cmd+N) que vous appellerez "Ombre cascade". Sélectionnez l'outil Pinceau (B) et modifiez la forme par un Arrondi flou, la taille à 50 pixels, la couleur noir et l'Opacité à 10 %. Tracez maintenant sur l'immeuble une ombre venant du dessous la cascade. Pour terminer, passez le calque "Ombre cascade" en mode de fusion Produit.

26 VAGUES BLEUES 1/2

Vous avez sans doute remarqué que les vaques et cascades sont légèrement verdâtres, elles n'ont pas du tout la même tonalité de couleur que la ville et le ciel (qui eux sont plutôt bleus). Vous allez donc modifier la tonalité des vagues. Cliquez sur le calque "Cascade 2" puis faites Calque> Nouveau Calque de réglage> Balance des couleurs. Donnez un nom à ce calque et n'oubliez pas de cocher la case Créer un masque d'écrêtage. Configurez comme suit : Ton : Tons moyens, puis première case à droite - 30, 0 et enfin + 30.

27 VAGUES BLEUES 2/2

Appliquez ce même calque de réglage sur les autres calques d'eau : "Vague 1", "Vague 2", "Cascade 1", etc. Vous pouvez à chaque fois créer un nouveau calque de réglage ou alors dupliquer le calque de réglage créé sur le calque "Cascade 2" pour le placer au-dessus du bon calque. Remarque : lorsque vous dupliquez un calque de réglage, il n'est plus associé en écrêtage à un calque. Pour l'associer à un autre calque, appuyez sur la touche Alt puis cliquez entres les deux calques.

29 TERMINER VOTRE IMAGE

Voila, votre image est terminée. N'hésitez pas à en continuer la modification pour donner un aspect encore plus cataclysmique au déluge. Vous pouvez par exemple ajouter d'autres cascades ou briser les vitres des immeubles, etc. Pour finir, n'oubliez pas d'enregistrer en faisant Ctrl/Cmd+S, vous pouvez également enregistrer une copie de sauvegarde de votre image en PSD et en JPEG pour l'exporter sur Internet.

« N'hésitez pas à continuer les modifications pour donner un aspect encore plus cataclysmique au déluge. »

28 ASSOMBRIR LA SCÈNE

Vous voici dans la dernière modification à apporter à votre photomontage. Vous allez commencer par assombrir légèrement la scène pour donner un aspect dramatique à l'inondation, et rendre les couleurs des bâtiments moins saturées. Cliquez sur le premier calque dans le panneau Calques puis faites Calque> Nouveau calque de réglage> Niveaux et modifiez la case du milieu à 0,70. Faites de nouveau Calque> Nouveau calque de réglage> Teinte/Saturation et diminuez la Saturation à - 15.

L'ARTISTE

Ludovic Cordelières

Ludovic Cordelières, aka Rusalkadesign, est un jeune artiste de 26 ans. Retrouvez ses travaux sur : www.rusalkadesign.com.

Les styles de calque

Les styles de calque font partie des premiers outils non destructifs à être apparus dans Photoshop bien avant les objets et les filtres dynamiques. Pour ajouter un style à un calque, vous pouvez double-cliquer à droite de son nom dans le panneau Calques, ou bien faire un clic droit sur un calque et choisir Options de fusion, ou encore utiliser le panneau Styles pour ajouter un effet prédéfini.

Une fois dans la boîte de dialogue des styles, vous pouvez ajouter aux éléments de votre calque une ombre portée, des lueurs, des effets de biseautage, de satin, un contour ou encore des incrustations de couleur, de dégradé ou de motif.

Une fois les effets validés, vous pouvez revenir dessus à tout moment en double-cliquant sur l'icône fx qui est apparu sur le calque. Vous pouvez également, depuis la boîte de dialogue, cliquer sur Nouveau style pour ajouter l'effet créé au panneau Styles. Depuis ce menu, il est possible d'exporter vos styles pour les échanger avec d'autres artistes.

DANSE LUMINEUSE

Créer un effet de lumière sur une photo de danseuse.

Utilisez l'énergie et les effets de lumière afin de créer une incroyable mise en scène. Servez-vous de l'outil Pinceau, de la Plume et des filtres pour détourer et ajouter ces effets sensationnels.

SUR LE CD : Vous trouverez sur les CD les éléments nécessaires à la réalisation de ce tutoriel. Remerciement : Stéphane Lim pour le concept original.

01 CRÉATION DE VOTRE IMAGE

Ouvrez Photoshop. Commencez par vérifier que la couleur d'arrière-plan est bien le noir dans la barre d'outils puis allez dans le menu Fichier> Nouveau pour créer un nouveau document. Remplissez les valeurs comme suit : Nom : Effets de lumière, Largeur : 1200 px, Hauteur : 1600 px, Contenu de l'arrière-plan : Couleur d'arrière-plan. Une nouvelle image s'ouvre. Pour éviter les mauvaises surprises, enregistrez votre document dès à présent au format PSD.

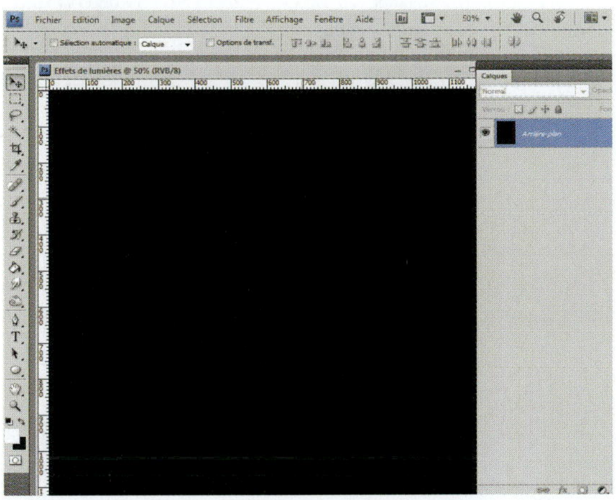

02 IMPORTER LA FILLE

Sur le CD, ouvrez le dossier relatif à cet exercice puis double-cliquez sur le fichier photo1.psd. La photo s'ouvre dans Photoshop. Faites un clic droit sur le calque "Arrière-plan" et sélectionnez Dupliquer le calque. Vous allez maintenant détourer la fille, en deux étapes : détourage du corps avec l'outil Plume (P), puis de la tête et des cheveux avec la Plage de couleurs.

03 DÉTOURER LA FILLE 1/3

Commencez par le détourage du corps. Sélectionnez l'outil Plume (P) puis faites Ctrl/Cmd+"+" plusieurs fois pour zoomer sur l'image. Ensuite, appuyez sur la barre d'espace, déplacez-vous sur le document puis arrêtez-vous sur l'un des côtés. Créez des points d'ancrage tout autour de la silhouette. Vous passerez volontairement rapidement sur les cheveux. Cette zone sera détourée dans la prochaine étape.

04 DÉTOURER LA FILLE 2/3

Récupérez la sélection de la forme en appuyant sur les touches Ctrl/Cmd et en cliquant sur la seconde vignette du calque "Forme 1". Cliquez sur le calque "Arrière-plan copie" et copiez/collez. Vous remarquez qu'un nouveau calque vient d'être créé ; il contient la fille mais sans ses cheveux. Pour terminer, cachez les calques "Forme 1" et "Arrière-plan", sélectionnez l'outil Lasso (L) et créez une sélection comprenant la zone intérieure des bras et les cheveux à droite. Allez maintenant dans le menu Sélection> Intervertir et appuyez sur la touche Suppr. Voici ce que vous devriez obtenir.

05 DÉTOURER LA FILLE 3/3

Cliquez sur le calque "Arrière-plan copie" puis allez dans le menu Sélection> Plage des couleurs. Sélectionnez la Pipette + (à droite de la fenêtre) puis cliquez sur les couleurs à sélectionner sur votre image (zone derrière les cheveux) et validez. Vous remarquez que la zone derrière les cheveux a été parfaitement sélectionnée. Allez dans le menu Sélection> Modifier> Contour progressif, modifiez la valeur par 1 et cliquez sur OK. Pour terminer, appuyez sur la touche Suppr, sélectionnez les calques "Arrière-plan copie" et "Calque 1" puis appuyez sur les touches Ctrl/Cmd+E pour les fusionner. Renommez ce calque "Fille".

06 IMPORTER LA FILLE

Faites un glisser/déposer du calque “Fille” sur votre composition graphique, puis fermez le fichier photo1.psd. Vous pouvez enregistrer les modifications pour garder trace de vos travaux. Activez la Transformation libre en appuyant sur Ctrl/Cmd+T et changez dans la barre d’options en haut la largeur à 30 % et la hauteur à 30 %. Appuyez sur Entrée pour valider la modification et utilisez l’outil Déplacement (V) pour disposer la fille au centre de votre image.

07 LUMINOSITÉ ET CONTRASTE

Commencez par dupliquer le calque “Fille” deux fois : cliquez dessus pour le sélectionner, allez dans le menu Calque et faites deux fois Dupliquer le calque. Enfin, placez les deux calques copies sous le calque “Fille”. Pour terminer, vérifiez que le calque “Fille” est toujours sélectionné et allez dans le menu Calque> Nouveau calque de réglage> Luminosité/Contraste (cochez la case Créer un masque d’écrêtage...). Puis augmentez la Luminosité à + 10 et le Contraste à + 40.

08 FLOU DIRECTIONNEL

Cliquez sur le calque “Fille copie 2” puis allez dans le menu Filtre> Atténuation> Flou directionnel. Configurez l’angle à 45°, la distance à 300 pixels et validez. Cliquez maintenant sur le calque “Fille copie 1”, allez dans le menu Filtre> Atténuation> Flou gaussien, entrez la valeur de 20 pixels et cliquez sur OK.

09 LUEUR EXTERNE

Cliquez sur le calque “Fille”. Faites Calque> Style de calque> Lueur externe : Mode de fusion : Densité couleur -, Taille : 30 px. Retournez sur le calque où vous avez ajouté le filtre Flou gaussien, ajoutez-lui un Masque de fusion (Tout faire apparaître). Sélectionnez l’outil Dégradé (G), appuyez sur D pour rétablir les couleurs puis choisissez un dégradé radial avec un type Premier plan vers Arrière-plan. Enfin, tracez un dégradé radial sur le masque de fusion partant du milieu du ventre pour rejoindre le côté gauche de l’image.

10 LUEUR DE FOND

Cliquez sur le calque "Arrière-plan" puis créez un nouveau calque en allant dans le menu Calque> Nouveau> Calque (ou appuyez sur les touches Ctrl/Cmd+Maj+N) et renommez-le "Lueur background". Sélectionnez l'outil Pinceau (B) et configurez-le ainsi : Taille : 1100 px, Forme : Arrondi flou, Couleur : #271712, puis créez une lueur au centre de votre image.

11 AJOUTER UNE TEXTURE

Créez un nouveau calque et renommez-le "Texture". Placez ce calque sous le calque "Fille" puis appuyez sur la touche D pour réinitialiser les couleurs. Enfin, allez dans le menu Filtre> Rendus> Nuages. Modifiez le mode de fusion de ce calque en Densité couleur - (retrouvez le menu déroulant en haut à gauche de la fenêtre Calques). Ajoutez un masque de fusion (Calque> Masque de fusion> Tout faire apparaître), sélectionnez l'outil Dégradé (G) et créez un dégradé radial au centre de votre image (voir la manipulation du dégradé à l'étape 9).

12 CRÉER LES BULLES 1/3

Vous allez maintenant créer l'effet de bulles. Rien de plus simple, vous utiliserez l'outil Pinceau que vous configurerez pour qu'il se diffuse de façon aléatoire sur l'image. Commencez par sélectionner l'outil Pinceau (B) puis appuyez sur F5 pour ouvrir la fenêtre Formes. Configurez les options comme suit : Formes prédéfinies : Rond net, Taille : 20 px, Dynamique de la forme : 100 %, Diffusion : Diffusion : 500 %, Nombre : 1, Autre dynamique : Variation de l'opacité : 100 %. Choisissez le blanc comme couleur de premier plan.

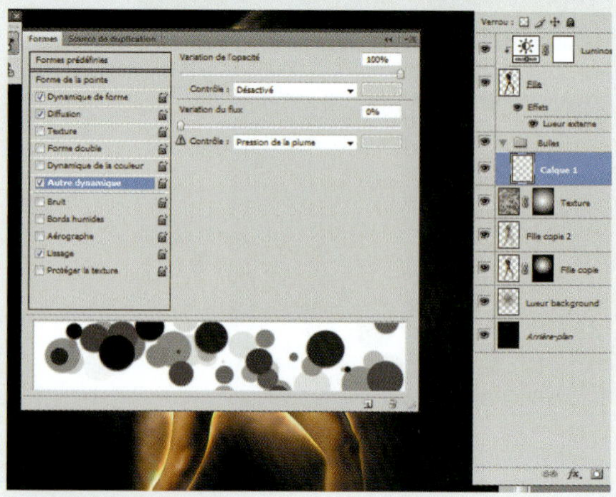

« Modifiez la couleur de premier plan et dessinez des particules sur votre image. »

13 CRÉER LES BULLES 2/3

Créez un nouveau groupe que vous appellerez “Bulles” en faisant Calque> Nouveau> Groupe. Créez un nouveau calque dans ce dossier (Calque> Nouveau> Calque). Utilisez votre pinceau personnalisé sur ce calque en suivant les contours des bras, du ventre et des jambes. Enfin, cliquez sur le dossier “Bulles” et changez son mode de fusion en Densité couleur -.

14 CRÉER LES BULLES 3/3

Créez un second calque dans le groupe “Bulles”, modifiez la taille de votre pinceau à 40 pixels puis créez de nouveau une série de bulles. Créez encore un nouveau calque, et une dernière série de bulles mais cette fois-ci avec une taille de pinceau à 80 pixels. Modifiez l’opacité du premier calque (les plus petites bulles) à 70 % (voir la configuration en haut à droite du panneau Calques), à 40 % pour le second calque, et à 30 % pour le dernier.

15 CRÉER DES PARTICULES

Créez un nouveau calque que vous appellerez “Particules” puis utilisez le même type de pinceau que pour créer les bulles mais cette fois-ci avec une taille très petite, 3 pixels par exemple (et vous annulerez la Dynamique d’opacité). Modifiez la couleur de premier plan par un jaune très clair : #FFFFBA et dessinez des particules sur votre image. Votre effet de lumière est maintenant terminé, n’oubliez pas de faire Ctrl/Cmd+S pour sauvegarder.

Les masques

Les masques de Photoshop fonctionnent comme des pochoirs. Lorsque vous ajoutez un masque à un calque en cliquant sur l'icône en bas du panneau Calques, une nouvelle vignette s'ajoute à droite de celle du calque. Vous pouvez cliquer une fois sur cette vignette pour l'activer et peindre sur ce masque puis recliquer sur la vignette du calque pour l'éditer à son tour.

Vérifiez toujours que vous êtes sur la bonne vignette avant de peindre. Une fois sur celle du masque, si vous peignez en noir vous allez masquer ce qui se trouve sur le calque, mais ce n'est qu'une illusion, le calque reste intact. Avec du blanc, vous faites réapparaître le contenu du calque. Preuve en est le raccourci Maj+clic sur la vignette du masque qui le rend inactif jusqu'à ce que vous recliquiez dessus avec ce même raccourci.

Une fois votre masque peint, vous pouvez à tout moment le transformer en sélection en faisant un Ctrl/Cmd+clic sur sa vignette. Notez qu'en plus de peindre dessus vous pouvez utiliser d'autres outils comme le Pot de peinture, les dégradés, etc. toujours en niveaux de gris. Et même le raccourci Ctrl/Cmd+T qui permet de redimensionner le contenu du masque. Enfin, vous pouvez cliquer sur la chaîne entre le calque et le masque pour les désolidariser.

L'ARTISTE
David Delin
aka 28162, est un jeune graphiste autodidacte. Passionné par l'art numérique, il est issu d'une culture urbaine et allie modernité et élégance dans ses illustrations avec une pointe de poésie. Exerçant en freelance, il cherche néanmoins à intégrer une agence afin d'exploiter ses compétences. Visitez son folio sur www.behance.net/28162. Il est aussi présent dans le collectif AREPIK.

L'ENFER INCARNÉ

Créez une tête de mort en flamme.

Domptez le feu grâce aux outils et aux filtres de Photoshop pour créer cet incroyable effet de tête de mort en feu ! Inspiré par un tutoriel de Designious, cet exercice vous permettra de parfaire vos connaissances sur les outils Doigt, Densité - et Densité +.

01 CRÉATION DE VOTRE IMAGE

Ouvrez Photoshop. Commencez par vérifier que la couleur d'arrière-plan est bien le noir en bas de la barre d'outils puis faites Fichier> Nouveau pour créer un nouveau document. Remplissez les valeurs comme suit : Nom : Tête de mort en flamme, Largeur : 1200 px, Hauteur : 1600 px, Contenu de l'arrière-plan : Couleur d'arrière-plan. Une nouvelle image s'ouvre. Pour éviter les mauvaises surprises, enregistrez votre document dès à présent au format PSD.

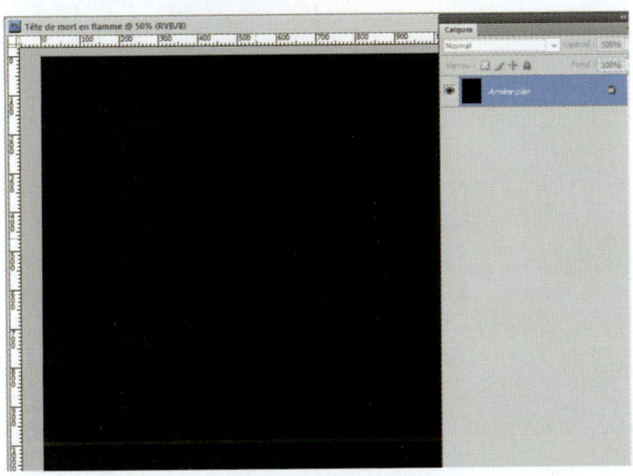

SUR LE CD : Vous trouverez sur les CD les éléments nécessaires à la réalisation de ce tutoriel.

NOTRE EXPERT
Designious
Designious est un Webdesigner américain qui s'est spécialisé dans la création de ressources graphiques à destination des illustrateurs et designers du monde entier. Ses créations s'exportent dans de nombreux domaines comme le print, le Webdesign, ou encore la sérigraphie textile. Découvrez l'univers de Designious en visitant son site Internet : www.designious.com. Adapté par Julien Debove.

« Vous allez peindre la tête de mort pour lui donner une couleur de flamme. »

02 IMPORTER LA TÊTE DE MORT

Sur le CD, ouvrez le dossier relatif à cet exercice puis double-cliquez sur le fichier tête_de_mort.psd. Le fichier s'ouvre dans Photoshop, vérifiez que vous êtes bien sur le calque “Tête de mort”, faites Ctrl/Cmd+A pour sélectionner toute l'image puis copiez. Retournez sur votre image et collez la tête de mort sur votre composition graphique. Renommez le calque “Calque 1” en “Tête”.

03 PEINDRE LA TÊTE DE MORT

Vous allez peindre la tête de mort pour lui donner une couleur de flamme. Commencez par récupérer la sélection de la tête : Ctrl/Cmd+clic sur la vignette du calque “Tête”. Puis, à l'aide de l'outil Pot de peinture (G), remplissez la sélection d'orange (dans l'exemple, l'orange est : #F9AE31). Avec l'outil Pinceau (B) et une forme Arrondi flou d'environ 125 pixels, peignez le bas de la tête avec un rouge feu (#E82B19 dans l'exemple).

04 CRÉER UNE LUEUR 1/2

Vous allez dans cette étape créer une couleur bordeaux derrière la tête de mort en créant d'abord un nouveau calque (Calque> Nouveau> Calque... ou Maj+Ctrl/Cmd+N) que vous appellerez tout simplement “Lueur”. Placez ce calque en dessous du calque “Tête”. Sélectionnez maintenant l'outil Pinceau (B) et modifiez la couleur de premier plan par #4C0400. Dessinez derrière la tête en dépassant les contours d'environ 20 à 30 pixels. N'oubliez pas de remplir totalement l'intérieur. En masquant le calque “Tête”, voici ce que vous devriez obtenir.

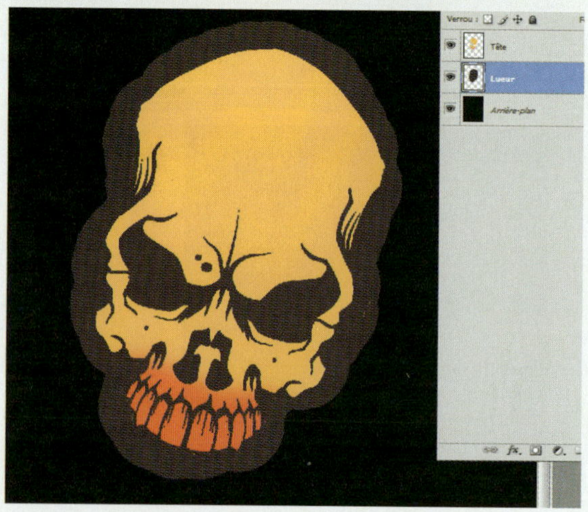

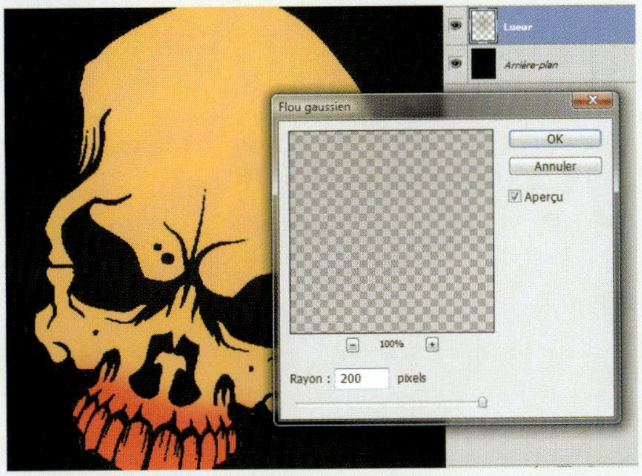

05 CRÉER UNE LUEUR 2/2

Pour terminer la lueur, vous allez appliquer un filtre d'atténuation. Allez dans le menu Filtre> Atténuation> Flou gaussien et configurez le filtre à 200 pixels. Vous voyez que la tache que vous avez créée avec le pinceau devient totalement floue et s'atténue avec le fond de votre image. Cliquez sur OK pour valider l'opération.

06 MODIFICATION DES DENTS

Utilisez l'outil Zoom (Z) sur la partie basse de votre image pour avoir une vue plus proche des dents de la tête de mort. Sélectionnez ensuite l'outil Baguette magique et cliquez une fois sur la dent de gauche (cela sélectionne la dent). En maintenant la touche Maj enfoncée, cliquez sur les autres dents une à une. Une fois que toutes les dents sont sélectionnées, faites Sélection> Modifier> Contracter, configurez à 3 pixels puis validez. Pour terminer, appuyez sur la touche Suppr.

07 TÊTE EN FEU

Vous allez dans cette étape transformer de la tête de mort pour qu'elle donne l'illusion d'être en feu. Pour commencer cet effet, vous allez peindre l'intérieur de la tête en rouge. Sélectionnez l'outil Pinceau (B), choisissez une forme Arrondi flou, une taille d'environ 50 pixels, une Opacité à 40 % puis modifiez la couleur de premier plan par : #D02207. Cliquez sur le calque "Tête" puis allez dans le menu Sélection> Plage de couleurs. Sélectionnez le jaune avec la pipette et cliquez sur OK (seul le jaune de la tête de mort se sélectionne). Enfin, peignez les parties intérieures en faisant varier la taille de votre pinceau.

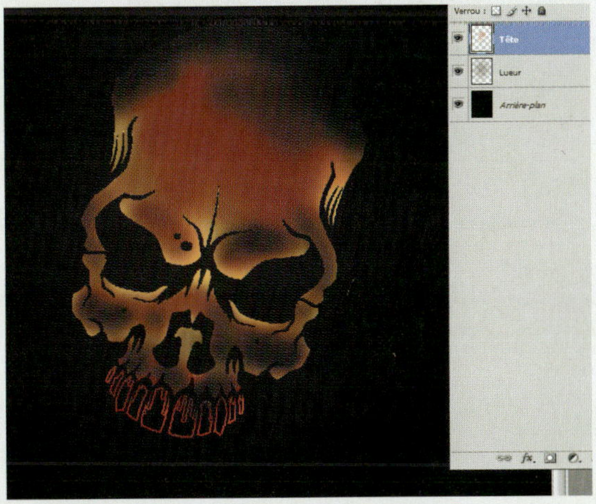

« Pour parfaire cet effet de feu, vous avez bien sûr besoin de flammes. »

08 VIDER LA TÊTE

Vous allez maintenant supprimer du calque "Tête" toutes les parties rouges. Sélectionnez l'outil Gomme (E) puis changez sa forme par un Arrondi flou, donnez-lui une taille de 100 pixels et diminuez l'Opacité à 70 %. Utilisez la Gomme pour effacer les parties rouges, vous donnerez ainsi un peu de volume à cette tête de mort. Remarque : faites varier la taille de la Gomme pour un meilleur résultat.

09 CRÉER UNE LUEUR

Vous allez créer une seconde lueur. Faites un clic droit sur le calque "Tête" puis sélectionnez Dupliquer ce calque. Placez le calque "Tête copie" en dessous du calque "Tête" puis appliquez à cette copie un flou : Filtre> Atténuation> Flou gaussien. Configurez le flou à 10 pixels et validez. Si vous masquez le calque "Tête", voici ce que vous devriez obtenir sur votre image.

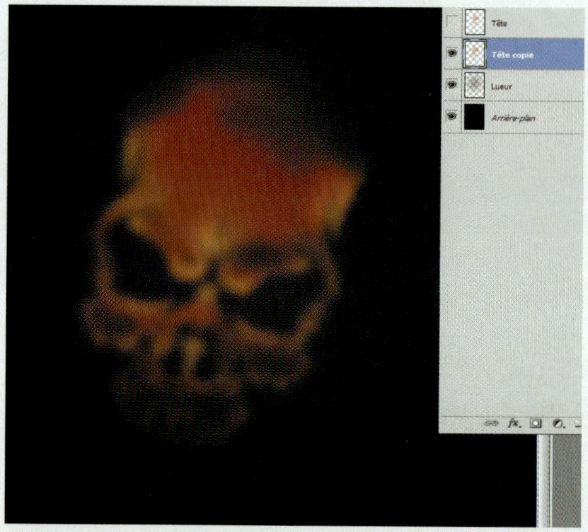

10 IMPORTER DES FLAMMES 1/3

Vous venez de terminer la première grande phase de cet exercice, à savoir donner l'illusion que le crâne est en train de brûler. Pour parfaire cet effet de feu, vous avez bien sûr besoin de flammes. Nous avons mis à votre disposition trois fichiers : flamme1.psd, flamme2.psd et flamme3.psd. Vous allez maintenant ouvrir le fichier flamme1.psd en double-cliquant dessus ou en allant dans le menu Fichier> Ouvrir.

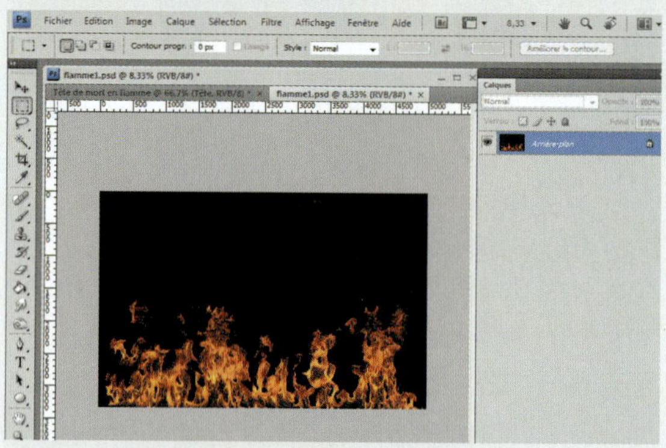

11 IMPORTER DES FLAMMES 2/3

Une fois que le fichier est ouvert, prenez l'outil Rectangle de sélection (M) puis faites une sélection autour d'une flamme. Vous allez devoir importer dans votre image les flammes une à une pour créer un effet vraiment réaliste. Faites Ctrl/Cmd+C pour copier la flamme, Ctrl/Cmd+N pour créer une nouvelle image (appuyez sur OK sans changer la configuration) puis Ctrl/Cmd+V pour coller la flamme dans cette nouvelle image.

12 IMPORTER DES FLAMMES 3/3

Sélectionnez les flammes en allant dans le menu Sélection> Plage de couleurs. Avec la pipette, cliquez sur la partie noire de l'image et validez. Prenez soin de bien sélectionner la flamme, vous allez modifier la sélection. Allez dans le menu Sélection> Intervertir puis faites Sélection> Modifier> Contour progressif. Entrez 10 pixels et validez. Enfin appuyez sur les touches Ctrl/Cmd+C pour copier les pixels de la flamme.

« Essayez de choisir une partie de la tête où les flammes s'adaptent naturellement au contour de la tête de mort.»

13 MODIFIER LA FLAMME 1/2

Retournez sur votre image de tête de mort puis collez la première flamme. Activez la Transformation libre en faisant Ctrl/Cmd+T pour réduire, faire pivoter et déplacer votre flamme au meilleur endroit. Essayez de choisir une partie de la tête où les flammes s'adaptent naturellement au contour de la tête de mort. Pour finir l'étape, renommez "Calque 1" en "Flamme 1". Modifiez le mode de fusion du calque "Flamme 1" en Superposition (dans le menu déroulant en haut à droite du panneau Calques).

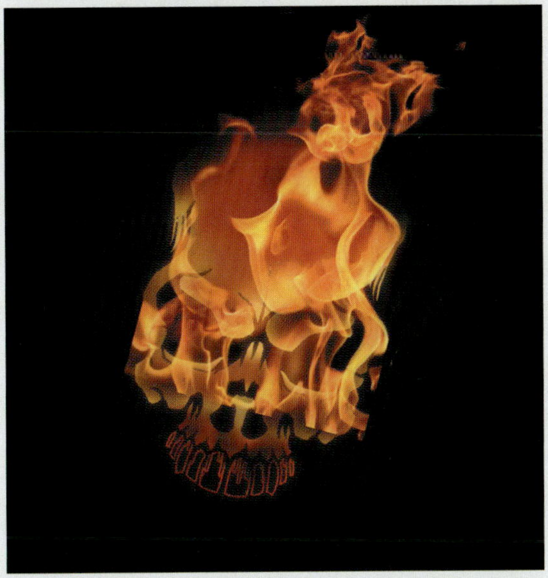

14 MODIFIER LA FLAMME 2/2

Voici certainement l'étape la plus compliquée de cet exercice car elle vous demandera un effort de créativité, de patience et aussi d'ingéniosité. Zoomez sur les parties du crâne où les flammes se superposent et, avec l'outil Doigt (voir dans la barre des outils), modifiez le sens des flammes pour qu'elles suivent les formes de la tête de mort. N'hésitez pas à annuler une action qui vous ne conviendrait pas en faisant Ctrl/Cmd+Z pour la recommencer. Petit à petit, vous verrez la tête de mort s'enflammer. Si vous masquez le calque "Tête", vous remarquerez que vous voyez encore les formes du crâne !

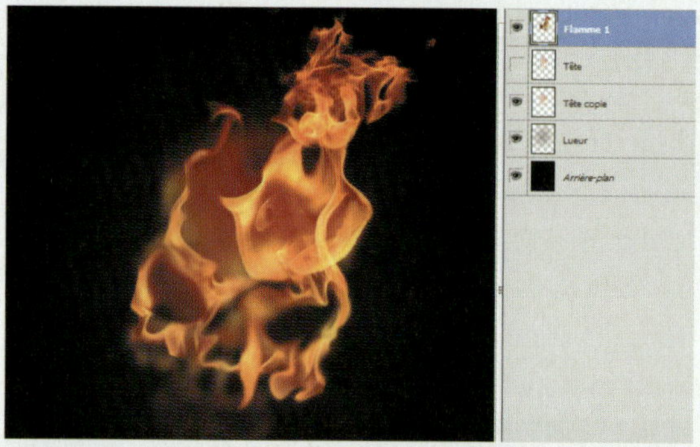

15 AJOUTER D'AUTRES FLAMMES

Vous allez maintenant répétez les étapes 10 à 14 pour ajouter de nouvelles flammes. Faites attention à ne pas trop modifier les flammes pour éviter de dénaturer leurs formes aléatoires et abstraites. Vous remarquerez dans l'image ci-contre que la partie basse de la tête de mort a été délaissée. C'est volontaire. En effet, la partie basse, notamment à cause des dents, est une phase plus compliquée que les autres. Je vous conseille d'y prêter le plus d'attention possible et de bien sélectionner les flammes qui iront à cet endroit.

16 AJOUTER DES FLAMMES SUR LES DENTS

Quand vous ferez Ctrl/Cmd+V pour coller les flammes à destination des dents, vous pourrez très bien faire pivoter complètement les flammes pour les diriger vers le bas. Cela vous aidera sensiblement pour créer la partie basse du crâne mais donnera surtout plus de dimension à votre création graphique. Lorsque vous avez terminé d'ajouter les flammes, placez tous les calques "Flammes" dans un groupe que vous appellerez "Toutes les flammes". Pour créer un groupe, sélectionnez tous les calques à placer dans ce groupe puis faites Ctrl/Cmd+G.

« La seule différence réside dans le fait qu'il faut changer les couleurs des flammes. »

17 FINITION SUR LE CRÂNE

Ajoutez un masque de fusion sur le calque "Tête" (Calque> Masque de fusion> Tout faire apparaître) puis sélectionnez l'outil Dégradé (G) avec le dégradé Premier plan vers transparent (en ayant le noir comme couleur de premier plan). Créez un dégradé en partant du bas des dents vers le nez (pour cacher le bas des dents). Puis floutez légèrement le crâne en cliquant sur la première vignette du calque "Tête" et en faisant Filtre> Atténuation> Flou gaussien. Entrez la valeur 3 pixels et enfin cliquez sur OK pour terminer.

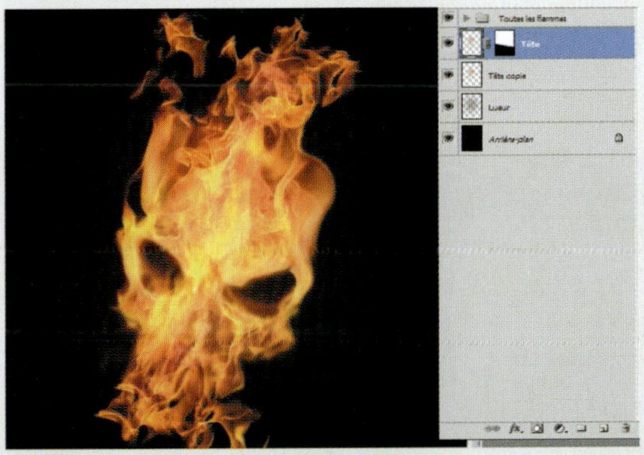

18 CRÉER DE LA FUMÉE

Pour ajouter un peu de réalisme à la scène, vous allez maintenant ajouter de la fumée à votre composition. Cette phase sera la dernière de cet exercice. Cette technique est très simple puisque vous devrez utiliser les fichiers flammes.psd et procéder de la même manière que précédemment. La seule différence réside dans le fait qu'il faut changer les couleurs des flammes et pour cela, rien de plus simple. Allez dans le menu Images> Réglages> Teinte/Saturation et configurez comme suit : Teinte : 0, Saturation : - 100, Luminosité : - 16. Cliquez sur OK pour valider.

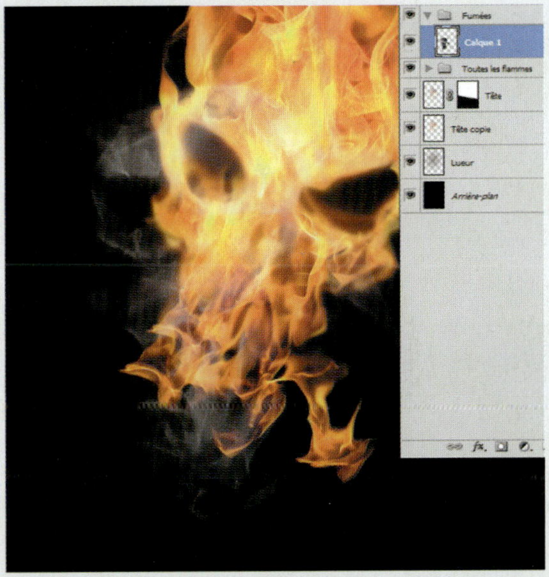

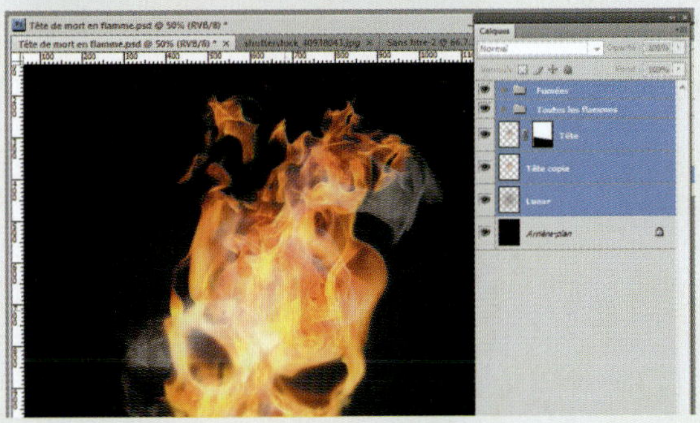

19 FINIR L'IMAGE ET L'EXERCICE

Placez dans un nouveau groupe que vous appellerez "Fumées" tous les calques que vous avez créés pour ajouter de la fumée sur l'image. Voilà, vous venez de terminer la dernière étape de cet exercice. Pour finir, n'oubliez pas de sauvegarder votre document en PSD afin de garder une trace de vos calques et en JPEG pour une utilisation sur Internet.

L'ARTISTE
Mr.Xerty aka Brice Chaplet

Brice officie depuis trois ans en freelance (:NO MASTA Prod:). Il s'est spécialisé au départ dans la réalisation de flyers, affiches et couvertures pour différents labels indépendants et organisateurs de soirées. Il a plus récemment élargi sa clientèle au monde de la presse. Il travaille également pour Wagram Music sur la création de coffrets CD... Son travail est influencé par la vie urbaine, la culture underground et le vintage design. Il aime jouer avec les photos, les textures et les formes vectorielles pour ensuite mixer le tout dans un ensemble dynamique et coloré. Il en résulte un monde surréaliste et fou, aux paysages urbains déjantés où des hommes à têtes d'écran, côtoient de somptueuses créatures... www.nomastaprod.com

L'outil Plume

L'outil Plume fait souvent peur aux personnes qui veulent s'initier à Photoshop ou aux autres logiciels qui en sont dotés. Pourtant, après compréhension de son fonctionnement, ce n'est qu'un jeu d'enfant. Pour bien comprendre, l'outil Plume fonctionne avec le principe des poignées.
Les poignées que vous voyez apparaître en cliquant/glissant à la suite d'un point supplémentaire représentent la direction de la tangente de la courbe, le point d'inflexion étant celui que vous avez posé au préalable. Cependant, lorsque vous ne voulez pas que votre prochain point ait déjà une direction prédéfinie avec cette tangente, vous pouvez supprimer la poignée en maintenant la touche Alt puis en cliquant sur le point que vous venez de poser. Ainsi, vous pouvez repartir dans une nouvelle direction.

Une fois votre tracé terminé, vous pouvez le mémoriser en double-cliquant dessus dans le panneau Tracés puis en le nommant. Vous pouvez aussi créer une sélection à partir de ce tracé en faisant un clic droit dessus et en sélectionnant Définir une sélection.

N'oubliez pas que, même une fois terminé, votre tracé reste éditable à l'aide des outils vectoriels. Vous pouvez même le sélectionner avec l'outil Sélection de tracé, le copier et le coller.

VISAGE TYPO

Créez un visage avec des lettres de typographie.

Apprenez grâce à ce tutoriel une technique vous permettant de créer un visage humain avec des lettres.

SUR LE CD : Vous trouverez sur les CD les éléments nécessaires à la réalisation de ce tutoriel.

01 CRÉATION DE VOTRE IMAGE

Ouvrez Photoshop. Commencez par vérifier que la couleur d'arrière-plan est bien le noir dans la barre d'outils. Puis allez dans le menu Fichier> Nouveau pour créer un nouveau document. Remplissez les valeurs comme suit : Nom : Visage en lettre, Largeur : 2008 px, Hauteur : 3008 px, Contenu de l'arrière-plan : Couleur d'arrière-plan. Une nouvelle image s'ouvre. Pour éviter de mauvaises surprises, enregistrez votre document dès à présent au format PSD.

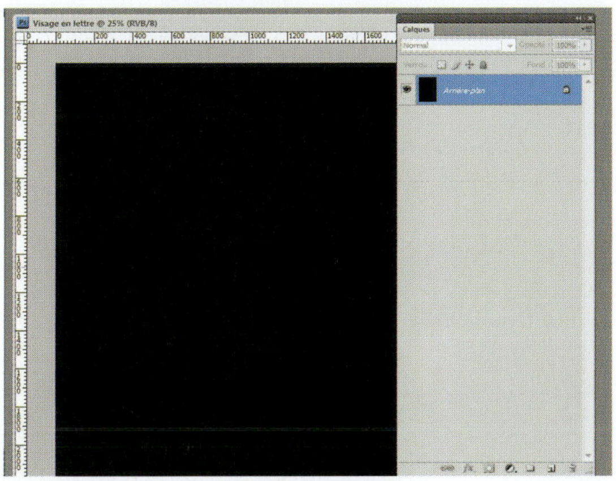

02 IMPORTATION DU VISAGE

Ouvrez le dossier source correspondant à ce tutoriel puis double-cliquez sur le fichier photo1.psd. Une nouvelle image s'ouvre automatiquement dans Photoshop (ces fichiers sont mis à votre disposition dans le CD fourni avec ce livre). Faites Ctrl/Cmd+A pour sélectionner toute l'image, puis copiez/collez-la sur votre document "Visage en lettres".

« Créez d'autres points en suivant le contour du bonnet puis du visage. »

03 REDIMENSIONNER LE VISAGE

Vous allez maintenant réduire légèrement la taille du visage en faisant Ctrl/Cmd+T pour activer la Transformation libre. Dans la barre d'options, changez la largeur (L) et la hauteur (H) à 90 %. Utilisez l'outil Déplacement pour placer le visage dans la partie haute gauche de votre image. Renommez le calque contenant le visage par "Visage" (pour renommer un calque, il vous suffit de double-cliquer sur son nom).

04 ISOLER LE VISAGE 1/3

Vous allez maintenant isoler le visage. Commencez par ajouter un masque de fusion au calque "Visage" : menu Calque> Masque de fusion> Tout faire apparaître. Utilisez l'outil Dégradé (G) et un dégradé Premier plan vers Transparent (la seconde vignette dans la fenêtre des dégradés). Créez votre dégradé en partant du bas et remontez jusqu'au bas du visage.

05 ISOLER LE VISAGE 2/3

Sélectionnez l'outil Plume (P) puis créez un premier point d'ancrage tout en haut sur le côté du bonnet. Créez d'autres points en suivant le contour du bonnet puis du visage. Enfin, refermez cette forme par la droite. Vous allez maintenant récupérer la sélection de la forme que vous venez de créer avec la Plume en faisant Ctrl/Cmd+clic sur la seconde vignette du calque "Forme 1".

06 ISOLER LE VISAGE 3/3

Commencez par masquer le calque "Forme 1" en cliquant sur l'œil, puis cliquez sur le masque de fusion du calque "Visage". Peignez en noir sur toute la surface de la sélection à l'aide de l'outil Pinceau (B). Cliquez sur le calque "Arrière-plan» et faites Ctrl/Cmd+Maj+N pour créer un nouveau calque. Sélectionnez le calque "Visage" puis, en appuyant sur la touche Ctrl/Cmd, sélectionnez aussi le calque "Calque 1" (les deux calques sont alors sélectionnés). Fusionnez ces deux calques en faisant Ctrl/Cmd+E.

07 CRÉER UN VISAGE DE LETTRES 1/4

Vous allez maintenant commencer à transformer le visage pour donner l'illusion qu'il est constitué de lettres qui se mêlent. Pour cela, vous allez commencer par supprimer les couleurs du calque "Visage". Faites Image> Mode> Niveau de gris. Un message d'alerte vous demande si vous voulez aplatir votre image. Cliquez sur Non. Sélectionnez l'outil Pinceau (B), appuyez sur F5 pour ouvrir la fenêtre Formes, ouvrez le menu déroulant en cliquant sur l'icône tout à fait en haut à droite, sélectionnez Charger des formes. Allez dans le dossier de ce tutoriel sur le CD, sélectionnez le fichier SS-scrambled-letters.abr, puis cliquez sur Charger.

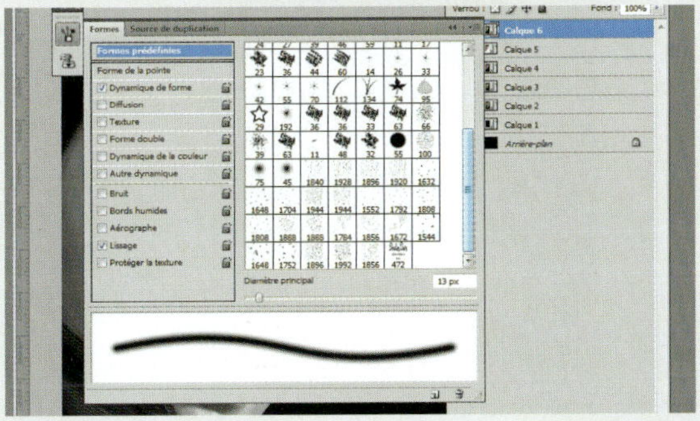

08 CRÉER UN VISAGE DE LETTRES 2/4

Cliquez sur le calque "Visage" et appuyez sur les touches Ctrl/Cmd+Maj+N pour créer un nouveau calque. Remplacez la couleur de premier plan par un blanc, puis sélectionnez l'outil Pinceau (B) et choisissez l'une des formes que vous avez chargées à l'étape 7. Vérifiez que les lettres sont suffisamment grandes. Si c'est le cas, cliquez plusieurs fois sur l'image pour créer de façon aléatoire des lettres sur le visage. Pour terminer cette étape, vous allez récupérer la sélection de lettres en faisant Ctrl/Cmd+clic sur la vignette du calque "Calque 1".

09 CRÉER UN VISAGE DE LETTRES 3/4

Supprimez le calque “Calque 1” en faisant un clic droit dessus et en sélectionnant Supprimer le calque. Vérifiez que vous êtes sur le calque “Visage” et faites Édition> Copier, puis Édition> Coller. Un nouveau calque est automatiquement créé. Il est possible que les lettres ne soient pas placées exactement au même endroit sur le visage. Si c’est le cas, utilisez l’outil Déplacement pour les déplacer avec précision. Si vous masquez le calque “Visage”, voyez ici ce que vous devriez obtenir.

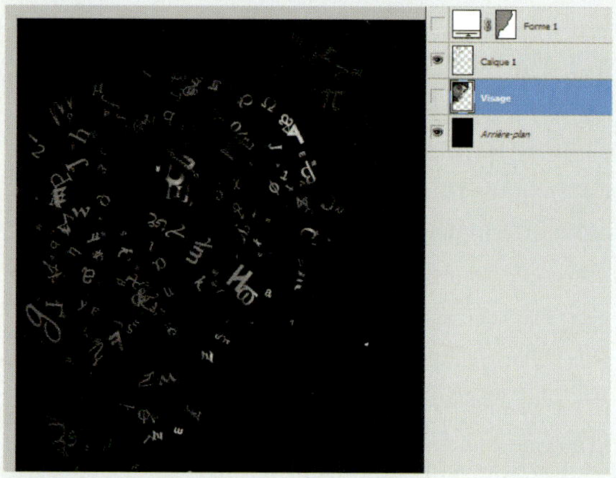

10 CRÉER UN VISAGE DE LETTRES 4/4

Vous allez maintenant répéter les étapes 7, 8 et 9 autant de fois qu’il le faudra pour que vous puissiez distinguer le visage à travers toutes les lettres. Dans mon exemple, j’ai créé sept calques de lettres pour obtenir ce résultat. Une fois que cela est fait, créez un nouveau Groupe que vous appellerez “Lettres” (Calque> Nouveau> Groupe), puis placez tous les calques correspondant aux lettres dans ce groupe.

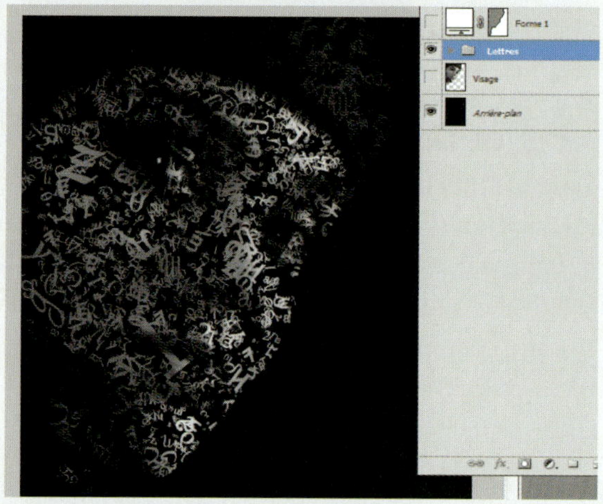

11 CRÉER LE BACKGROUND

Créez un nouveau calque que vous appellerez “Couleurs” (Calque> Nouveau> Calque), puis sélectionnez l’outil Pinceau avec la forme Rond net et une taille de 200 pixels. Dessinez maintenant sur la partie noire de ce calque en variant les couleurs. Dans mon exemple, j’ai fait différentes parties du haut vers le bas : violet (#51014D), bleu (#0147B4), vert (#5B9A02), jaune (#E19200), rouge orangé (#C93E04) et retour sur le violet (#51014D). Faites Filtre> Atténuation> Flou directionnel et configurez comme suit : Angle : - 45°, Distance : 999 px. Faites Ctrl/Cmd+F pour répéter l’opération (répétez-la trois ou quatre fois).

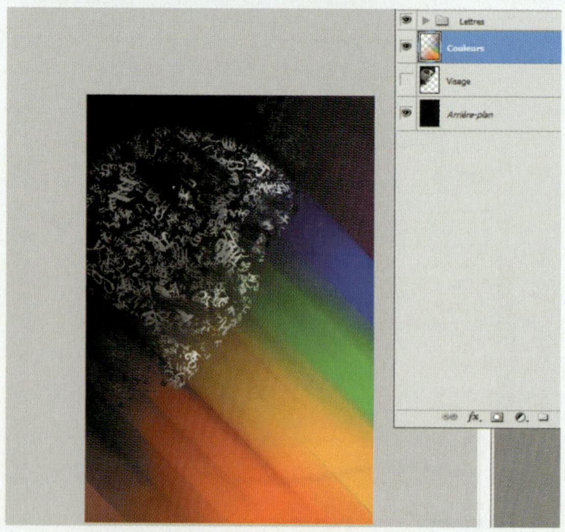

Même opération

Lorsque vous appliquez un filtre dans Photoshop, vous pouvez automatiquement appliquer à nouveau ce filtre en appuyant sur les touches Ctrl/Cmd+F.

12 QUELQUES NUANCES DE COULEURS

Commencez par utiliser l'outil Densité - et Densité + (O) pour créer des zones plus claires et des zones plus sombres. Créez un nouveau calque que vous appellerez "Lumière 1" au-dessus du calque "Couleurs". Avec un pinceau blanc, créez une diagonale allant du bas vers la droite. Vous dessinerez plus d'épaisseur sur le milieu de la diagonale. Appuyez de nouveau sur Ctrl/Cmd+F pour appliquer une fois encore un flou directionnel mais cette fois sur ce nouveau calque "Lumière 1". Pour terminer cette étape, changez le mode de fusion du calque "Lumière 1" en Incrustation (dans le menu déroulant en haut à gauche du panneau Calques).

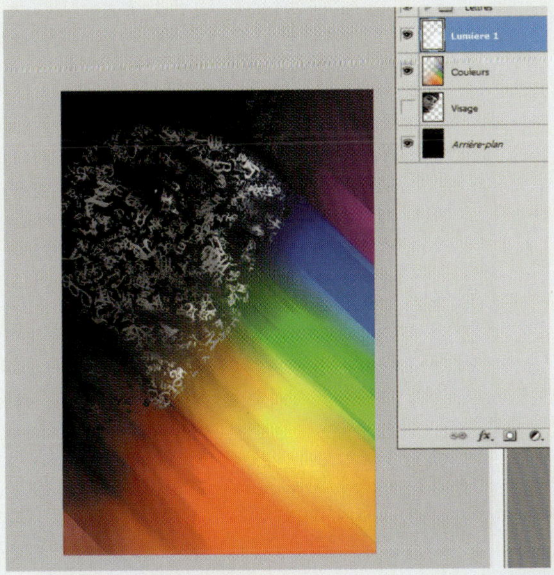

13 EXPLOSION D'ÉNERGIE 1/2

Vous allez maintenant créer un nouveau calque que vous appellerez "Lumière 2" (Ctrl/Cmd+Maj+N). Sélectionnez ensuite l'outil Pinceau (B) et choisissez la forme Arrondi flou à 500 pixels. Créez en bas de votre image une lueur blanche. Appuyez de nouveau deux fois sur les touches Ctrl/Cmd+F pour appliquer deux fois le filtre de flou directionnel. Créez un nouveau calque que vous appellerez "Lumière 3" et, avec le pinceau, créez des points blancs comme sur l'image ci-contre.

14 EXPLOSION D'ÉNERGIE 1/2

Faites de nouveau Ctrl/Cmd+F pour appliquer le filtre flou directionnel sur le calque "Lumière 3" (selon votre appréciation, vous pouvez ici appliquer une ou deux fois le filtre). Pour faire un bilan des calques correspondant aux effets de lumière, vous devriez avoir les calques : "Couleurs", "Lumière 1", "Lumière 2" et "Lumière 3". Si ce n'est pas le cas, vérifiez que vous avez bien suivi toutes les étapes.

15 ÉCHAPPÉE DE LETTRES 1/2

Vous allez maintenant créer une sorte d'échappée de lettres. L'effet doit donner l'illusion qu'une multitude de lettres jaillissent de la lumière et viennent se disposer sur l'image de manière à former un visage. Vous devrez donc utiliser de nouveau les formes chargées de l'étape 7 pour créer de petites lettres près de la lumière, des lettres de taille moyenne sur les couleurs et de taille normale près du visage. Par normale, il faut comprendre de même taille que celles utilisées tout à l'heure pour constituer le visage. Dans le dossier "Lettres", créez un nouveau calque que vous appellerez "Nuage 1". Créez, avec le Pinceau, la première volée de lettres.

16 ÉCHAPPÉE DE LETTRES 2/2

Toujours sur le calque "Nuage 1", créez de plus en plus de lettres en augmentant la taille de la forme du pinceau. Plus vous vous rapprocherez du visage, plus vous augmenterez la taille des lettres (taille de la forme du pinceau). N'hésitez pas à annuler votre ajout de lettres en appuyant sur Ctrl/Cmd+Z si vous n'êtes pas satisfait de votre résultat. Prenez votre temps pour optimiser au maximum l'effet souhaité.

17 DIMINUER L'OPACITÉ

De façon à rendre les lettres plus visibles, vous allez diminuer l'opacité des calques : "Couleurs" : 70 %, "Lumière 1" : 70 %, "Lumière 2" : 70 %, "Lumière 3" : 50 %. Pour diminuer l'opacité d'un calque, vous devez changer la valeur d'Opacité disponible en haut à droite du panneau Calques.

18 FINIR L'IMAGE 1/2

Pour finir votre image, vous allez créer un cache noir qui va assombrir les parties de votre image inutiles visuellement. Ce cache permettra de mettre sur le devant de la scène l'effet de lettres et de couleurs, permettant de créer une véritable ambiance sur l'image. Pour ce faire, créez un nouveau calque (Calque> Nouveau> Calque ou Ctrl/Cmd+Maj+N) que vous placerez au-dessus de tous les autres que vous appellerez "Cache". Sélectionnez l'outil Pot de peinture (G), modifiez la couleur de premier plan par du noir, puis remplissez la totalité de ce calque "Cache".

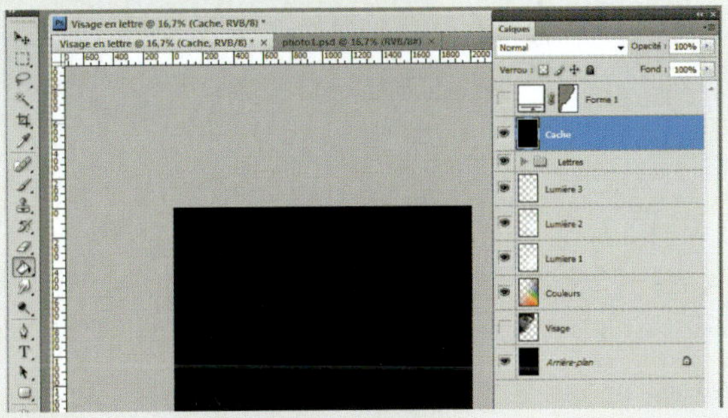

19 FINIR L'IMAGE 2/2

Ajoutez un masque de fusion sur le calque "Cache" (Calque> Masque de fusion> Tout faire apparaître). Sélectionnez l'outil Pinceau (B) avec la forme Arrondi flou et une taille énorme d'environ 2400 pixels. Vérifiez que la couleur de premier plan est bien le noir puis dessinez une diagonale partant du haut gauche vers le bas droit. Vous devrez certainement vous y reprendre à plusieurs fois pour réussir une belle diagonale avec la souris. Pour recommencer, n'oubliez pas le Ctrl/Cmd+Z pour annuler ou tout simplement Édition> Annuler. Astuce : pour réussir au mieux une diagonale avec une telle taille de pinceau, appuyez sur Ctrl/Cmd+- pour dézoomer et avoir une vue d'ensemble de votre image. Pour finir, n'oubliez pas de sauvegarder votre document en PSD afin de garder une trace de vos calques et en JPEG pour une utilisation sur Internet.

L'ARTISTE

Ismaël

Ismaël est freelance depuis 2005 mais son travail en tant que graphiste a commencé en 1999 comme Webdesigner dans une agence suisse. S'inspirant de divers styles graphiques tels que la peinture traditionnelle, l'aérographie des années 70 et les comics, Ismaël crée un univers graphique décalé du style très "typographique" de son pays... « Certains de mes amis graphistes passent 80 % de leur temps sur la typo et moi j'essaie de l'utiliser le moins possible ! »

Les sélections

Il existe plusieurs outils de sélection dans Photoshop. Nous vous renvoyons à la Plume par exemple pour une sélection précise, mais complexe. D'autres outils existent. Dans la barre d'outils, vous trouverez tout d'abord les outils de sélection comme le Rectangle et l'Ellipse de sélection, et les sélections de 1 pixel en rangée et colonne. La touche Maj permet de faire des sélections carrées et rondes.

Plus bas se trouvent les Lassos, classique, magnétique ou polygonal, qui font des sélections plus complexes.

Enfin, se trouve plus bas la Baguette magique qui permet d'un clic de sélectionner des pixels aux couleurs proches. Il y a aussi la Sélection rapide, une baguette magique un peu plus intelligente...

L'HOMME LIQUIDE

Créez un personnage qui se change en eau...

Voici un effet très tendance et vraiment incroyable. Grâce à ce tutoriel, vous allez apprendre une technique de photomontage vous permettant de remplacer un personnage sur une photo par un effet d'eau jaillissante. Après cela, les superhéros pourront aller se rhabiller !

SUR LE CD : Vous trouverez sur les CD les éléments nécessaires à la réalisation de ce tutoriel.

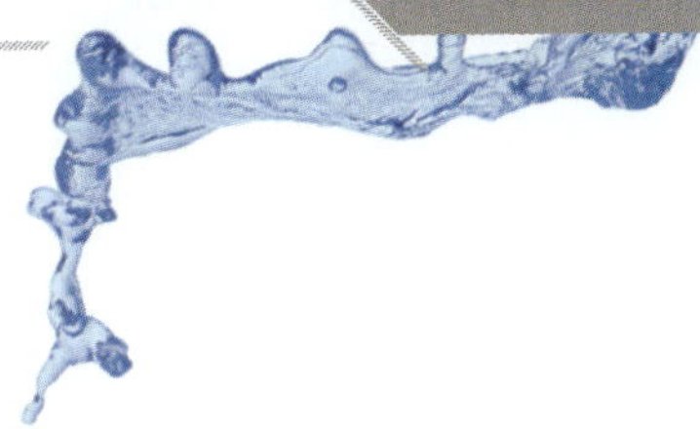

« Vous allez maintenant ajouter un dégradé en faisant Calque> Style de calque> Incrustation en dégradé. »

01 CRÉER UN NOUVEAU DOCUMENT

Ouvrez Photoshop. Dans mon exemple, j'ai créé un nouveau document (Fichier> Nouveau ou Ctrl/Cmd+N) de 1600 x 1600 pixels avec un arrière-plan de couleur noire.

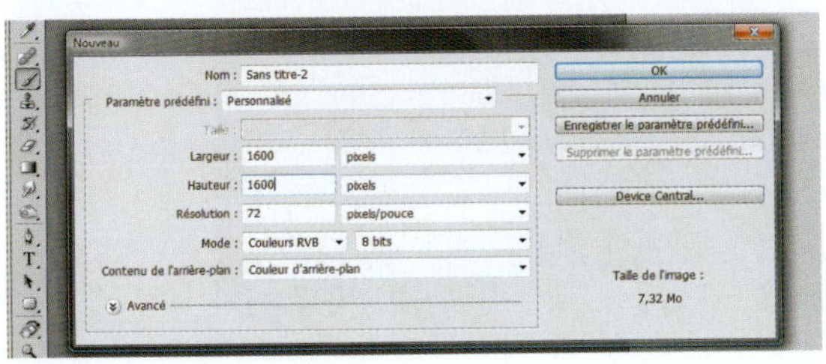

02 CRÉER LE FOND EN DÉGRADÉ 1/2

Créez un nouveau calque (Calque> Nouveau> Calque... ou Maj+Ctrl/Cmd+N). Sélectionnez l'outil Pot de peinture (G) et remplissez d'un clic ce nouveau calque. Vous allez maintenant ajouter un dégradé en faisant Calque> Style de calque> Incrustation en dégradé. Configurez le dégradé en Style : radial, un bleu très clair au centre (#E8F1F9 position 40 %) vers un bleu plus foncé (#9CBCE0 position 80 %) et validez.

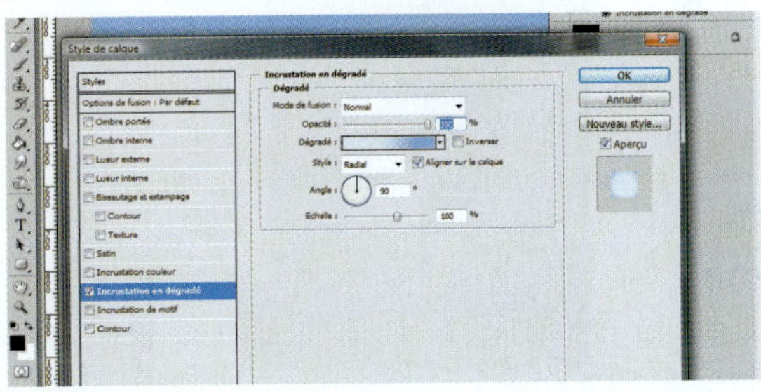

03 CRÉER LE FOND EN DÉGRADÉ 2/2

Créez un nouveau calque, sélectionnez l'outil Pot de peinture (G) et remplissez d'un clic ce nouveau calque (utilisez par exemple ce bleu très foncé : #003C7A). Ajoutez un masque de fusion (Calque> Masque de fusion> Tout faire apparaître) puis sélectionnez l'outil Pinceau (B). Choisissez un pinceau Arrondi flou et changez sa taille à 1800 pixels. Vérifiez que votre couleur de premier plan est bien le noir et que la forme est bien au milieu de votre image. Cliquez deux ou trois fois afin de faire disparaître le centre pour laisser place à une lueur bleue sur les côtés.

04 IMPORTER LE PERSONNAGE

Ouvrez le fichier source correspondant à ce tutoriel dans Photoshop (ces fichiers sont mis à votre disposition dans le CD fourni avec ce livre), puis faites un glisser-déposer du calque "Personnage" dans votre composition. Si la photo est trop grande, faites Ctrl/Cmd+T pour en réduire la taille (positionnez votre personnage au centre de votre document). N'oubliez pas de garder la touche Maj enfoncée pour conserver les proportions de l'image.

05 DÉTOURER LE PERSONNAGE 1/2

Il existe plusieurs méthodes pour détourer un personnage. Cependant, au vu de l'arrière-plan complexe et des formes plutôt simples du personnage, je vous conseille d'utiliser la technique de la Plume pour y parvenir. Sélectionnez l'outil Plume (P) dans la barre d'outils puis zoomez plusieurs fois sur le contour de votre personnage. Commencez à créer des points d'ancrage sur les contours des jambes, des chaussures, des mains, etc.

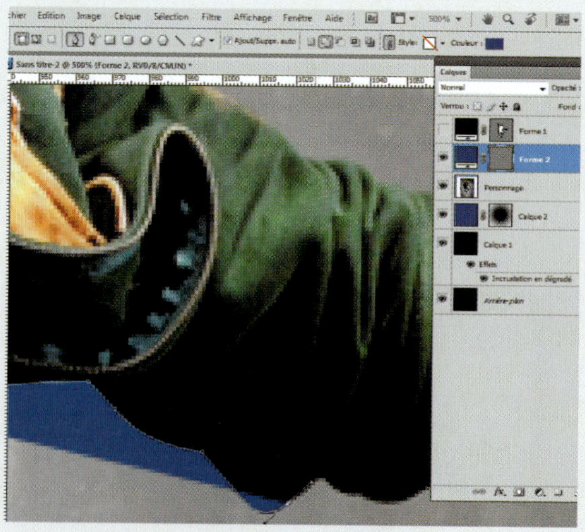

06 DÉTOURER LE PERSONNAGE 2/2

Une fois que vous avez totalement fait le tour du personnage avec la Plume, vous devriez obtenir un calque “Forme 1” contenant une sorte de silhouette. Vous allez maintenant supprimer la partie extérieure du personnage : gardez la touche Ctrl/Cmd enfoncée et cliquez sur la seconde vignette du calque “Forme 1”. La silhouette est sélectionnée. Placez-vous sur le calque “Personnage” et faites Calque> Masque de fusion> Tout faire apparaître. Appuyez sur les touches Ctrl/Cmd+Maj+I pour intervertir la sélection. Avec un pinceau noir, dessinez tout autour de votre personnage (sur le masque de fusion).

07 FAIRE DISPARAÎTRE LE PERSONNAGE 1/6

Commencez par masquer le calque “Forme 1” en cliquant sur l’œil (dans le panneau Calques). Vous allez faire disparaître le personnage. Zoomez avec l’outil Loupe (Z) sur la chaussure (en bas de votre image). Puis, avec la Plume, créez des points d’ancrage en suivant le pantalon et fermez la forme par le bas.

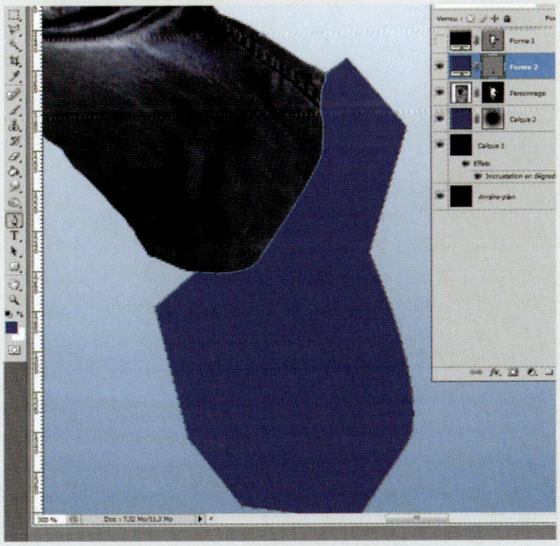

08 FAIRE DISPARAÎTRE LE PERSONNAGE 2/6

Vous devriez maintenant voir dans le panneau Calques un nouveau calque “Forme 2”. Maintenez la touche Ctrl/Cmd et cliquez sur la seconde vignette ; la forme se sélectionne. Cliquez ensuite sur l’œil pour la masquer. Cliquez sur le masque de fusion du calque “Personnage” et, avec un pinceau noir, remplissez l’intérieur de la sélection. Sous cette action, la chaussure disparaît de votre image.

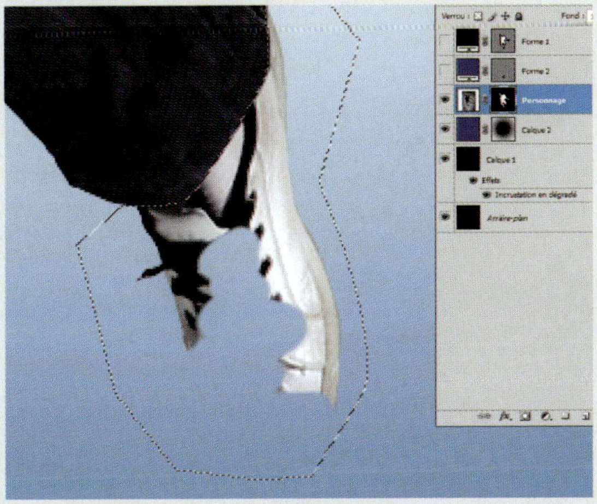

Effet de zoom

Lorsque vous travaillez sur des éléments très précis dans Photoshop, vous avez la possibilité de zoomer grâce à l'outil Zoom, mais saviez-vous que vous pouviez également zoomer sur votre image en appuyant sur les touches Ctrl/Cmd++ ou Ctrl/Cmd+- pour dézoomer. Pratique pour gagnez du temps !

09 FAIRE DISPARAÎTRE LE PERSONNAGE 3/6

Vous allez maintenant vous occuper de la main sur la droite de votre image. Pour cela, vous utiliserez la même technique que précédemment. Zoomez sur la main puis, avec la Plume, suivez le bracelet et fermez la forme sur la droite. Maintenez la touche Ctrl/Cmd enfoncée, cliquez sur la seconde vignette, la forme se sélectionne. Cliquez ensuite sur l'œil pour la masquer. Cliquez sur le masque de fusion du calque "Personnage" et, avec un pinceau noir, remplissez l'intérieur de la sélection. Sous cette action, la main disparaît de votre image.

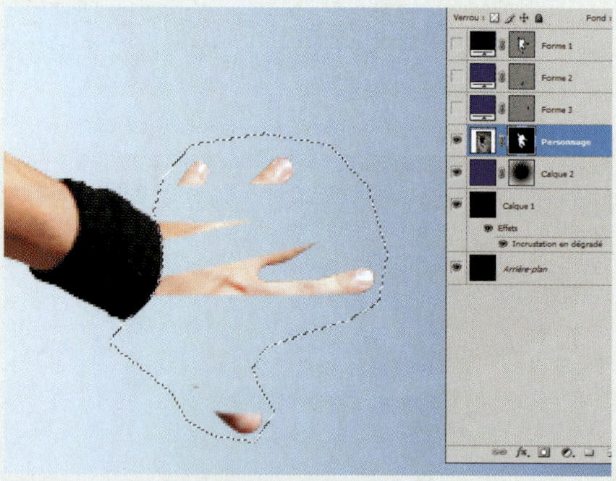

10 FAIRE DISPARAÎTRE LE PERSONNAGE 4/6

Vous utiliserez de nouveau cette technique pour faire disparaître l'avant-bras (à droite), puis la main (en haut à gauche). Vous remarquerez que pour cette dernière disparition une partie de la main reste visible. Vous allez la faire disparaître en commençant par zoomer dessus puis en utilisant l'outil Lasso (L). Créez une sélection autour du pouce. Cliquez sur la première vignette du calque "Personnage" et, grâce à l'outil Tampon de duplication (S), faites apparaître la partie du pull cachée par le doigt.

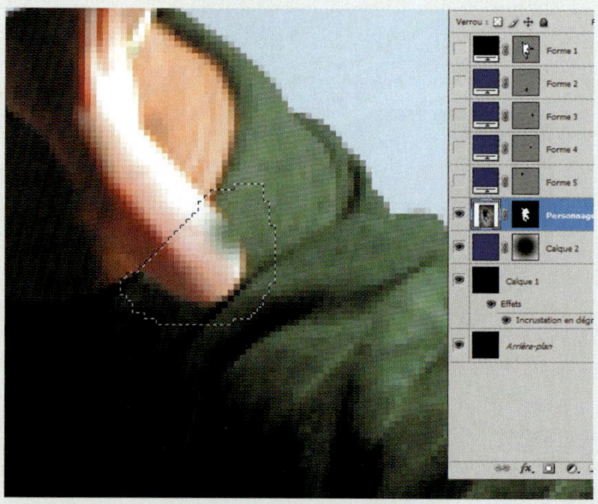

11 FAIRE DISPARAÎTRE LE PERSONNAGE 5/6

Pour utiliser l'outil Tampon de duplication, vous devez appuyer sur la touche Alt puis cliquer sur la partie verte du pull (la partie à dupliquer). Dessinez sur la partie à recouvrir (la partie sélectionnée) puis utilisez le Pinceau et différentes tonalités de vert pour peaufiner les détails. Utilisez de nouveau l'outil Tampon de duplication pour recréer l'intérieur de la manche. Dans un souci de simplicité, vous imaginerez que l'intérieur du personnage devient noir.

12 FAIRE DISPARAÎTRE LE PERSONNAGE 5/6

Vous allez maintenant faire disparaître la tête ainsi que l'épaule que l'on aperçoit discrètement à côté. Commencez par sélectionner, avec l'outil Lasso, la partie de l'épaule. Puis, de façon plus précise, sélectionnez la zone où se trouve le visage. Si vous gardez la touche Maj enfoncée lors de la création de votre seconde sélection, celle-ci s'ajoutera à la première, créant ainsi une nouvelle sélection.

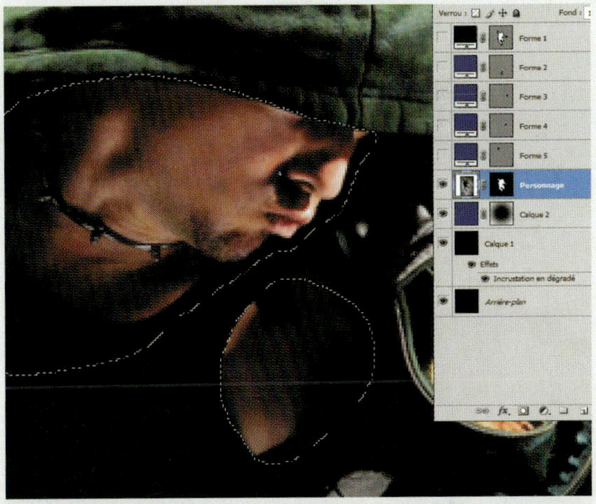

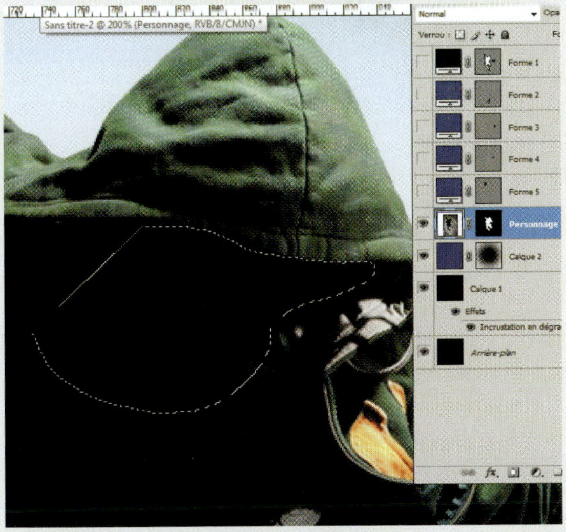

13 FAIRE DISPARAÎTRE LE PERSONNAGE 6/6

La modification étant un peu plus importante, vous allez créer un nouveau calque au-dessus du calque “Personnage” (Calque> Nouveau> Calque... ou Maj+Ctrl/Cmd+N). Sélectionnez l'outil Pinceau (B) puis choisissez la forme Arrondi flou. Commencez par peindre en noir la partie de l'épaule, puis utilisez de nouveau l'outil Pinceau pour recouvrir le visage. Pour terminer, changez la taille du pinceau à 125 pixels par exemple, et cliquez une fois sous la capuche pour créer une sorte de lueur verte, très discrète. Elle permet de donner un petit effet de profondeur.

14 EN FINIR AVEC LE PERSONNAGE

Vous avez peut-être remarqué qu'à gauche de votre image une partie n'avait pas encore été détourée. Il s'agit de la chaîne. Cette partie très précise nécessite un travail minutieux. Commencez par zoomer dessus puis cliquez sur le masque de fusion du calque "Personnage". Sélectionnez l'outil Pinceau (changez la taille à 1 ou 2 pixels), veillez à ce que la couleur noire est bien en premier plan puis, de façon précise, dessinez sur les parties à faire disparaître.

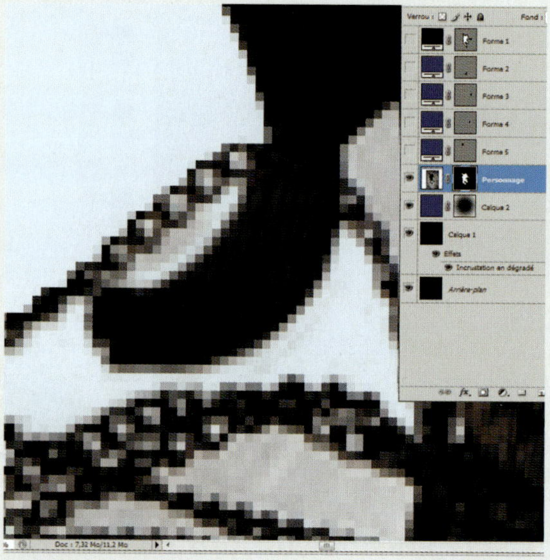

15 UN PEU DE RANGEMENT

Votre personnage est maintenant totalement détouré mais il a surtout totalement disparu. Vous venez donc de terminer la première grande étape de ce tutoriel. Les calques de formes ne seront plus utilisés pour le moment, vous allez donc les placer dans un nouveau Groupe. Créez un nouveau groupe (Calque> Nouveau> Groupe) appelé "Formes". Prenez un à un les calques de forme pour les placer dans ce nouveau dossier (un simple glisser-déposer suffit).

Archives

Lorsque vous travaillez sur des compositions complexes nécessitant la création de dizaines de calques, je vous conseille de créer un groupe que vous pouvez appeler Archives. Vous placerez à l'intérieur tous les calques qui n'ont plus d'utilité dans l'immédiat.

16 CRÉER DE L'EAU 1/6

Ouvrez le fichier source correspondant à ce tutoriel dans Photoshop (ces fichiers sont mis à votre disposition dans le CD fourni avec ce livre). Faites un glisser-déposer du calque "Eau 1" dans votre composition (placez-le sous le calque "Personnage"). Cette courbe d'eau vous permettra de créer la jambe du bas. Appuyez sur Ctrl/Cmd+T pour activer la Transformation libre puis modifiez la taille et l'angle pour adapter au mieux la courbe d'eau à la jambe du personnage (n'oubliez pas de garder la touche Maj enfoncée pour conserver les proportions de l'image).

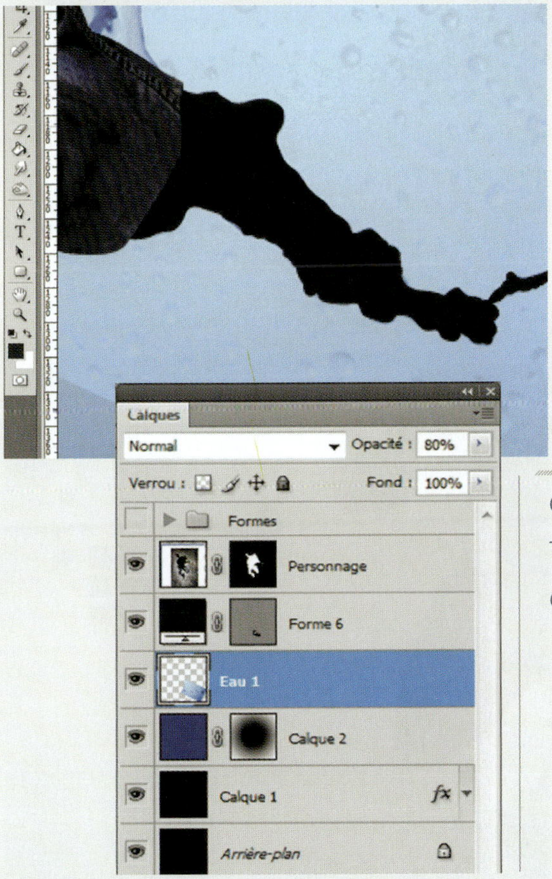

17 CRÉER DE L'EAU 2/6

Même technique que pour le personnage, vous devrez cette fois-ci détourer cette courbe d'eau. Normalement, la technique du détourage à la Plume ne devrait plus avoir de secrets pour vous ! Sélectionnez l'outil Plume (P) puis zoomez sur la partie à suivre. Créez des points d'ancrage en suivant les bords de la courbe. Essayez d'être le plus précis possible (cette nouvelle forme devrait s'appeler "Forme 6").

« Même technique que pour le personnage, vous devrez cette fois-ci détourer cette courbe d'eau. »

18 CRÉER DE L'EAU 3/6

Vous allez maintenant supprimer la partie extérieure pour ne garder que la courbe d'eau. Commencez par récupérer la sélection du calque "Forme 6" en faisant Ctrl/Cmd+clic sur la seconde vignette du calque "Forme 6" ; la forme noire se sélectionne. Placez-vous sur le calque "Eau 1" et faites Calque> Masque de fusion> Tout faire apparaître. Appuyez sur les touches Ctrl/Cmd+Maj+I pour intervertir la sélection. Avec un pinceau noir, dessinez tout autour de votre forme (sur le masque de fusion). Pour terminer, masquez le calque "Forme 6" et placez-le dans le groupe "Formes".

19 CRÉER DE L'EAU 4/6

Vous allez maintenant utiliser la même technique que précédemment pour créer le second pied. Utilisez dans le fichier source le calque "Eau 2" puis faites Ctrl/Cmd+T pour redimensionner et replacer la courbe d'eau. Avec la Plume, tracez le contour de la courbe d'eau. Pour terminer, ajoutez un masque de fusion sur le calque "Eau 2" et masquez la partie extérieure en utilisant le Pinceau (B).

20 CRÉER DE L'EAU 5/6

Vous allez créer le bras situé sur la gauche en utilisant la technique du détourage et du masque de fusion. Cependant, vous devrez l'appliquer deux fois : une première fois pour créer l'avant-bras grâce au calque "Eau 3" et une deuxième fois pour la main grâce au calque "Eau 4", tous les deux disponibles sur le CD.

21 CRÉER DE L'EAU 6/6

Vous allez maintenant créer la main située en haut à gauche. Vous l'aurez sans doute compris, vous utiliserez encore une fois la même technique : outil Plume + masque de fusion. Importez le fichier source "Eau 5". Mais attention, cette fois-ci vous placerez le calque "Eau 5" au-dessus du calque "Personnage". Pour créer la transition floutée entre la courbe de l'eau et le pull, vous utiliserez sur le masque de fusion du calque "Eau 5" l'outil Pinceau (B) configuré ainsi : Couleur : noir, Taille : 50 px, Forme : Arrondi flou.

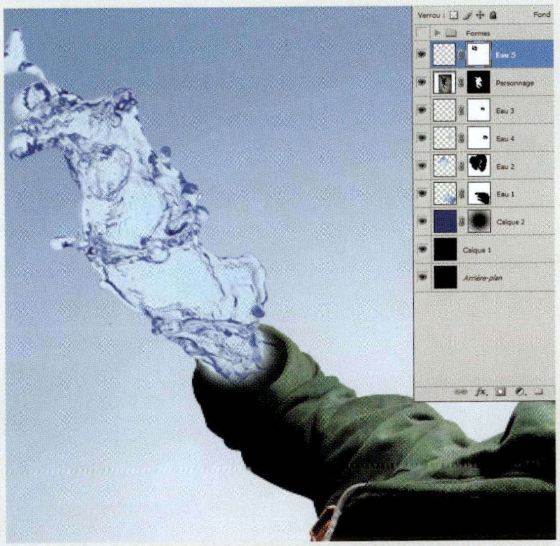

22 INCRUSTER L'EAU AU BACKGROUND

Pour incruster les courbes d'eau à l'arrière-plan et leur donner un petit effet de transparence, vous allez diminuer l'opacité des calques "Eau 1", "Eau 2", "Eau 3", "Eau 4" et "Eau 5". Pour diminuer l'opacité d'un calque, il suffit de changer la valeur Opacité disponible en haut à droite du panneau Calques. Pour finir, n'oubliez pas de sauvegarder votre document en PSD afin de garder une trace de vos calques et en JPEG pour une utilisation sur Internet.

Couleurs

Vous utilisez très souvent les couleurs blanche et noire dans Photoshop. Saviez-vous que ces deux couleurs sont les couleurs par défaut de premier et d'arrière-plan ? Appuyez sur la touche D pour rétablir les couleurs, ou sur X pour intervertir la couleur d'arrière-plan avec celle de premier plan.

L'ARTISTE

Loic Leser

Loïc Leser est un étudiant de 22 ans qui réside dans le Brabant wallon en Belgique. Il a commencé à étudier les arts graphiques à l'âge de 14 ans et il est actuellement en dernière année pour l'obtention d'un master en Webdesign & multimédia. Retrouvez ses créations sur www.loicleser.be et sur www.behance.net/loicleser.

Transformations

Les éléments de Photoshop comme les calques, les groupes, les masques, etc. peuvent subir des modifications grâce à la fonction Transformation du menu Édition (ou en faisant Ctrl/Cmd+T avec le calque sélectionné). Parmi ces transformations, vous pouvez faire pivoter votre élément, le déformer, faire une transformation en perspective, homothétique, etc.

Si vous ne souhaitez pas passer sans cesse par le menu, un simple Ctrl/Cmd+T suivi de quelques raccourci feront l'affaire : pour la rotation, survolez l'angle de l'élément, cliquez et pivotez. Pour une transformation homothétique, maintenez la touche Maj. Pour étirer l'élément depuis son centre, maintenez Alt. Et les combinaisons Maj+Alt sont également possibles. Pour étirer uniquement une poignée de la transformation, maintenez la touche Ctrl/Cmd. Et surtout, toujours relâcher d'abord le bouton de la souris avant les touches de raccourcis.

AURORE BORÉALE

Créer une magnifique aurore boréale à partir d'une page blanche.

De belles couleurs, un beau contraste, un ciel étoilé… Nous allons vous montrer ici comment réaliser une image représentant une aurore boréale comme vous n'en verrez sûrement jamais. Nous allons créer cette image de toutes pièces à l'aide de formes de pinceaux et de nombreux autres outils performants de Photoshop.

SUR LE CD : Vous trouverez sur le CD le fichier final avec les calques. Vous pouvez télécharger gratuitement les formes sur : http://demosthenesvoice.deviantart.com/art/Star-Brushes-97311837, http://keren-r.deviantart.com/art/Stars-Brushes-2-131218321 et http://midnightstouch.

01 CRÉER UN NOUVEAU DOCUMENT

Ouvrez Photoshop. Commencez par vérifier que la couleur d'arrière-plan est bien le noir en bas de la barre d'outils puis faites Fichier> Nouveau ou Ctrl/Cmd+N pour créer un nouveau document. Remplissez les valeurs comme suit : Largeur : 1200 px, Hauteur : 1600 px, Contenu de l'arrière-plan : Couleur d'arrière-plan. Une nouvelle image s'ouvre. Pour éviter les mauvaises surprises, enregistrez votre document dès à présent au format PSD.

02 CRÉER UNE COLLINE

Sélectionnez l'outil Plume (P), vérifiez que l'icône Calques de forme est bien sélectionnée (barre d'options en haut) puis modifiez la couleur de premier plan par du noir. Créez des points d'ancrage pour tracer grossièrement une sorte de colline sur la partie basse de votre image. Vérifiez que le calque "Forme 1" s'est bien créé dans le panneau Calques. Pour terminer, modifiez son nom pour "Colline".

03 CRÉER UNE PREMIÈRE LIGNE D'HORIZON 1/2

Dans cette étape, vous allez créer une ligne d'horizon composée d'arbres au-dessus votre colline. Vous utiliserez une forme de pinceau personnalisée. Commencez par créer un nouveau calque (Calque> Nouveau> Calque... ou Ctrl/Cmd+Maj+N) et renommez-le "Horizon 1". Vous allez maintenant ajouter des formes personnalisées en appuyant sur la touche F5 pour ouvrir le panneau Formes. Cliquez sur l'icône en haut à droite et sélectionnez dans le menu déroulant Charger des formes. Utilisez l'URL indiquée en introduction pour télécharger Beyond the Mist.abr.

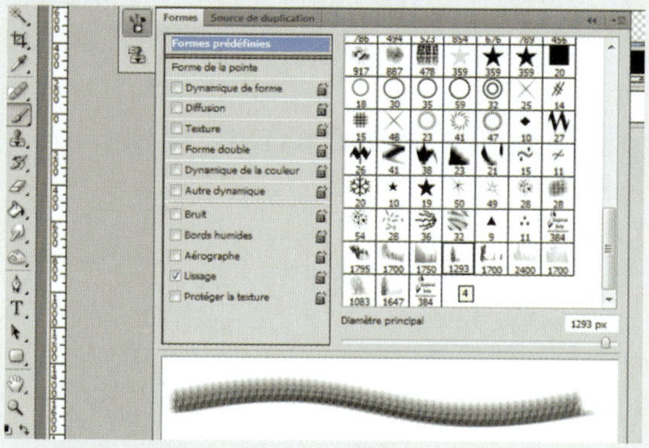

04 CRÉER UNE PREMIÈRE LIGNE D'HORIZON 2/2

Vérifiez que le calque "Horizon 1" est bien sélectionné puis choisissez dans la barre d'outils le Pinceau (B). Modifiez sa forme en choisissant l'une des formes précédemment ajoutées. En cliquant sur votre image, créez la première ligne d'arbres. Veillez à bien suivre la colline noire que vous avez créée lors de l'étape 1. De plus, pour donner l'illusion que cette ligne est bien la première et renforcer l'effet de profondeur, faites attention à bien noircir la forme des arbres et, s'il le faut, cliquez plusieurs fois pour appliquer la même forme au même endroit.

05 CRÉER UNE SECONDE LIGNE D'HORIZON

C'est dans cette étape que va être créé l'effet de profondeur. En effet, lorsqu'on regarde un paysage, les éléments en arrière-plan sont toujours plus atténués et moins visibles que ceux au premier plan. Vous devrez donc volontairement atténuer les arbres que vous allez créer. Créez un nouveau calque et renommez-le "Horizon 2" puis utilisez de nouveau le Pinceau et les Formes pour créer une seconde ligne d'horizon composée d'arbres. Cette fois-ci, plus la peine de cliquer plusieurs fois sur votre image, une seule pression suffira à ajouter les formes.

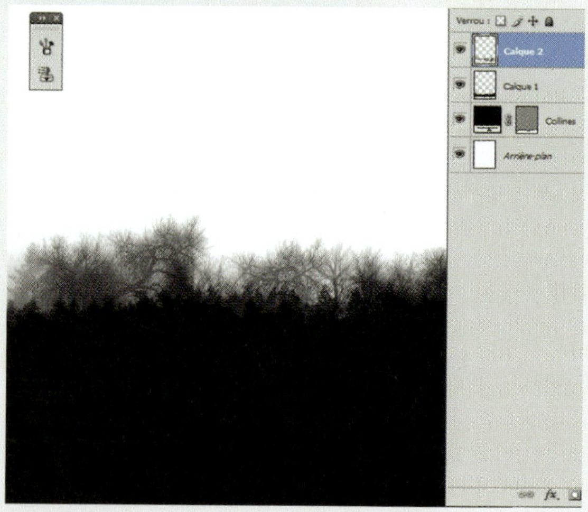

06 PREMIER ÉCLAT DE COULEUR

Vous allez maintenant créer une lueur venant de derrière l'horizon. Créez tout d'abord un nouveau calque et renommez-le "Lueur 1". Placez-le juste au-dessus du calque "Arrière-plan" et modifiez la couleur de premier plan par du rose #E2BED8, sélectionnez l'outil Pinceau (B) et réglez la Taille à 500 pixels, la Forme sur Arrondi flou et l'Opacité à 30 %. Dessinez sur la partie basse de façon à créer une lueur rose.

07 DEUXIÈME ÉCLAT DE COULEUR

Vous allez maintenant créer un nouvel éclat de couleur mais en utilisant un rose plus soutenu (#DD6CBC) et plus saturé. Créez un nouveau calque et renommez-le "Lueur 2". Ensuite, sélectionnez l'outil Pinceau (B), mettez la Taille à 300 pixels et créez cette seconde lueur plus proche des arbres.

08 TERMINER LES ÉCLATS

Vous allez terminer les éclats de lueur en ajoutant quelques touches plus foncées et plus saturées. Créez un nouveau calque et renommez-le "Lueur 3". Sélectionnez l'outil Pinceau (B), changez la taille à 200 pixels, passez l'Opacité à 10 % et modifiez la couleur de premier plan en #B80283 (rose foncé très saturé). Enfin, appliquez quelques touches en suivant les cimes des arbres en faisant attention à ne pas trop remonter sur votre image.

09 CHANGER L'ARRIÈRE-PLAN

L'arrière-plan blanc vous a beaucoup aidé pour travailler sur l'horizon et les arbres noirs. Cependant, il est temps de basculer votre image sur une tonalité noire. Sélectionnez l'arrière-plan dans le panneau Calques puis faites Ctrl/Cmd+A pour sélectionner toute l'image. Modifiez la couleur de premier plan par un noir profond (#000000) et allez dans le menu Édition> Remplir (ou Maj F5). Vous voyez que l'arrière-plan se remplit de noir. Appuyez sur Ctrl/Cmd+D pour désélectionner.

« Vous allez créer un second faisceau, de façon à donner l'illusion qu'une source de lumière très lumineuse se répand par le bas sur l'image. »

10 FAISCEAU DE LUMIÈRE 1/2

Vous allez créer le premier faisceau de lumière en utilisant une forme blanche que vous flouterez de façon verticale afin de créer une sorte de faisceau de lumière sortant des arbres. Créez un nouveau calque et renommez-le "Lumière 1". Sélectionnez l'outil Pinceau (B), modifiez la Forme en Rond net puis sa Taille à 100 pixels, enfin changez la couleur de premier plan par du blanc et créez une tache blanche sur votre image.

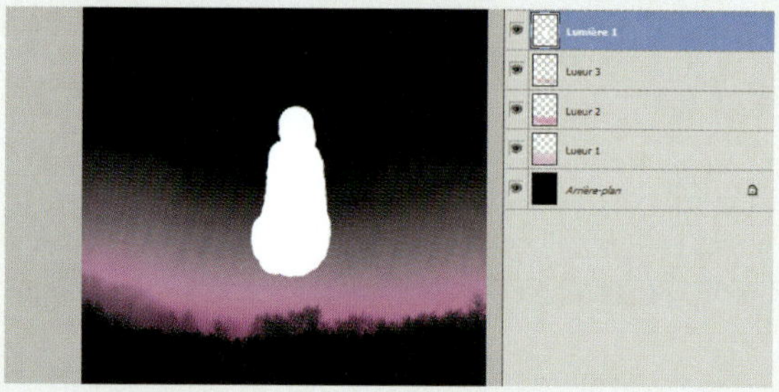

11 FAISCEAU DE LUMIÈRE 2/2

Vous allez maintenant diluer cette tache blanche en faisant Filtre> Atténuation> Flou directionnel. Modifiez l'angle à 90° puis la distance à 999 pixels (son maximum). Appuyez sur OK pour valider la modification. Si vous trouvez que votre faisceau de lumière est trop dur sur les côtés, suivez cette seconde étape : allez dans le menu Filtre> Atténuation> Flou gaussien, modifiez le Rayon à 8 pixels (à faire varier selon vos besoins) puis appuyez sur OK pour valider la modification.

12 CRÉER UN SECOND FAISCEAU

Vous allez donc créer un second faisceau puis un autre et encore un autre, de façon à donner l'illusion qu'une source de lumière très lumineuse se répand par le bas sur la totalité de l'image. Pour cela, commencez par créer un second faisceau de lumière qui va aller légèrement sur la droite. Créez un nouveau calque et appelez-le simplement "Lumière 2". Utilisez la technique de l'étape 11 pour créer un second faisceau de lumière. Attention : pour qu'il aille légèrement sur la droite, modifiez l'angle du Flou directionnel à 85° par exemple.

13 CRÉATION DES AUTRES FAISCEAUX

En utilisant la même technique, vous créez un troisième faisceau puis un quatrième de façon à remplir la partie droite de votre image (dans l'exemple, cinq calques différents ont été nécessaires pour remplir toute la partie droite). Une fois que cela est fait, allez dans le menu Calque> Nouveau> Groupe, modifiez le nom en "Lumières" et appuyez sur OK. Faites un glisser-déposer de tous les calques "Lumière" dans ce nouveau dossier.

14 DIFFUSION DES CONTOURS

Il est possible que les contours de vos faisceaux de lumière ne se fondent pas les uns dans les autres, créant des démarcations désagréables visuellement. Pour les atténuer, suivez cette méthode : sélectionnez le calque posant problème puis allez dans le menu Calque> Masque de fusion> Tout faire apparaître. Sélectionnez l'outil Pinceau (B) et modifiez la Forme comme suit : Arrondi flou, Taille : 200 px (minimum), Opacité : 20 %, Couleur de premier plan : Noir. Enfin, sur le masque de fusion, peignez plusieurs fois sur le contour gauche du faisceau de lumière. Ceci a pour effet de le faire disparaître et de l'atténuer par rapport au précédent.

15 PARTIE GAUCHE

Vous allez maintenant créer la partie gauche, pour laquelle vous avez le choix entre deux méthodes. La première est plus agréable visuellement mais plus longue : utilisez la même technique qu'à l'étape 11 pour créer d'autres faisceaux. Cependant, modifiez les angles du Flou directionnel en partant de 92° pour le premier faisceau puis en passant à 95°, 100°, 105°, etc.
La seconde méthode est bien plus rapide : sur le dossier "Lumières", faites clic droit> Dupliquer le dossier. Allez dans le menu Édition> Transformation> Symétrie horizontale, sélectionnez l'outil Déplacement (V) puis déplacez le dossier sur la gauche de votre image.

16 COULEURS 1/2

Maintenant que vous avez terminé les faisceaux de lumière à droite et à gauche, vous allez les colorier. Créez un nouveau calque et appelez-le "Couleur 1". Sélectionnez l'outil Pinceau (B) puis changez la Forme comme suit : Arrondi flou, Taille : 100 px, Opacité 30 %. Changez la couleur de premier plan en rose : #E92B8B. Enfin, utilisez le pinceau sur le calque "Couleur 1" en suivant chaque faisceau de lumière. Coloriez la base des faisceaux en utilisant un rose plus pâle : #FFA0D0.

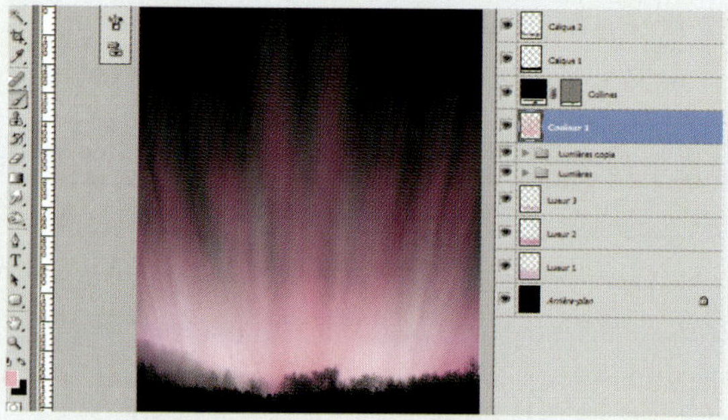

17 COULEURS 2/2

Vous allez modifier le mode de fusion du calque "Couleur 1" : identifiez le menu déroulant des modes de fusion (en haut à gauche du panneau Calques) puis sélectionnez le mode Couleur. Vous allez maintenant ajouter une seconde couleur. Pour cela, créez un nouveau calque et appelez-le "Couleur 2". Modifiez la couleur de premier plan en un violet (#5B21B3) puis, en utilisant le même pinceau qu'à l'étape 16, créez quelques touches de violet en suivant les faisceaux de lumière.

18 CRÉATION DES ÉTOILES 1/2

Vous arrivez aux dernières étapes de cet exercice consacrées à la finalisation de votre composition graphique. Vous allez créer un parterre d'étoiles. Ces étoiles seront composées de deux calques : un premier contenant une multitude de petites étoiles, un second avec des étoiles plus visibles et plus brillantes. Commencez par créer les petites étoiles en ajoutant un nouveau calque que vous appellerez "Petites étoiles". Placez-le juste au-dessus du calque "Arrière-plan" et appuyez sur F5 pour ouvrir la fenêtre Formes.

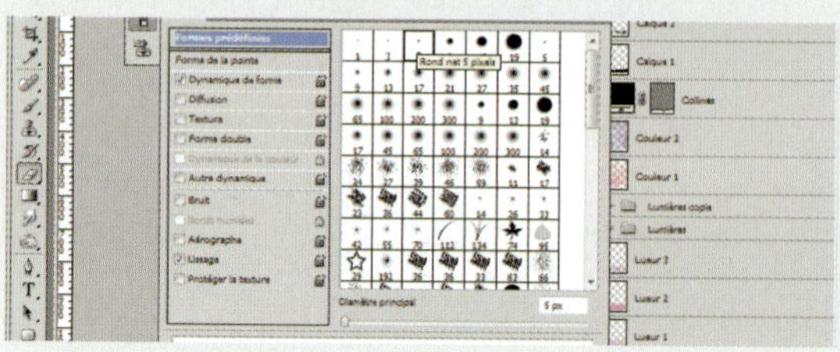

19 CRÉATION DES ÉTOILES 2/2

Cliquez sur l'icône en haut à droite de la fenêtre Formes puis sélectionnez Charger des formes. Utilisez l'URL indiquée en introduction et téléchargez Stars Brushes by KeReN-R.abr et Star_Brushes_by_DemosthenesVoice.abr. Cette manipulation vous permet d'ajouter des formes personnalisées pour vous aider à créer les étoiles. Sélectionnez l'outil Pinceau (B) et, en utilisant ces formes, créez un parterre de petites étoiles.

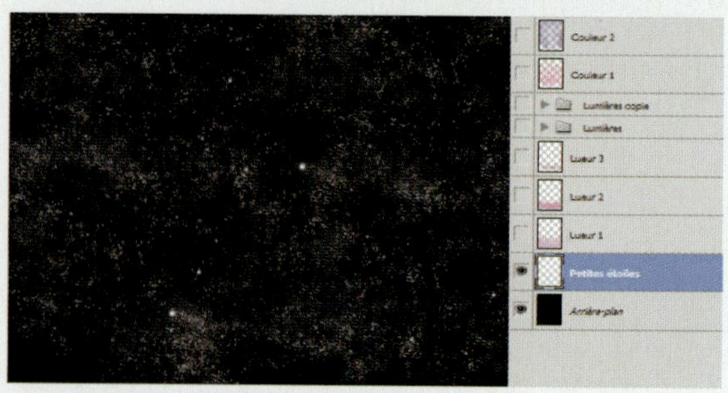

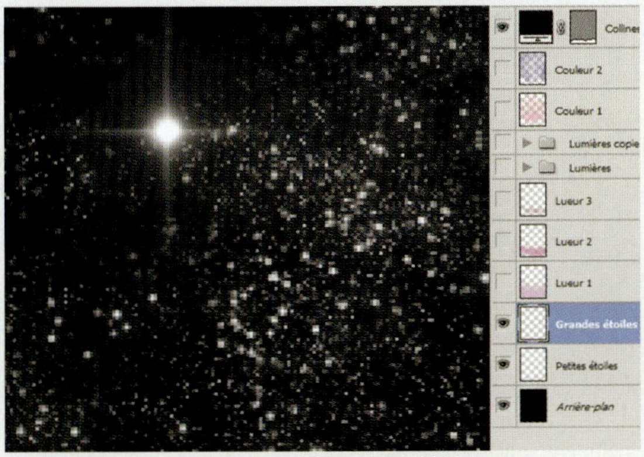

20 CRÉER D'AUTRES ÉTOILES

Vous allez maintenant créer de nouvelles étoiles, un peu plus grandes et plus brillantes. Pour cela, créez un nouveau calque et appelez-le “Grandes étoiles”. Sélectionnez l'outil Pinceau (B). Parcourez les formes que vous avez précédemment chargées et choisissez une étoile unique. Modifiez la couleur de premier plan en blanc puis créez sur votre image des étoiles plus grandes (placez-les de façon aléatoire sur votre document).

21 FINITION DE L'IMAGE

Vous voici à la dernière étape de l'exercice, qui permet de placer un titre très discret sur la partie haute de l'image. Mais avant de placer le titre, vous allez créer un cache. Créez un nouveau calque, appelez-le “Cache” et placez-le au-dessus de tous les autres calques. Sélectionnez l'outil Dégradé (G) et modifiez la couleur d'avant-plan en noir, le type de dégradé en Premier plan vers Transparent (seconde vignette dans la liste des dégradés). Créez un dégradé noir sur la partie haute de l'image.

22 UN PEU DE TEXTE

Sélectionnez l'outil Texte (T) et créez une zone de texte éditable allant du bord gauche au bord droit. Créez votre titre selon la configuration suivante : Couleur : blanc, Taille : 30 px, Police de caractères : Myriad pro (selon vos préférences), Alignement : Centrer le texte. Voilà, l'exercice est terminé, n'oubliez pas d'enregistrer votre image au format PSD pour pouvoir la modifier ultérieurement et faites-en une copie en JPEG pour pouvoir l'exporter pour Internet.

GHOSTOGRAPHIC
A GHOSTO
Tape session 01

Les filtres

Photoshop possède de nombreux filtres, et cela depuis sa toute première version. Si certains sont incontournables comme le Flou gaussien, le Bruit, etc., d'autres sont à éviter, leurs effets étant très visibles et l'image donnant tout de suite l'impression d'avoir été retouchée. En voici quelques-uns en détail :

Le Flou gaussien est très utile pour donner plus de dimension à des photos ou dessins, jouer sur la profondeur de champ et sur la distance.

Le Bruit permet d'ajouter à vos images une sorte de grain pour leur donner un aspect ancien. Mais il est aussi à la base d'effets divers lorsqu'il est modifié : création de ciel étoilé, de pluie, de textures diverses, etc.

Fluidité. Ce filtre est plus un outil qu'un effet. À travers son interface, vous pouvez déformer les pixels dans tous les sens de manière assez naturelle, surtout si vous avez une tablette graphique.

Point de fuite. Un autre filtre qui est plutôt un outil. Il permet de placer ou corriger des éléments en perspective grâce à la création de grilles.

L'ARTISTE

Ghosto Rutil

Altiery Rutil, aka Ghostographic, est un jeune artiste de 26 ans vivant à Paris. Travaillant dans une agence de Webdesign, il consacre beaucoup de temps à ses projets personnels afin de pouvoir exprimer sa créativité, toujours apprendre de nouvelles techniques et découvrir de nouveaux aspects du graphisme. http://www.behance.net/ghostographic

L'EAU ET LE FEU

Créez un briquet d'eau et un briquet lance-flamme.

Dans ce tutoriel, vous apprendrez à contrôler les éléments pour créer un photomontage incroyable. Un simple briquet va se transformer en lance-flamme, puis en lance à eau pour créer une composition graphique complète et haute en originalité.

SUR LE CD : Vous trouverez sur le CD les éléments d'eau et de feu pour recréer le tutoriel. Les formes sont téléchargeables sur : http://demosthenesvoice.deviantart.com/art/Star-Brushes-97311837

« Vous remarquez qu'un nouveau calque contenant le briquet a été créé. »

01 CRÉATION DE VOTRE IMAGE

Ouvrez Photoshop. Commencez par vérifier que la couleur d'arrière-plan est bien le noir. Allez dans le menu Fichier> Nouveau pour créer un nouveau document. Remplissez les valeurs comme suit : Nom : Briquets, Largeur : 1200 px, Hauteur : 1600 px, Contenu de l'arrière-plan : Couleur d'arrière-plan. Une nouvelle image s'ouvre. Pour éviter de mauvaises surprises, vous allez "Enregistrer sous" votre document dès à présent (vous enregistrez au format PSD, pour cela allez dans le menu Fichier> Enregistrer sous, ou appuyez sur les touches Ctrl/Cmd+S).

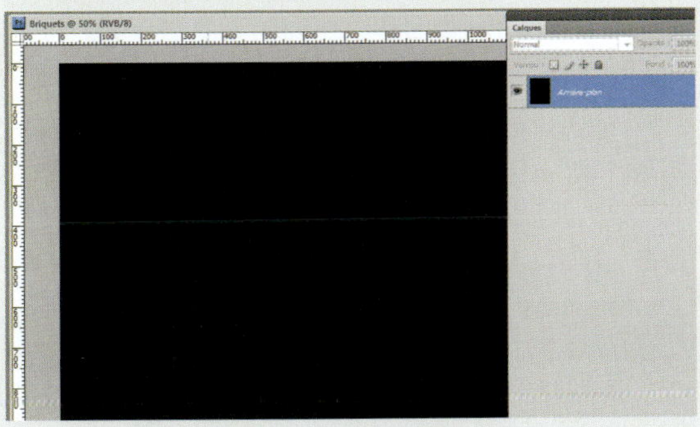

02 IMPORT DU BRIQUET

Parcourez les fichiers disponibles sur le CD, entrez dans le dossier correspondant à cet exercice, ensuite double-cliquez sur le fichier photo1.psd. Une photo s'ouvre dans Photoshop, il s'agit du briquet à importer. Appuyez sur les touches Ctrl/Cmd+A pour sélectionner toute l'image, puis copiez-la. Une fois revenu sur votre image, collez la photo. Vous remarquez qu'un nouveau calque contenant le briquet a été créé, renommez-le "Briquet" (pour renommer un calque, double-cliquez simplement sur son nom).

Importer

Pour importer une image dans votre composition, vous pouvez utiliser la technique du copier/coller expliquée dans cet exercice. Mais, de façon plus simple, vous pouvez directement importer une image dans votre composition en allant dans le menu Fichier> Importer, choisir votre fichier et appuyer sur le bouton Importer.

03 REDIMENSIONNER LA PHOTO

Il est normal que le briquet sorte du cadre puisque la photo d'origine est bien plus grande que votre image. Vous allez donc devoir redimensionner votre import. Pour cela, appuyez sur les touches Ctrl/Cmd+T pour activer la Transformation libre. Enfin, en gardant la touche Maj enfoncée, redimensionnez le briquet. Centrez-le sur la partie basse de votre composition graphique.

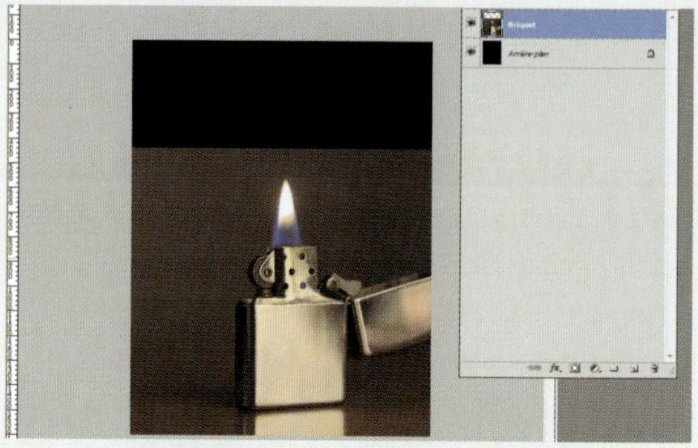

04 DÉTOURAGE DU BRIQUET 1/2

Maintenant que l'importation est terminée, vous allez devoir détourer le briquet pour supprimer la flamme (trop petite pour ressembler à un lance-flamme) et le fond marron. Vous voyez que les contours du briquet sont simples, ce qui est parfait pour utiliser un détourage à la Plume. Sélectionnez l'outil Plume (P), vérifiez que l'icône Calques de forme est bien sélectionnée (en haut de l'interface) puis zoomez sur le contour du briquet. Enfin, créez des points d'ancrage autour du briquet.

05 DÉTOURAGE DU BRIQUET 2/2

Suivez les contours du briquet puis fermez la forme. Vous remarquez qu'un nouveau calque "Forme 1" vient d'être créé. Vous allez maintenant récupérer la sélection de la forme en appuyant sur la touche Ctrl/Cmd puis en faisant un clic sur la seconde vignette du calque "Forme 1". Sélectionnez le calque "Briquet", allez dans le menu Sélection> Intervertir puis appuyez sur la touche Suppr. Pour terminer, cachez le calque "Forme 1" et appuyez sur les touches Ctrl/Cmd+D pour désélectionner.

06 FINITION DU BRIQUET

Le briquet est normalement parfaitement détouré. Cependant, si vous observez le haut, vous remarquez que la flamme a laissé des lueurs bleues que nous ne désirons plus. Zoomez dessus grâce à l'outil Zoom (Z) et récupérez la sélection. Appuyez sur la touche Ctrl/Cmd, cliquez sur la seconde vignette du calque "Forme 1" puis sélectionnez l'outil Pinceau (B). Modifiez la forme par un Arrondi flou, une taille à 30 pixels et une couleur de premier plan à #412F1F. Peignez sur le haut pour cacher les lueurs bleutées.

07 CRÉER UN NOUVEAU REFLET 1/6

Vous avez sans doute remarqué que le reflet du briquet a été supprimé à l'étape 5, vous allez donc le recréer de toutes pièces. Commencez par dupliquer le calque "Briquet" en faisant un clic droit dessus puis en sélectionnant Dupliquer le calque. Allez dans le menu Édition> Transformation> Symétrie axe vertical. Faites la même chose une seconde fois (pour obtenir deux copies). Sélectionnez ensuite l'outil Déplacement (V) et replacez ces deux reflets sur la partie basse du premier briquet.

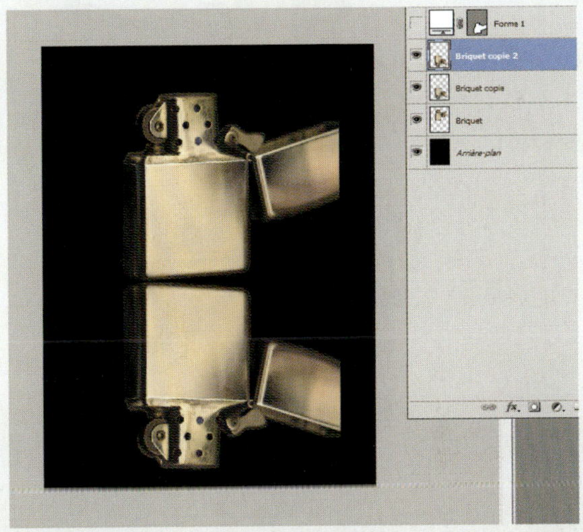

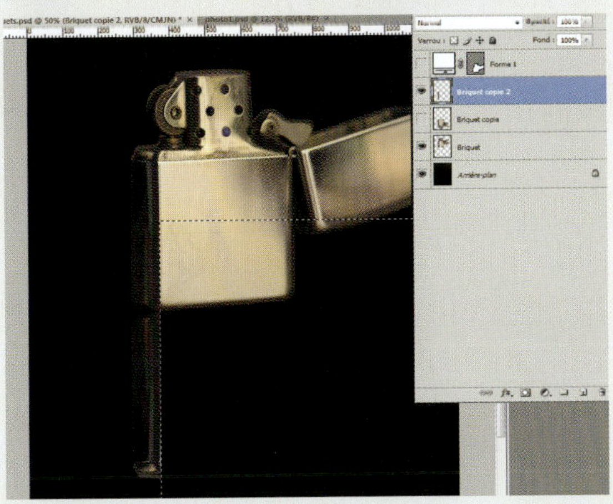

08 CRÉER UN NOUVEAU REFLET 2/6

Vous devriez constater dans le panneau Calques deux copies correspondant au reflet, l'une servant à créer la partie gauche du reflet et l'autre la partie droite. Vous allez devoir supprimer un côté sur chacun de ces deux calques. Prenez l'outil Rectangle de sélection (M), placez-vous sur le calque "Briquet copie" et sélectionnez la partie droite du reflet. Appuyez sur la touche Suppr. Normalement rien ne se passe, cependant si vous cachez le calque "Briquet copie 2", voici ce que vous devriez obtenir.

09 CRÉER UN NOUVEAU REFLET 3/6

Vous allez faire la même chose sur le second reflet mais en supprimant la partie gauche. Normalement votre sélection est toujours active. Allez dans le menu Sélection> Intervertir. Affichez de nouveau le calque "Briquet copie 2" puis sélectionnez-le et appuyez sur la touche Suppr. En observant ces deux calques, vous verrez que vous avez maintenant un reflet en deux parties.

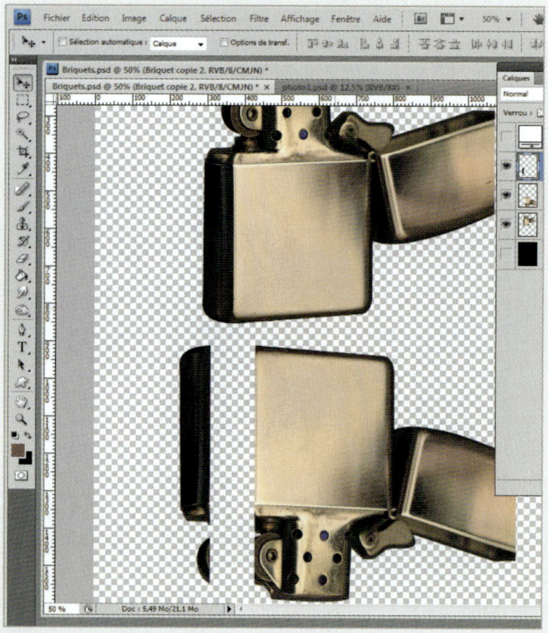

10 CRÉER UN NOUVEAU REFLET 4/6

Vous remarquerez que les reflets ne suivent pas très bien le bas du premier briquet. Vous allez donc devoir rétablir la perspective. Pour cela, placez-vous sur le calque "Briquet copie 2" puis allez dans le menu Édition> Transformation> Perspective. Pour modifier la perspective, sélectionnez avec la souris le côté droit et faites-le monter vers le haut. Une fois la modification terminée, appuyez sur Entrée. Faites la même modification sur le calque "Briquet copie" (mais attention : pour modifier la perspective, vous devrez attraper le côté droit).

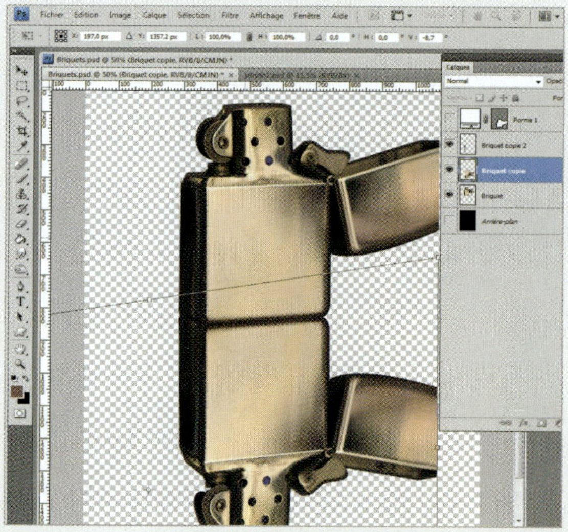

Perspective

Pour activer la transformation en perspective, vous devez aller dans le menu Édition> Transformation> Perspective. Mais saviez-vous qu'il existe plus simple ? Appuyez sur les touches Ctrl/Cmd+T puis faites un clic droit avec la souris sur l'image à transformer et sélectionnez dans le menu déroulant Perspective, simple non ?

*« Voilà le reflet totalement terminé.
Si vous aviez déplacé les calques, replacez-les
dans le côté bas droit de votre image. »*

11 CRÉER UN NOUVEAU REFLET 5/6

Vous allez terminer le reflet en ajoutant un masque de fusion. Mais avant cela, vous allez fusionner les calques reflets. Commencez par sélectionner le calque “Briquet copie” puis, en appuyant sur Ctrl/Cmd, sélectionnez le calque “Briquet copie 2”. Appuyez sur les touches Ctrl/Cmd+E. Les deux calques sont fusionnés dans un calque que vous renommerez “Reflet briquet”. Vous allez maintenant modifier un peu l’apparence de ce reflet pour lui donner un aspect moins parfait. Allez dans le menu Filtre> Atténuation> Flou directionnel, entrez un Angle de 92°, une Distance de 70 pixels puis appuyez sur OK.

12 CRÉER UN NOUVEAU REFLET 6/6

Vous allez cacher, grâce à un masque de fusion, la partie basse de votre reflet. Allez dans le menu Calque> Masque de fusion> Tout faire apparaître, puis sélectionnez l’outil Dégradé (G). Modifiez la couleur de premier plan par le noir, changez le dégradé par un Premier plan> Transparent (seconde vignette dans la liste des dégradés) et enfin créez un dégradé sur votre masque de fusion partant du milieu du reflet vers le haut. Voilà le reflet totalement terminé. Si vous aviez déplacé les calques, replacez-les dans le côté bas droit de votre image.

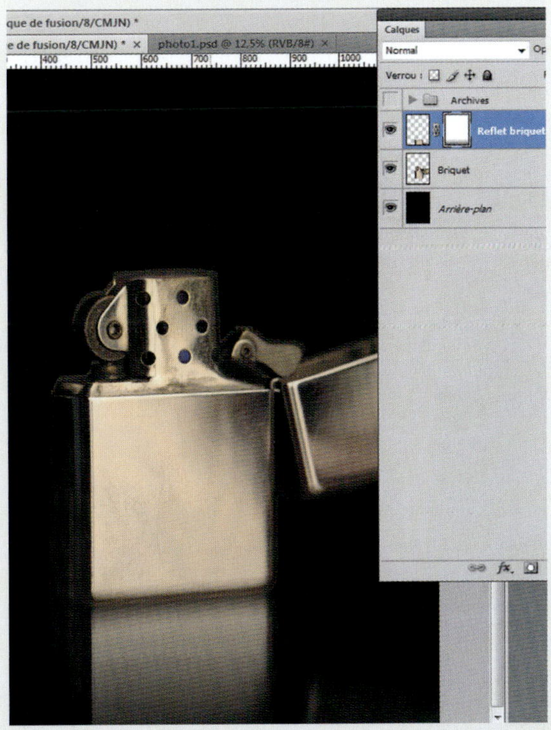

13 TRANSPARENCE DU BRIQUET 1/2

Utilisez l'outil Zoom (Z) pour vous rapprocher de la partie haute de votre briquet. Vous remarquerez que vous pouvez encore apercevoir des lueurs bleutées à travers les trous d'aération percés dans le métal. Dans cette étape, vous allez retirer ces lueurs pour créer des espaces transparents. Sélectionnez le calque "Briquet" puis allez dans le menu Calque> Masque de fusion> Tout faire apparaître. Enfin, sélectionnez l'outil Ellipse de sélection (M) et créez une sélection autour de l'un des ronds sur votre image.

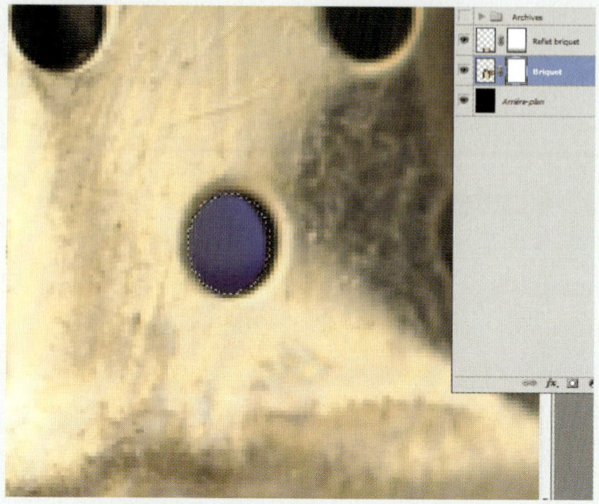

14 TRANSPARENCE DU BRIQUET 2/2

Vérifiez que la couleur de premier plan est bien le noir puis appuyez sur les touches Maj+F5 (ou menu Édition> Remplir) et faites OK. La sélection se remplissant de noir sur le masque de fusion fait disparaître les pixels sur votre image. Faites la même manipulation pour les autres trous. Si vous cachez le calque "Arrière-plan", vous remarquerez que les trous sont bien transparents et laisseront apparaître prochainement la flamme.

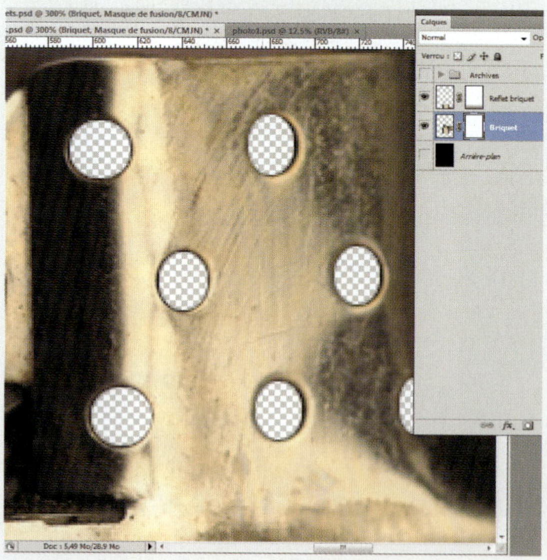

15 CRÉATION DE LA FLAMME

Vous arrivez à l'étape la plus importante : la création de la flamme. Celle-ci se déroule en deux parties : vous allez d'abord créer une flamme fictive via une forme simple puis vous allez importer des effets de feu pour créer une sorte de lance-flamme. Concernant la première partie, sélectionnez l'outil Plume (P) puis modifiez la couleur de premier plan par de l'orange (#FF9600). Enfin, créez une forme allongée avec deux côtés bombés.

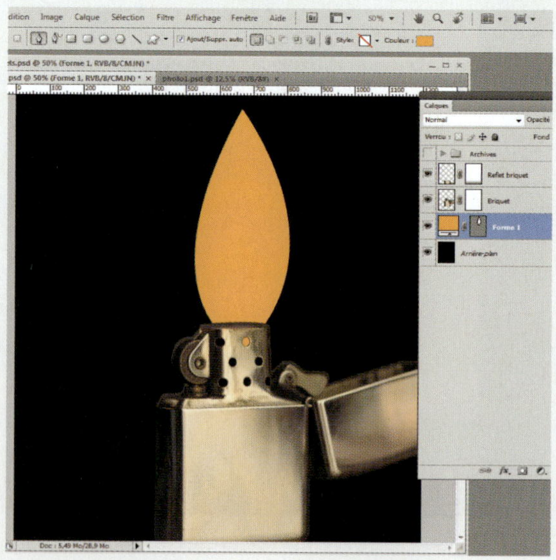

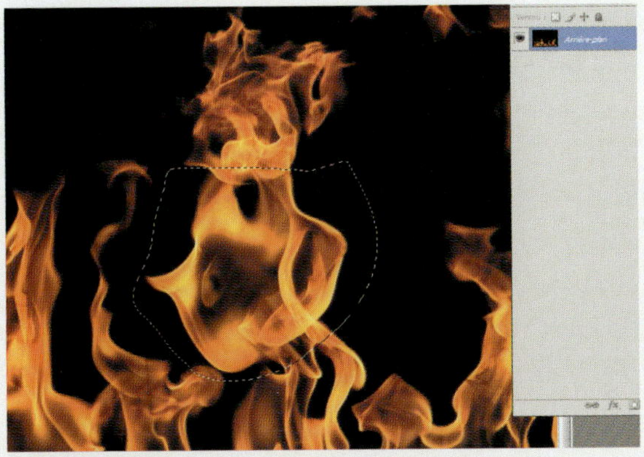

16 IMPORT DU FEU 1/5

Parcourez les fichiers correspondant à cet exercice sur le CD puis double-cliquez sur le fichier photo2.psd. Une photo contenant des flammes s'ouvre alors dans Photoshop. Le but consiste maintenant à trouver des flammes ou tout du moins des parties de flammes suivant naturellement le contour de votre forme orange. Pour cela, sélectionnez l'outil Lasso (L) puis créez une sélection autour de la flamme à importer.

17 IMPORT DU FEU 2/5

Faites Ctrl/Cmd+C pour copier la flamme, retournez sur votre image, sélectionnez le calque "Forme 1" puis appuyez sur Ctrl/Cmd+V pour coller la flamme. Activez la Transformation libre pour pivoter, réduire et déplacer votre flamme de telle sorte qu'elle s'adapte au mieux à votre forme de départ. Renommez le calque de cette première flamme "Flamme 1". Pour terminer, modifiez le mode de fusion du calque "Flamme 1" en Superposition (allez dans le menu déroulant Mode de fusion en haut à gauche du panneau Calques).

18 IMPORT DU FEU 3/5

Il est possible que certaines parties de la flamme ne vous conviennent pas. Vous pouvez les supprimer ou les diminuer. Pour cela, vous allez simplement ajouter un masque de fusion sur le calque "Flamme 1" (sélectionnez le calque "Flamme 1" puis allez dans le menu Calque> Masque de fusion> Tout faire apparaître). Ensuite, modifiez la couleur de premier plan par du noir, puis sélectionnez le Pinceau (B) ; vous utiliserez la forme Rond net pour supprimer certains pixels et l'Arrondi flou pour en diminuer d'autres.

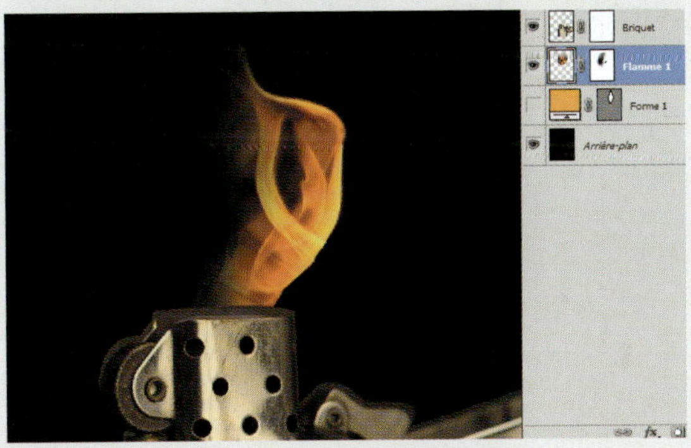

« Le but consiste à trouver des flammes suivant naturellement le contour de votre forme. »

19 IMPORT DU FEU 4/5

Vous allez utiliser la même technique pour importer la partie gauche de la flamme. Si une forme ne vous convient pas, n'hésitez pas à la supprimer pour mieux recommencer. Prenez le temps de bien sélectionner la forme de flamme qui conviendra parfaitement à votre montage. En rappel, chaque nouveau calque se nommera "Flamme 1", "Flamme 2", "Flamme 3", etc. Et chacun de ces calques sera en mode de fusion Superposition !

20 IMPORT DU FEU 5/5

Finissez la flamme en important une flamme plutôt fine mais qui se propage vers le haut. Cette flamme finale vient terminer votre forme et ainsi donner un aspect vraiment réaliste à la celle sortant du briquet. Pour terminer, glissez-déposez les calques de flamme au-dessus du calque "Briquet". Vous allez essayer de donner l'illusion que la flamme sort bien du haut du briquet.

21 ILLUSION

Pour créer cette illusion, vous allez dupliquer le calque "Briquet" (cliquez avec le bouton droit de la souris sur le calque et sélectionnez Dupliquer le calque). Ensuite, déplacez cette copie au-dessus des calques de flamme. Sélectionnez l'outil Pinceau (B), modifiez la forme par un Rond net et la taille à 20 pixels puis peignez en noir sur le haut du briquet. Soyez très précis. Voyez comme les flammes donnent l'impression d'entrer dans le briquet. Enfin, utilisez la forme Arrondi flou du Pinceau (B) pour cacher la base des flammes (à travers les trous dans le métal).

22 LUEUR ORANGÉE

Pour terminer le montage du lance-flamme, vous allez ajouter un dernier effet. Il s'agit d'une lueur que vous allez appliquer derrière le briquet. Commencez par créer un nouveau calque (Calque> Nouveau> Calque... ou Ctrl/Cmd+Maj+N), renommez ce calque "Lueur", sélectionnez l'outil Pinceau (B), modifiez la forme en Arrondi flou, la taille à 1200 pixels, changez la couleur de premier plan par un marron foncé : #331500. Puis faites un clic sur l'image à la basse de la flamme pour créer votre lueur.

« Vous allez maintenant agrandir votre composition graphique pour pouvoir y placer deux briquets. »

23 ORGANISATION

Pour terminer la première grande étape de ce tutoriel, vous allez faire un peu de rangement en plaçant tous les calques correspondant au briquet lance-flamme dans un groupe. Pour ce faire, allez dans le menu Calque> Nouveau> Groupe, renommez ce dossier en "Lance-flamme", et déplacez-y tous les calques correspondant au briquet lance-flamme.

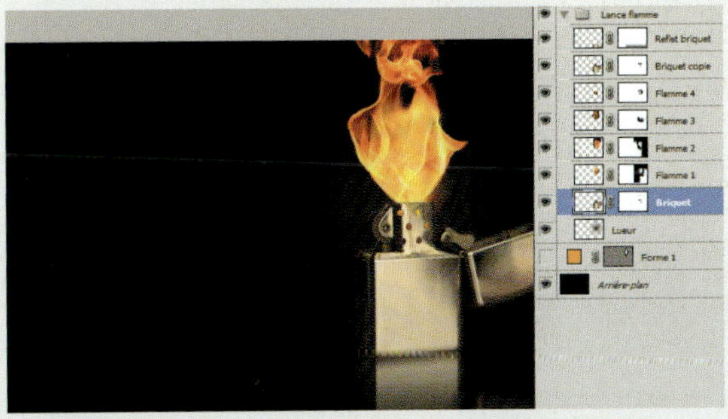

24 CRÉER UN SECOND BRIQUET 1/2

Vous allez maintenant agrandir votre composition graphique pour pouvoir y placer deux briquets. Pour cela, appuyez sur les touches Ctrl/Cmd+Alt+C afin de changer la taille de votre document. Changez la Largeur à 2400 pixels (1200 x 2) puis cliquez sur la flèche du milieu à droite pour la Position. Cliquez sur OK pour valider la modification. Vous remarquez que votre image est maintenant deux fois plus large, de quoi vous laisser suffisamment de place pour créer le briquet à eau.

25 CRÉER UN SECOND BRIQUET 2/2

Il est possible qu'en agrandissant le document des pixels indésirables apparaissent, utilisez alors l'outil Gomme pour les faire disparaître. Maintenant, vous allez dupliquer le briquet. Cliquez avec le bouton droit sur le dossier "Lance-flamme" puis sélectionnez Dupliquer le groupe. Dans le groupe "Lance-flamme copie", sélectionnez les trois calques correspondant au briquet et à son reflet ; allez dans le menu Édition> Transformation> Symétrie horizontale. Pour terminer, utilisez l'outil Déplacement (V) pour placer le second briquet sur la gauche du premier.

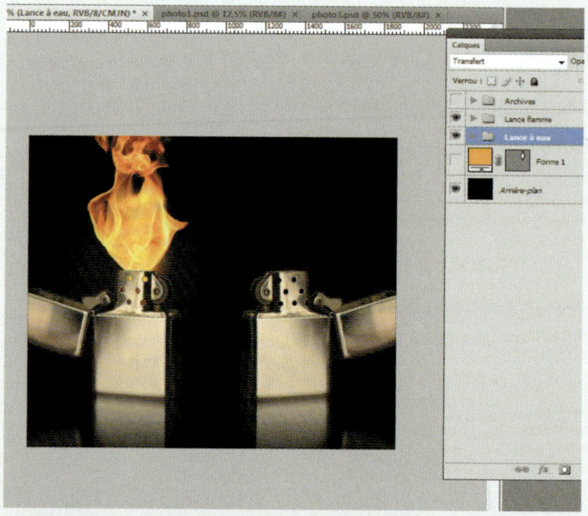

26 BRIQUET À EAU

Vous allez commencer dans cette étape la création du briquet à eau. Mais avant toute chose, renommez le groupe du briquet de gauche "Lance-flamme" et le groupe du briquet de droite "Lance à eau". Enfin, supprimez du groupe "Lance à eau" tous les calques correspondant aux flammes. Il est possible qu'une partie à gauche soit inutilisée, si c'est le cas utilisez l'outil Recadrage (C) pour rogner la partie gauche inutile.

27 MODIFIER LA LUEUR

La première étape, avant même de commencer l'eau, consiste à modifier les couleurs du briquet, notamment la lueur. Vous allez pour cela sélectionner le calque "Lueur" puis aller dans le menu Calque> Style de calque> Incrustation couleur. Changez la couleur par un bleu foncé (dans l'exemple, la couleur utilisée est #173953) et cliquez sur OK pour valider la modification. Vous remarquez alors que la couleur de la lueur a été modifiée.

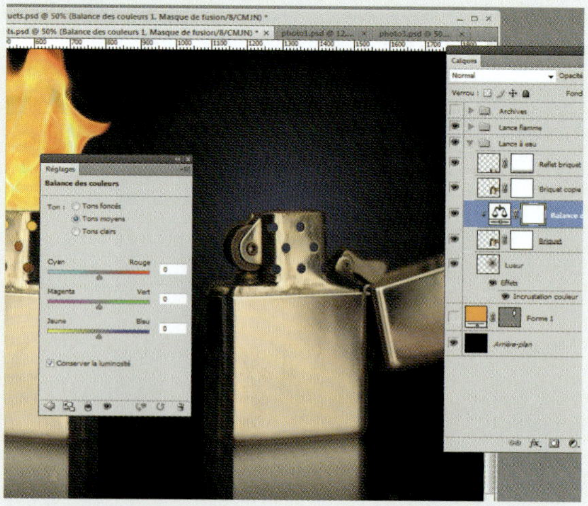

28 MODIFIER LA TONALITÉ 1/2

Vous allez modifier la tonalité des couleurs du briquet, d'une tonalité plutôt chaude (couleur orangée) à une tonalité froide (couleur bleutée), en utilisant des calques de réglage. Sélectionnez le calque "Briquet" puis allez dans le menu Calque> Nouveau calque de réglage> Balance des couleurs, cochez la case Créer un masque d'écrêtage puis cliquez sur OK. Un nouveau calque de réglage est automatiquement créé et la fenêtre Réglages> Balance des couleurs s'ouvre.

29 MODIFIER LA TONALITÉ 2/2

Dans la fenêtre Réglages> Balance des couleurs, sélectionnez Tons moyens puis, dans la première case à droite, entrez la valeur - 50 et 0 dans la deuxième case, enfin 50 dans la troisième. Pour terminer, vous allez appliquer ce même calque de réglage sur les deux autres calques correspondant au briquet mais aussi au reflet du briquet. Constatez maintenant la différence entre le briquet de gauche et le briquet de droite ; l'effet est totalement différent !

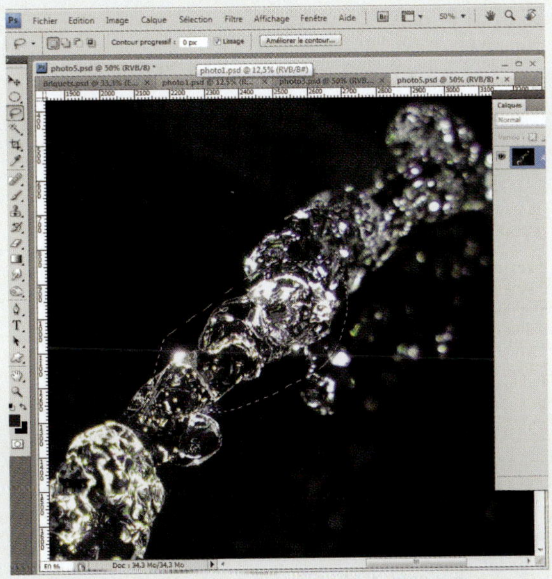

Réglages

Lorsque vous ajoutez un nouveau calque de réglage, vous avez la possibilité de cocher Créer un masque d'écrêtage. Le calque de réglage s'appliquera alors seulement au calque sélectionné. Si vous ne cochez pas cette case, le calque de réglage sera appliqué à toute l'image sans distinction !

30 IMPORTER DE L'EAU 1/3

Retournez dans le dossier du CD correspondant aux fichiers de cet exercice puis double-cliquez sur le fichier photo5.psd. La photo s'ouvre dans Photoshop automatiquement. Pour créer votre flamme d'eau, vous allez sélectionner puis placer sur votre image certaines parties de cette coulée d'eau. Mais avant cela, vous allez créer un nouveau groupe que vous appellerez "Eau" et que vous placerez juste au-dessus du calque "Briquet" (pour créer un groupe, allez dans le menu Calque> Nouveau> Groupe). Pour terminer, sélectionnez l'outil Lasso (L) et entourez une première partie de votre eau.

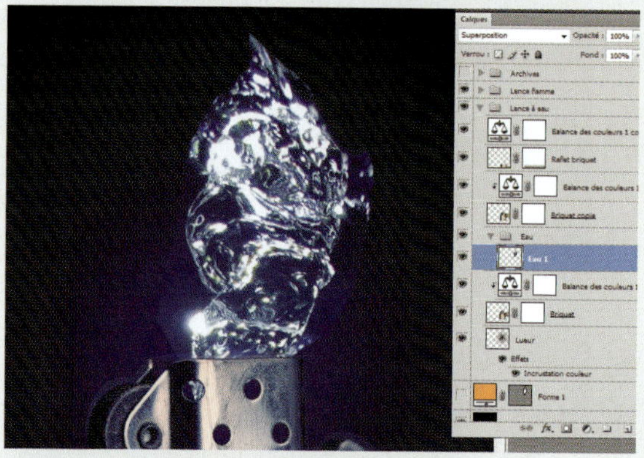

31 IMPORTER DE L'EAU 2/3

Une fois votre contour sélectionné, appuyez sur les touches Ctrl/Cmd+C pour copier, revenez sur votre image et faites Ctrl/Cmd+V pour coller les pixels. Un nouveau calque est alors automatiquement créé dans votre dossier "Eau" (renommez ce calque "Eau 1"). Activez la Transformation libre (Ctrl/Cmd+T) pour redimensionner, faites pivoter et replacez le calque comme il faut. N'oubliez pas que votre flamme d'eau doit également respecter les contours de la toute première forme de flamme créée à l'étape 15 ! Usez alors des techniques de transformation pour y parvenir (notamment menu Édition> Transformation> Déformation).

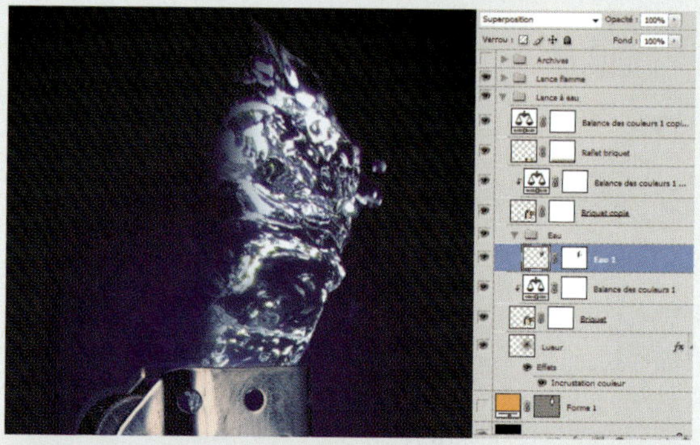

32 IMPORTER DE L'EAU 3/3

Vous allez peaufiner les détails de ce premier ajout en supprimant les pixels indésirables et surtout en créant sur le côté gauche un bord fusionnel. Commencez par ajouter un masque de fusion sur le calque "Eau 1" puis, avec l'outil Pinceau (B) et une couleur de premier plan noire, peignez les parties noires de l'arrière-plan. Changez ensuite la forme du Pinceau par un Arrondi flou, diminuez l'opacité à 15 % et peignez sur le bord gauche de façon à faire disparaître progressivement les contours. Cela vous permettra ensuite d'intégrer plus facilement l'eau sur la gauche.

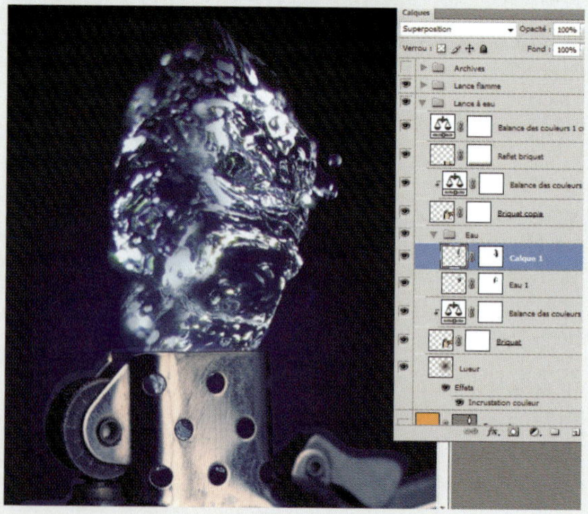

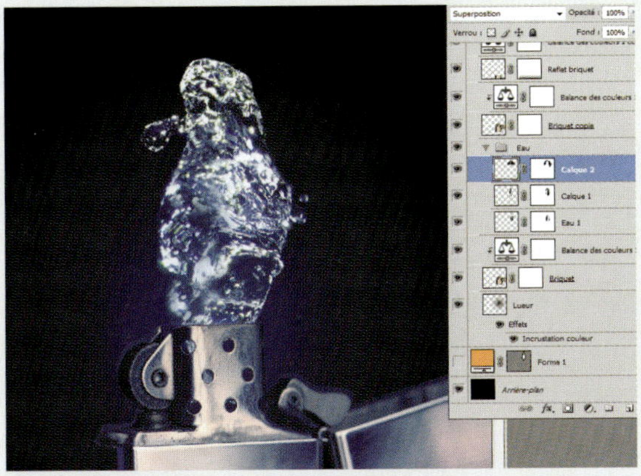

33 ENCORE DE L'EAU

Utilisez la même technique pour créer la partie gauche de la flamme d'eau. Attention à bien suivre la forme de la première flamme. Soyez patient avec le masque de fusion et essayez de faire suivre les reflets sur l'eau du bord gauche avec celui du bord droit. Ces deux parties doivent se fondre l'une dans l'autre. Enfin, modifiez le mode de fusion de ces calques "Eau" en Superposition (retrouvez le menu déroulant des modes de fusion en haut à gauche du panneau Calques).

34 DERNIER AJOUT D'EAU

Vous avez créé la partie droite puis la gauche, il ne vous reste plus qu'à trouver une partie pour faire le haut. Attention, essayez de trouver une partie de l'eau qui se termine naturellement puis, comme précédemment, utilisez la technique du masque de fusion pour fondre cette troisième partie dans les autres. N'oubliez pas de modifier le mode de fusion de votre nouveau calque en Superposition.

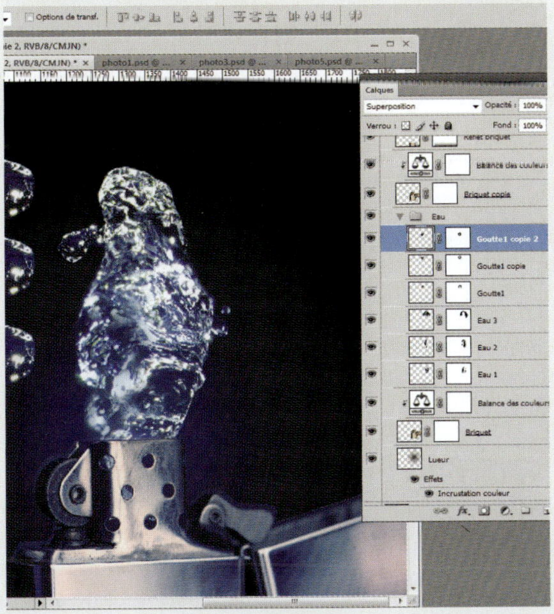

35 AJOUTER DES GOUTTES 1/2

Retournez dans le fichier photo5.psd puis entourez avec le Lasso (L) de sélection une goutte d'eau. Faites Ctrl/Cmd+C pour copier les pixels puis Ctrl/Cmd+V pour les coller dans votre image. Ajoutez ensuite un masque de fusion (Calque> Masque de fusion> Tout faire apparaître) et utilisez l'outil Pinceau (B) pour détourer cette goutte d'eau. Enfin, dupliquez le calque deux fois pour obtenir trois gouttes d'eau. Pour terminer, passez ces trois calques en mode de fusion Superposition.

Déplacement

Utilisez l'outil Déplacement pour déplacer un objet, mais la barre d'espace pour vous déplacer dans l'image !

36 AJOUTER DES GOUTTES 2/2

Vous allez placer ces gouttes de façon à donner un peu plus de dynamisme et de réalisme à votre flamme d'eau. Utilisez l'outil Déplacement (V). Vous pouvez également utiliser la Transformation libre pour réduire la taille de certaines gouttes d'eau. Pour activer la Transformation libre, sélectionnez le calque puis appuyez sur les touches Ctrl/Cmd+T. Rappel : n'oubliez pas de garder la touche Maj enfoncée lorsque vous effectuez votre réduction de taille.

« Dans cette étape, vous allez travailler un peu la netteté de votre flamme d'eau. »

37 NETTETÉ

Dans cette étape, vous allez travailler un peu la netteté de votre flamme d'eau. Pour cela, vous devrez essentiellement jouer sur les masques de fusion des calques "Eau", le but de la manœuvre étant de cacher les parties sombres et de sublimer les parties claires. Cliquez sur le premier masque de fusion (calque "Eau 1"), sélectionnez l'outil Pinceau, choisissez ensuite une forme Rond net et une opacité de 20 %. Enfin, utilisez la couleur noire pour cacher la couleur blanche pour sublimer. Vous remarquez qu'en appuyant sur la touche X, vous pouvez intervertir les couleurs. De façon précise, essayez d'intensifier les éclats de l'eau pour augmenter la netteté générale de votre composition.

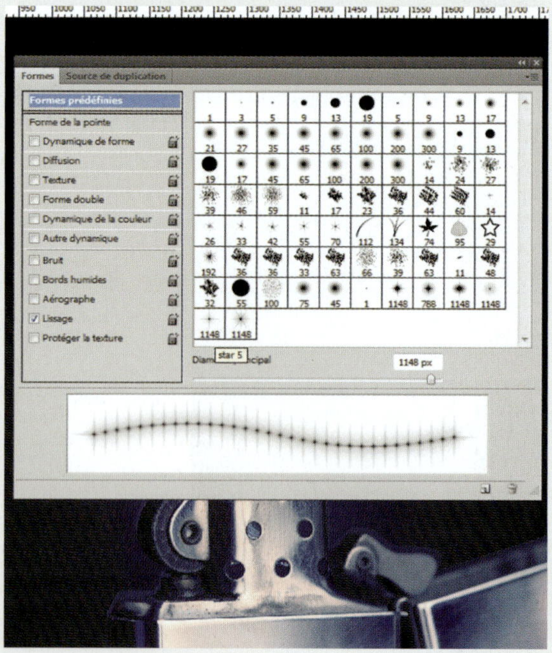

38 ÉTINCELLES DE LUMIÈRE 1/2

La flamme d'eau est pratiquement terminée. Pour lui donner un aspect plus lumineux, vous allez créer quelques étincelles de lumière. Ces étincelles se composent de deux parties, une première lueur diffuse que vous allez créer avec le pinceau, puis un éclat de lumière que vous allez créer grâce à des formes de pinceaux personnalisées. Pour cela, commencez par créer un nouveau calque que vous placerez tout en haut dans le dossier "Eau" et que vous appellerez "Etincelles". Enfin appuyez sur F5 (pour ouvrir le panneau Formes) et cliquez sur l'icône en haut à droite. Sélectionnez-y Charger des formes, parcourez les fichiers téléchargés puis double-cliquez sur le fichier Star_Brushes_by_DemosthenesVoice.abr.

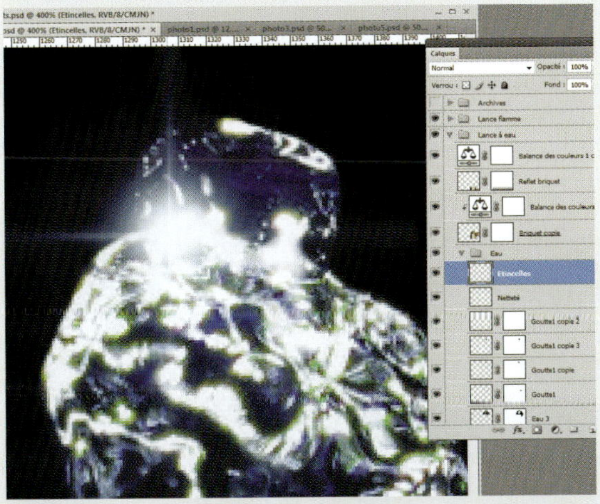

39 ÉTINCELLES DE LUMIÈRE 2/2

Sélectionnez l'outil Pinceau (B) puis modifiez sa forme par Arrondi flou, la taille à 60 pixels, la couleur de premier plan en blanc, puis cliquez sur votre image pour créer des lueurs blanches là où bon vous semble. Enfin, modifiez la forme par l'une des étincelles chargées précédemment puis réduisez-en la taille pour l'adapter à votre lueur. Toujours sur le même calque, créez des étincelles au-dessus de chaque lueur.

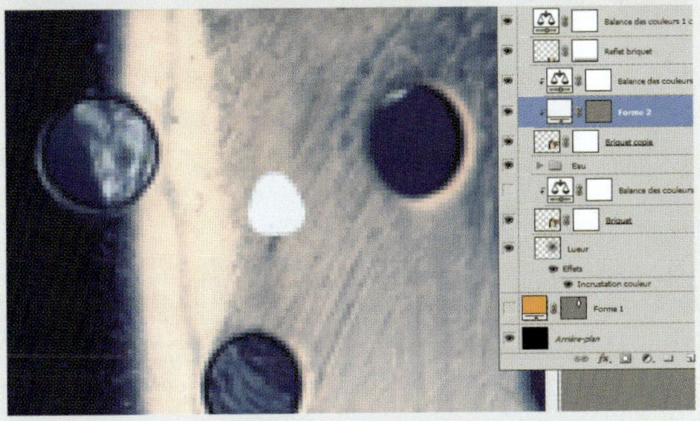

40 CACHER L'EAU

Utilisez l'outil Zoom (Z) pour voir plus précisément le haut du briquet. Vous pouvez apercevoir l'eau à travers les trous du métal. Cette étape va consister à cacher progressivement cette partie. Pour cela, rien de plus simple : sélectionnez l'outil Pinceau (B) puis modifiez la forme par un Arrondi flou. Enfin, peignez avec du noir sur les masques de fusion des calques "Eau".

41 CRÉER DES GOUTTES D'EAU 1/3

Vous êtes désormais dans la dernière ligne droite pour finir cet exercice. Le briquet lance-flamme est totalement terminé, le briquet lance à eau l'est presque, il ne vous reste plus qu'à créer de petites gouttelettes d'eau tombées sur la surface du briquet. Sélectionnez le calque "Briquet copie" puis l'outil Plume (P). Créez une forme de goutte sur la partie haute du briquet. Une nouvelle forme est automatiquement créée sur un nouveau calque ("Forme 2").

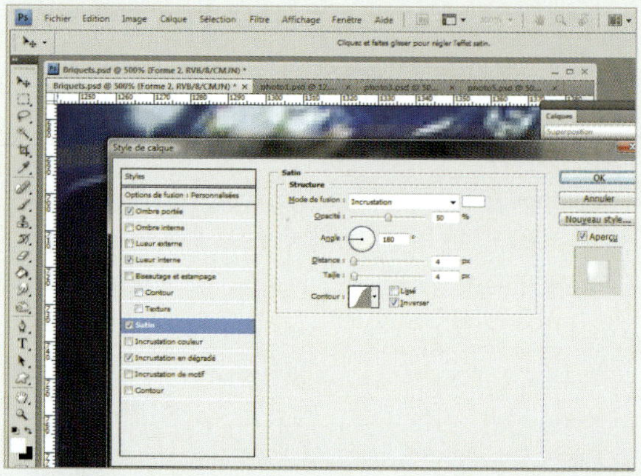

42 CRÉER DES GOUTTES D'EAU 2/3

Vous allez maintenant transformer cette petite tache blanche en goutte d'eau. Utilisez les styles de calque : allez dans le menu Calque> Styles de calque> Options de fusion. La fenêtre Styles de calque s'ouvre automatiquement, modifiez la valeur Opacité du fond à 0 % puis cliquez sur Ombre portée et modifiez ainsi : Mode de fusion : Produit, Opacité : 50 %, Angle : 160°, Distance : Grossi, Taille : 0 px. Ensuite, cliquez sur Lueur interne et modifiez ainsi : Mode de fusion : Normal, Opacité : 30 %, Bruit : 0 %, Couleur : Noire, Technique : Plus tamisée, Source : Contour, Maigri : 0 %, Taille : 1 px. Enfin, cliquez sur Satin et modifiez ainsi : Mode de fusion : Incrustation, Opacité : 50 %, Angle : 180°, Distance : Grossi, Taille : 4 px.

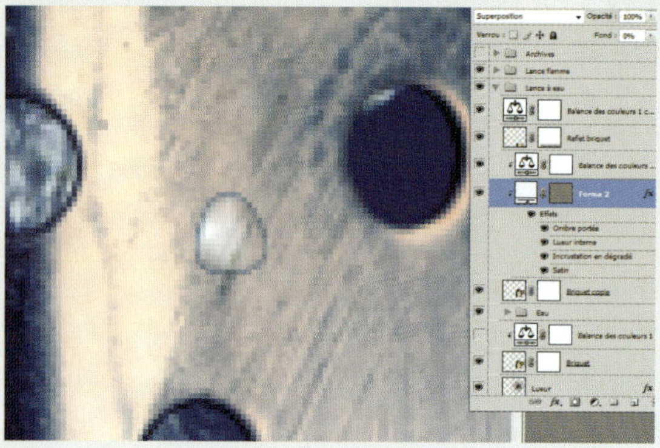

43 CRÉER DES GOUTTES D'EAU 3/3

Pour terminer avec les styles de calque, cliquez sur Incrustation en dégradé et configurez ainsi : Mode de fusion : Incrustation, Opacité : 100 %, Dégradé type Premier plan> Transparent (avec une couleur de premier plan en blanc), Style : Radial, case Aligner sur le calque cochée, Angle : 90°, Echelle : 100 %. Cliquez sur le bouton OK pour valider l'ensemble des styles de calque. Vous pouvez constater que la forme blanche ressemble bien à une goutte d'eau. Cependant, n'hésitez pas à modifier légèrement les configurations pour obtenir le résultat que vous désirez.

44 MULTIPLICATION DES GOUTTES D'EAU

Vous allez maintenant dupliquer ce calque une multitude de fois pour recouvrir toute la surface du haut du briquet. Pour dupliquer le calque, faites un clic droit dessus puis sélectionnez Dupliquer le calque. Pour plus de réalisme, il est préférable de modifier chaque forme afin de donner des formes aléatoires à vos gouttelettes. Vous pouvez par exemple utiliser la Transformation libre pour réduire ou faire pivoter les formes. Enfin, placez tous ces calques dans un dossier que vous appellerez “Gouttes d'eau”.

45 FIN DE L'EXERCICE

Voilà, vous venez de terminer cet exercice. Si vous pensez devoir ajouter d'autres éléments graphiques, n'hésitez pas à continuer votre composition. Pour clore l'image, n'oubliez pas d'“Enregistrer sous” en allant dans le menu Fichier> Enregistrer sous, puis enregistrez une première fois sous le format PSD pour garder vos calques (pour d'éventuelles modifications futures) et une copie en JPEG afin de pouvoir publier votre image sur Internet.

Vous aussi, donnez un coup
de main à la nature.
L'écologie : tous responsable

L'ARTISTE
Matthieu Rebuffat

Matthieu Rebuffat est un jeune graphiste/illustrateur de 25 ans vivant à Nîmes. Passionné par le dessin et la peinture numérique, il travaille actuellement pour une société de jeux vidéo sur Internet en tant que concept artist (décors et personnages). Vous pouvez retrouver la plupart de ses travaux sur son site www.art-of-kiko.fr

Formes de pinceau

L'outil Pinceau de Photoshop ne s'arrête pas à une forme ronde basique. Vous disposez d'un panneau nommé Formes qui vous permet de faire pas mal de choses. Notamment, il vous offre une collection de formes diverses que vous pouvez triturer à volonté.

Vous pouvez en changer la taille, le pas, mais aussi rendre certains réglages aléatoires. Par exemple, vous pouvez faire en sorte que la forme soit multicolore, qu'elle ait une opacité qui varie, qu'elle soit diffuse, etc. Cela ouvre de grandes possibilités, surtout quand on sait qu'il est possible de créer ses propres formes.

En effet, faites une sélection de n'importe quel amas de pixels, puis Édition> Définir une forme prédéfinie, nommez-la et elle vient s'ajouter à votre collection. Personnalisez-la par le panneau Formes et mémorisez-la de nouveau par le menu déroulant du panneau.

DÉSINTÉGRATION

Créez un incroyable effet de désintégration.

Voici un effet peu courant : apprenez une technique incroyable sous Photoshop pour donner une illusion de séparation et de désintégration sur un visage humain. Vous apprendrez notamment à utiliser les outils Sélection, Plume ainsi que les Styles de calque.

SUR LE CD : Vous trouverez sur les CD les éléments nécessaires à la réalisation de ce tutoriel.

NOTRE EXPERT

Ce tutoriel a été imaginé par Johnson Koh, graphiste et Webdesigner à Singapour. Il est reconnu sur le Web pour avoir créé le site Internet 10Steps.SG en août 2008 où il partage de façon régulière ses idées, astuces et ressources graphiques. Adaptation par Julien Debove. www.10steps.sg

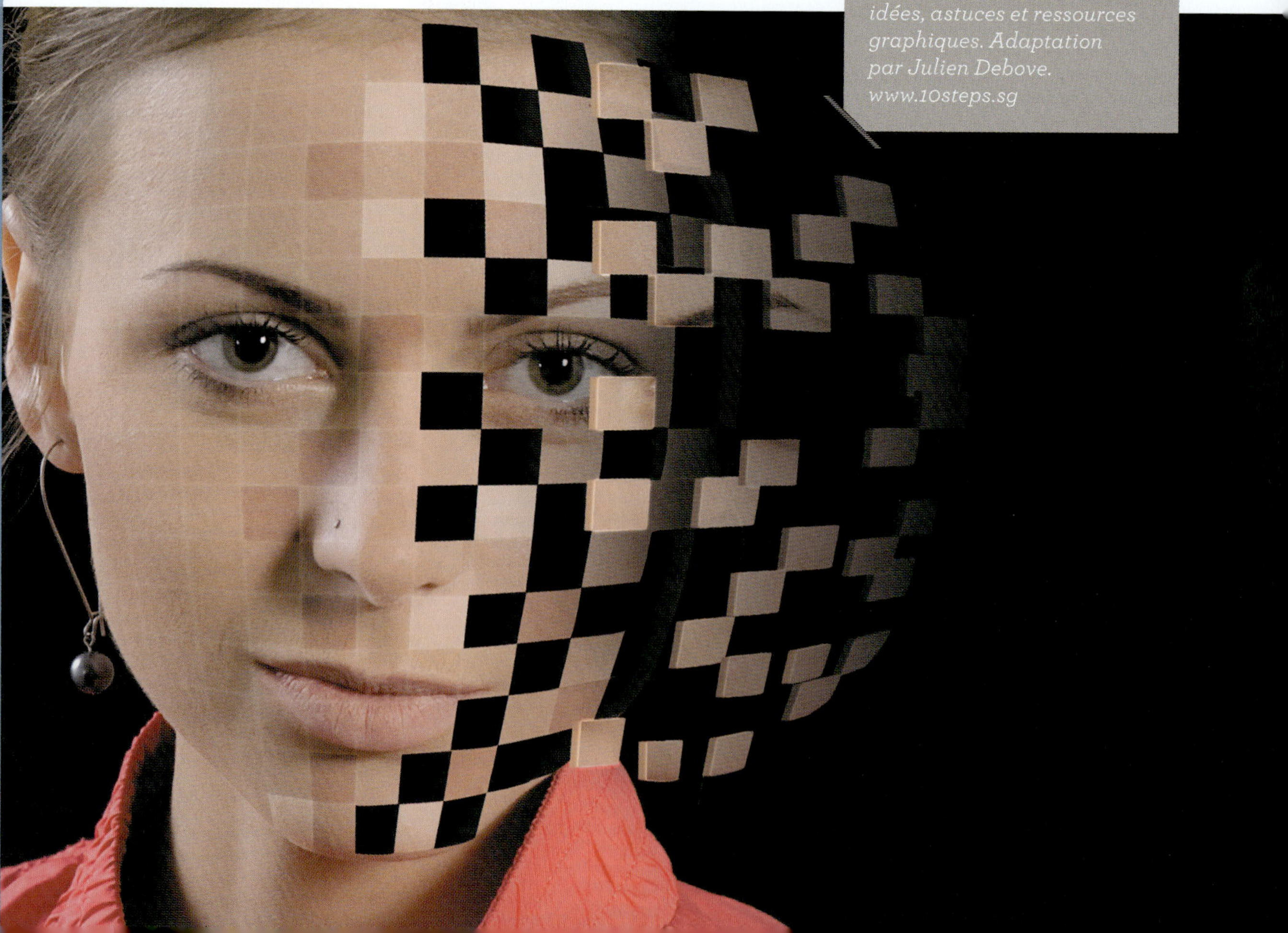

« Augmentez la taille de l'image en modifiant largeur et hauteur à 80 %. »

01 CRÉER UN NOUVEAU DOCUMENT

Ouvrez Photoshop. Commencez par vérifier que la couleur d'arrière-plan est bien le noir. Allez dans le menu Fichier> Nouveau pour créer un nouveau document. Remplissez les valeurs comme suit : Nom : Désintégration, Largeur : 1600 px, Hauteur : 1200 px, Contenu de l'arrière-plan : Couleur d'arrière-plan. Une nouvelle image s'ouvre. Pour éviter de mauvaises surprises, vous allez "Enregistrer sous" votre document dès à présent (vous enregistrez au format PSD, pour cela allez dans le menu Fichier> Enregistrer sous, ou appuyez sur les touches Ctrl/Cmd+S).

02 IMPORTER LE VISAGE

Vous allez maintenant importer le visage de la fille : allez dans le menu Fichier> Importer, explorez les dossiers du CD pour trouver les fichiers correspondant à cet exercice et double-cliquez sur photo1.psd. Vous remarquez que la photo est automatiquement importée sur votre image et que sa largeur est adaptée à votre document. Cependant, vous allez augmenter sa taille en modifiant largeur et hauteur à 80 % (voir la barre des options en haut de votre écran). Utilisez l'outil Déplacement (V) pour placer le visage sur la gauche de l'image.

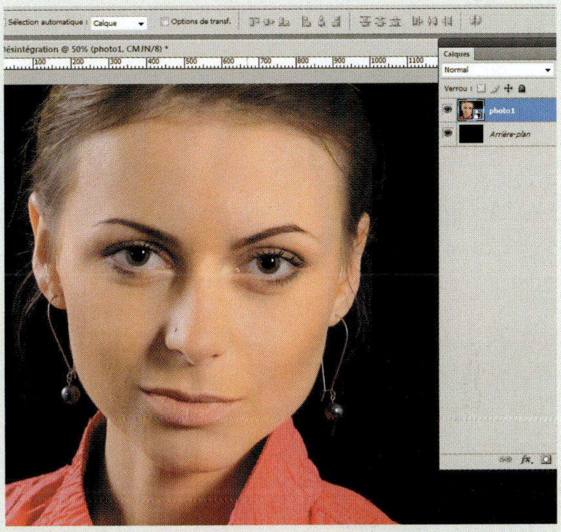

Taille de document

Lorsque vous créez un nouveau document dans Photoshop, pensez avant tout à son utilisation finale. Si vous avez un doute, créez -le toujours à la taille la plus grande possible. Mieux vaut devoir réduire une création que l'agrandir et l'abîmer.

« Vous avez besoin d'ajouter par-dessus le visage une grille transparente. »

03 CRÉER LA GRILLE 1/3

Vous avez besoin, pour vous aider à créer la désintégration, d'ajouter par-dessus le visage une grille transparente. Pour ce faire, vous allez utiliser un motif que vous déformerez ensuite en suivant la forme du visage. Pour créer le motif, il vous faut un nouveau document, appuyez sur les touches Ctrl/Cmd+ N, configurez largeur et hauteur à 60 pixels. Créez un nouveau calque puis, avec l'outil Rectangle de sélection 1 rangée (M), sélectionnez une ligne de 1 pixel de haut tout en haut de votre image. Enfin, modifiez la couleur de premier plan par le blanc, allez dans le menu Édition> Remplir et validez.

04 CRÉER LA GRILLE 2/3

Vous allez faire la même chose en créant une ligne de 1 pixel de large sur le côté gauche. Créez une colonne de 1 pixel en utilisant l'outil Rectangle de sélection 1 colonne, puis menu Édition> Remplir. Supprimez maintenant le calque "Arrière-plan" : faites un clic droit sur le calque puis sélectionnez Supprimer le calque. Pour terminer, transformez cette image en motif en allant dans le menu Édition> Utiliser comme motif, remplissez le Nom : Grille, puis cliquez sur OK.

05 CRÉER LA GRILLE 3/3

Retournez sur l'image Désintégration puis créez un nouveau calque que vous appelez "Grille". Ensuite, sélectionnez l'outil Pot de peinture (G) puis, dans la barre des options (en haut de votre écran), modifiez la source par Motif. Dans le sélecteur de motifs, choisissez la grille précédemment créée. Pour finir, vérifiez que vous vous trouvez bien sur le calque "Grille" et cliquez une fois sur votre image pour la remplir.

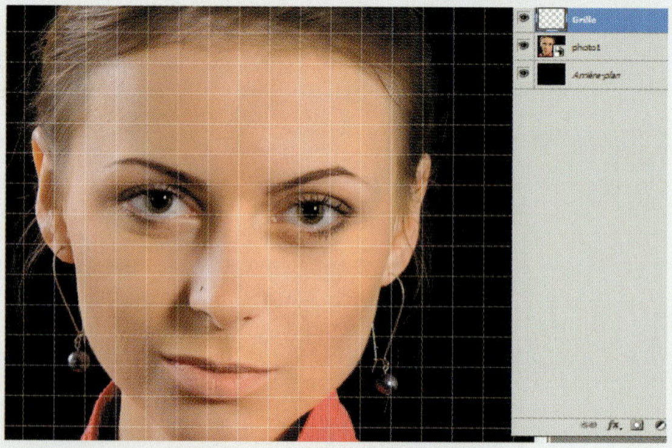

06 DÉFORMER LA GRILLE 1/2

La grille est terminée, cependant elle n'est pas parfaite car trop linéaire. Vous allez la transformer pour qu'elle s'adapte aux contours du visage. Commencez par supprimer les lignes se trouvant en dehors du visage, donc sur la partie noire. Sélectionnez l'outil Rectangle de sélection (M), créez une sélection sur la partie noire à gauche, enfin appuyez sur la touche Suppr. Répétez cette manipulation sur la partie droite.

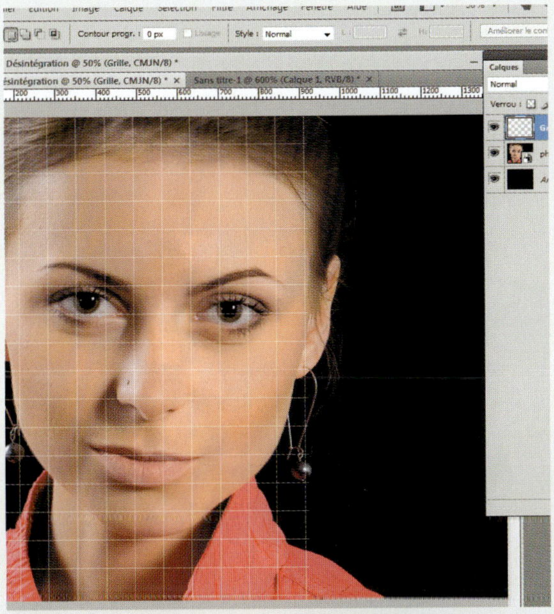

07 DÉFORMER LA GRILLE 2/2

Vous allez maintenant transformer la grille : allez dans le menu Édition> Transformation> Déformation. Soyez précis, le but consistant à rapprocher les coins extérieurs (haut gauche et droit, bas gauche et droit) vers les contours du visage de façon à ce que les lignes se courbent et donnent l'illusion d'une grille en 3D. Quand la modification vous semble parfaite, appuyez sur OK. Il est possible que celle-ci ne soit pas réussie au premier essai, appuyez alors sur Ctrl/Cmd+Z pour annuler et recommencez.

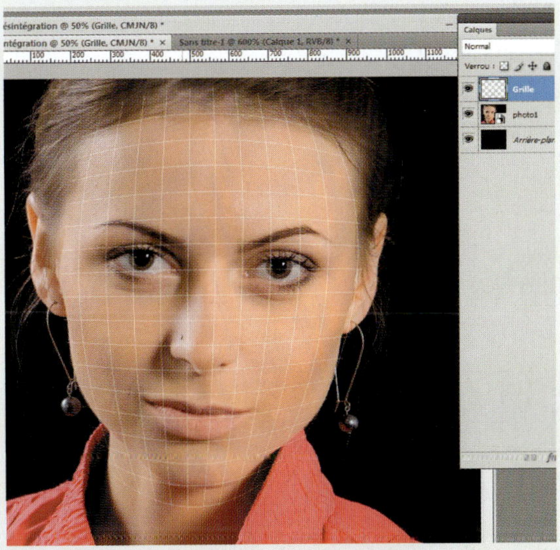

08 SÉLECTION DES CUBES

Zoomez sur le visage (utilisez l'outil Zoom – Z) puis sélectionnez l'outil Plume (P). Créez des points d'ancrage en suivant la grille de façon à créer une forme. Faites la même chose pour un second cube, un troisième, un quatrième… Appliquez cette manipulation une dizaine de fois, en veillant à ne rester que sur la partie droite du visage. Créez ensuite un nouveau groupe que vous appelez "Cubes 1", puis placez toutes les formes noires à l'intérieur.

09 DÉSINTÉGRATION 1/4

Ici, vous allez créer la première désintégration. Pour cela, il faut récupérer la sélection de toutes les formes noires. Maintenez la touche Ctrl/Cmd, cliquez sur la seconde vignette du calque “Forme 1”. Vous remarquez qu’une sélection s’est créée autour du “Cubes 1”. Ensuite, gardez la touche Ctrl/Cmd enfoncée, appuyez sur la touche Maj en plus et cliquez sur la seconde vignette du calque “Forme 2”. Vous pouvez remarquer que les deux premiers cubes sont maintenant sélectionnés. Opérez de la même façon pour tous les autres cubes afin de tous les sélectionner.

10 DÉSINTÉGRATION 2/4

Vous allez maintenant dupliquer les cubes et les déplacer sur votre image. Pour cela, cliquez sur le calque “Photo 1” puis appuyez sur les touches Ctrl/Cmd+C pour copier et Ctrl/Cmd+V pour coller. Vous remarquez alors qu’un nouveau calque a été créé avec des parties du visage correspondant aux cubes précédemment créés. Renommez ce calque “Cubes 1”, puis sélectionnez l’outil Déplacement (V) et appuyez sur la touche directionnelle Droite pour déplacer les cubes sur la droite de votre image.

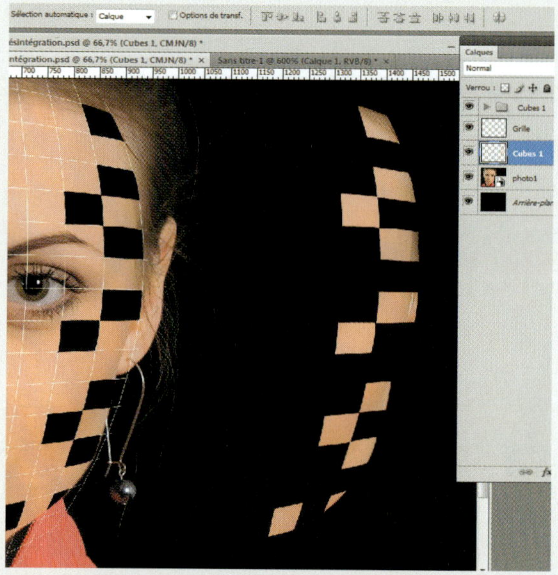

11 DÉSINTÉGRATION 3/4

Créez une seconde ligne de cubes. Pour cela, procédez exactement de la même façon, commencez par utiliser l’outil Plume (P) pour créer les cubes, puis placez tous les calques dans un nouveau groupe “Groupe 2”. Récupérez la sélection de toutes les formes en cliquant sur le calque “Photo 1”. Copiez/collez les pixels, renommez le calque “Cubes 2” et, pour terminer, déplacez les cubes sur la droite en utilisant l’outil Déplacement (V).

Mode couleurs

Lors de la création de votre image, vous devez choisir le mode de couleur à utiliser. Cependant, sachez que vous pouvez décider de le modifier même après avoir créé votre image, pour cela allez dans le menu Image> Mode.

12 DÉSINTÉGRATION 4/4

Pour terminer la désintégration, faites les manipulations une nouvelle fois pour obtenir un troisième calque que vous appellerez “Cubes 3”. Ensuite, vous allez renforcer l’illusion que ces cubes s’éloignent petit à petit du visage. Réduisez simplement leur taille : cliquez sur le calque “Cubes 1” puis appuyez sur les touches Ctrl/Cmd+T pour activer la Transformation libre, modifiez largeur et hauteur à 70 % (voir la barre des options en haut de votre écran). Appuyez sur Entrée pour valider votre transformation. Appliquez la même transformation sur le calque “Cubes 2” à 80 % et enfin sur le calque “Cubes 3” avec une taille à 90 %.

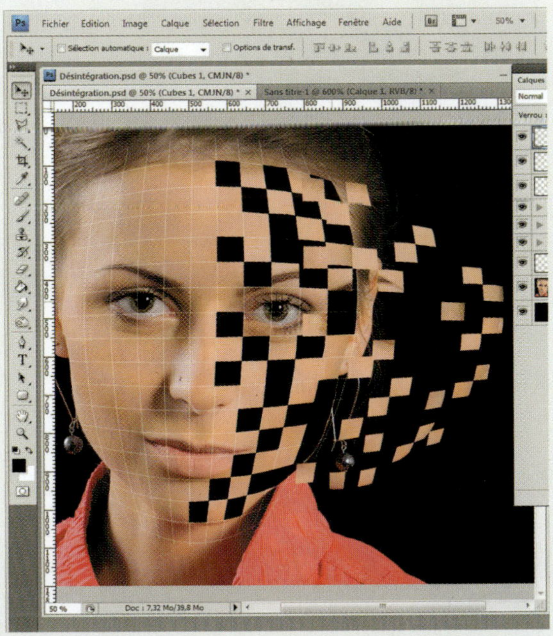

13 DES CUBES EN 3D 1/2

L’effet de désintégration est terminé. Maintenant, vous allez appliquer un effet de fausse 3D sur chacun des cubes. Sélectionnez l’outil Déplacement (V) puis cliquez sur le calque “Cubes 1”. Appuyez sur la touche Alt+flèche directionnelle de gauche. Répétez la même opération dix fois, vous remarquez que cela crée dix nouveaux calques. Sélectionnez ces dix calques grâce à la touche Maj puis appuyez sur les touches Ctrl/Cmd+E pour les fusionner. Renommez ce calque fusionné en “Cubes 1 sous” et placez-le sous le calque “Cubes 1”.

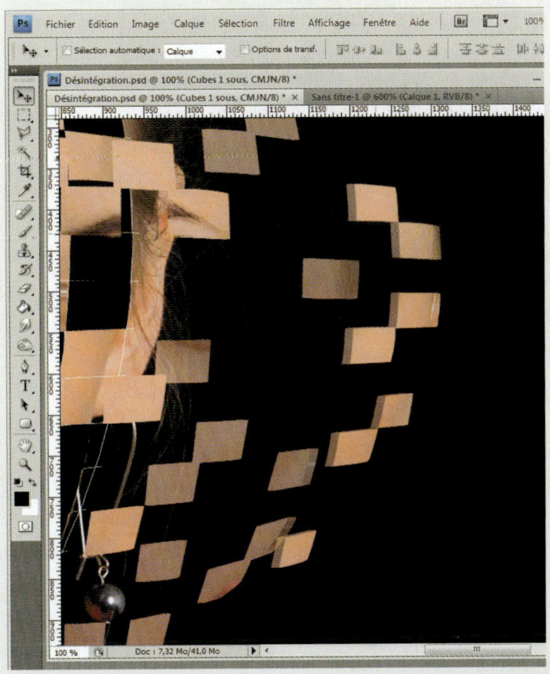

14 DES CUBES EN 3D 2/2

Faites la même opération avec les calques “Cubes 2” et “Cubes 3”. Vous devriez donc obtenir trois calques correspondant à la mise en forme 3D des calques : “Cubes 1 sous”, “Cubes 2 sous” et “Cubes 3 sous”. Pour augmenter l’effet d’éloignement, diminuez l’opacité de chacun de ces calques. Modifiez donc l’opacité du calque “Cubes 1 sous” à 70 %, puis celle de “Cubes 2 sous” à 80 % et enfin celle de “Cubes 3 sous” à 90 %. Je rappelle que vous pouvez modifier la configuration d’un calque directement en haut à gauche du panneau Calques.

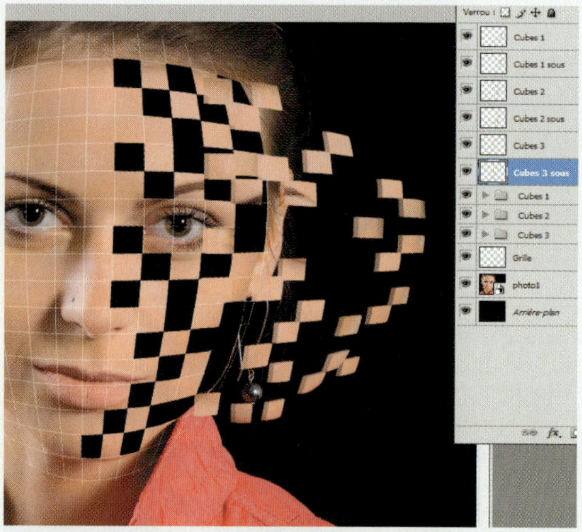

15 STYLE DE CALQUE 1/2

Vous allez ajouter quelques styles de calque qui permettront de donner un effet plus convaincant aux blocs. Cliquez sur le calque “Cubes 1 sous” puis allez dans le menu Calque> Style de calque> Incrustation en dégradé. La fenêtre Style de calque apparaît ; modifiez le dégradé ainsi : Mode de fusion : normal, Opacité 80 %, Dégradé : couleur #000000 vers #D07F57, Angle : 180°. Le reste est inchangé, cliquez sur OK pour valider. Cliquez sur le calque “Cubes 1” et allez dans le menu Calque> Style de calque> Lueur externe, et configurez ainsi : Mode de fusion : Densité couleur -, Opacité : 50 %, Couleur : blanc, Taille : 5 px.

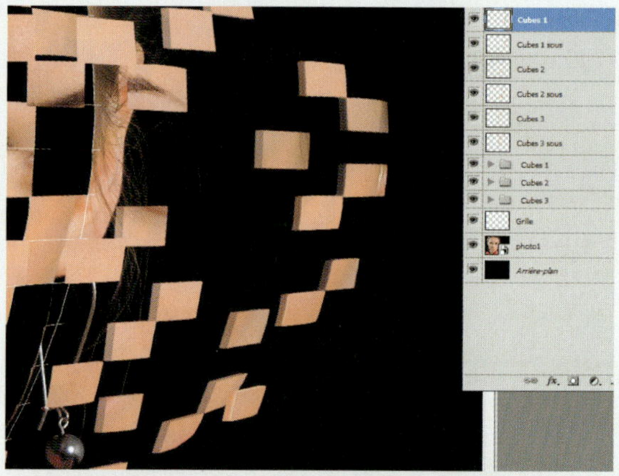

16 STYLE DE CALQUE 2/2

Vous allez répéter cet effet sur les autres calques. Pour cela, faites un clic droit avec la souris sur le calque “Cubes 1 sous” puis sélectionnez Copier le style de calque. Faites un clic droit sur le calque “Cubes 2 sous” et sélectionnez Coller le style de calque. Ensuite, collez le style de calque sur “Cubes 3 sous”. Copiez enfin le style du calque “Cubes 1”, collez-le sur “Cubes 2” et “Cubes 3”. Pour en terminer avec les styles, vous allez modifier l’opacité du dégradé de “Cubes 2 sous” à 70 %, puis l’opacité du dégradé du calque “Cubes 3 sous” à 60 %.

« Soyez précis pour ne pas déborder sur les autres carrés, la couleur ne doit apparaître que sur la droite ! »

17 MODIFICATION DE LA GRILLE

Vous allez modifier la grille blanche pour qu'elle soit plus discrète et mieux incrustée dans le visage. Sélectionnez le calque "Grille" puis allez dans le menu Filtre> Atténuation> Flou gaussien, entrez la valeur de 2 pixels puis appuyez sur Entrée. Enfin, diminuez l'opacité à 50 %.

18 PROFONDEUR

Vous allez appliquer un effet de profondeur sur les trous créés au début de cet exercice. Sélectionnez l'outil Pinceau (B), modifiez la Forme en Arrondi flou, la Taille à 50 pixels, l'opacité à 30 % et la couleur : #4D3731. Créez maintenant un nouveau calque que vous appellerez "Profondeur". Placez ce calque au-dessus du groupe "Cubes 1" puis zoomez sur le visage et peignez sur la droite de chaque trou pour donner un petit effet de profondeur. Soyez précis pour ne pas déborder sur les autres carrés, la couleur ne doit apparaître que sur la droite !

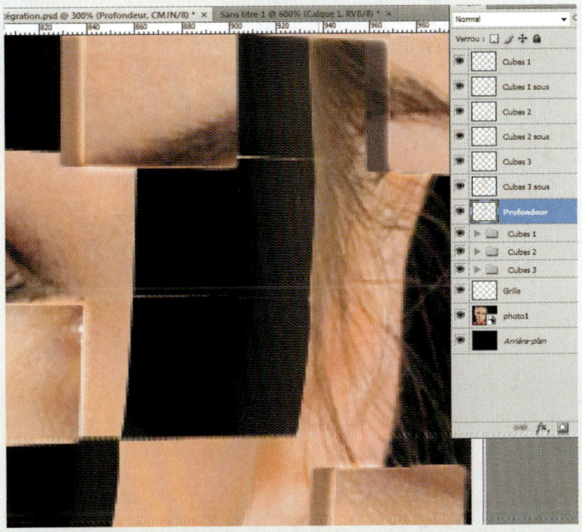

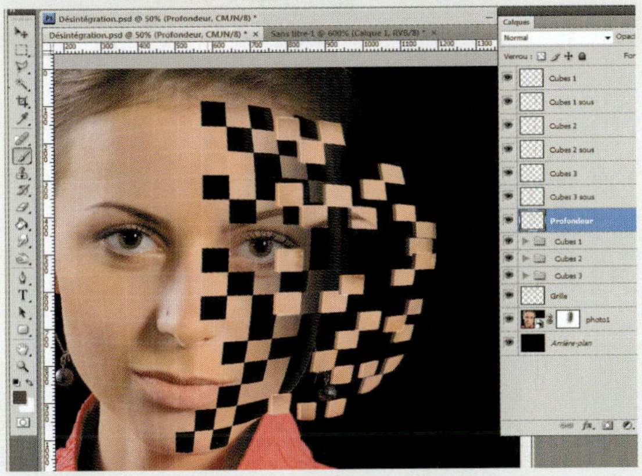

19 DISPARITION 1/3

Vous allez donner l'illusion que la partie droite du visage disparaît. Pour cela, vous allez utiliser un masque de fusion. Cliquez sur le calque "Photo 1", allez dans le menu Calque> Masque de fusion> Tout faire apparaître puis sélectionnez l'outil Pinceau (B), modifiez la Forme en Arrondi flou, la Taille à 200 pixels, l'Opacité à 10 % et la couleur de premier plan en noir. Peignez sur le masque de fusion pour cacher progressivement la partie droite du visage.

10 steps

Comme indiqué en introduction ce tutoriel est inspiré d'un exercice provenant du site 10steps.sg. Vous trouverez sur ce blog de nombreux tutoriels Photoshop de grande qualité. Le blog est en anglais, mais grâce aux captures d'écran, vous pourrez les suivre aisément. Ci-contre, le rendu original.

20 DISPARITION 2/3

Vous allez faire disparaître les petits cubes en utilisant une nouvelle fois un masque de fusion, non plus sur un seul calque mais sur plusieurs. Sélectionnez tous les calques correspondant aux cubes “Cubes 1”, “Cubes 1 sous”, “Cubes 2”, “Cubes 2 sous”, “Cubes 3”, “Cubes 3 sous” et le calque “Profondeur”. Placez-les dans un groupe que vous appellerez “Désintégration” (menu Calque> Nouveau> Groupe). Modifiez la couleur de premier plan en noir et sélectionnez l'outil Dégradé (G). Choisissez le dégradé Premier plan> Transparent et créez sur le masque de fusion un dégradé allant de la droite vers la gauche.

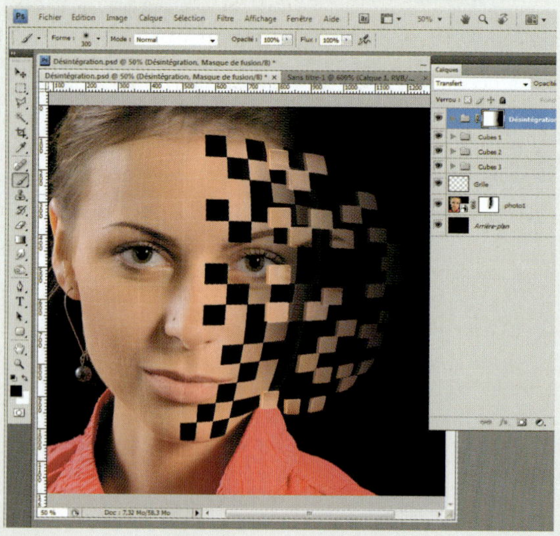

21 DISPARITION 3/3

Pour terminer l'exercice, vous allez faire disparaître la grille. Mais ici il ne sera pas nécessaire d'utiliser un masque de fusion, vous utiliserez directement la Gomme. Cliquez sur le calque “Grille” puis sélectionnez l'outil Gomme (E), modifiez la Forme en Arrondi flou, la Taille à 200 pixels et l'Opacité à 40 %. Utilisez cet outil pour supprimer la grille sur les zones inutiles : les cheveux, les oreilles, les vêtements, etc.

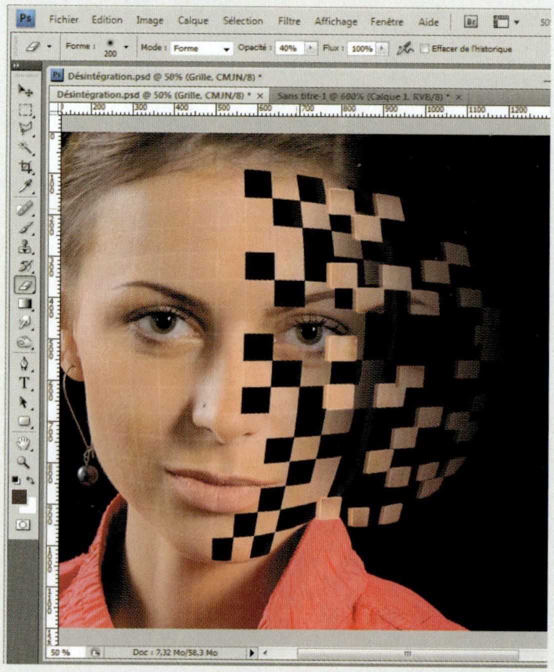

22 RÉCAPITULATIF

Il est possible que certaines étapes soient plus complexes que d'autres, ainsi il me semble nécessaire de faire le point ici sur les différents calques et groupes que vous devriez avoir à cette étape. Du haut vers le bas (à vérifier dans le panneau Calques) : un groupe "Désintégration" (contenant les calques liés aux cubes), trois groupes "Cubes 1", "Cubes 2" et "Cubes 3" contenant les cubes affichés sur le visage, un calque "Grille", un calque "Photo 1" et enfin un calque "Arrière-plan". Si l'un de ces éléments n'est pas présent dans le panneau Calques, vérifiez les étapes précédentes avant de terminer l'exercice.

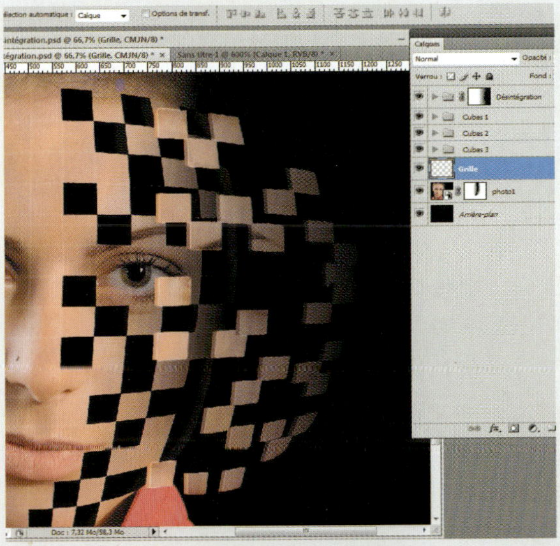

23 D'AUTRES CUBES

Pour terminer l'effet, vous allez créer d'autres carrés sur le visage, des blancs puis des noirs, pour donner l'impression que ces blocs sont en train de se séparer du visage. Sélectionnez l'outil Plume (P), modifiez la couleur de premier plan par du blanc et zoomez sur le visage. Essayez de suivre la grille pour créer cinq ou six nouveaux blocs. Modifiez le mode de fusion de chaque calque en Incrustation, puis regroupez tous les calques correspondant à ces blocs blancs dans un groupe que vous appellerez "Carrés blancs". Enfin, diminuez l'opacité du groupe à 30 %.

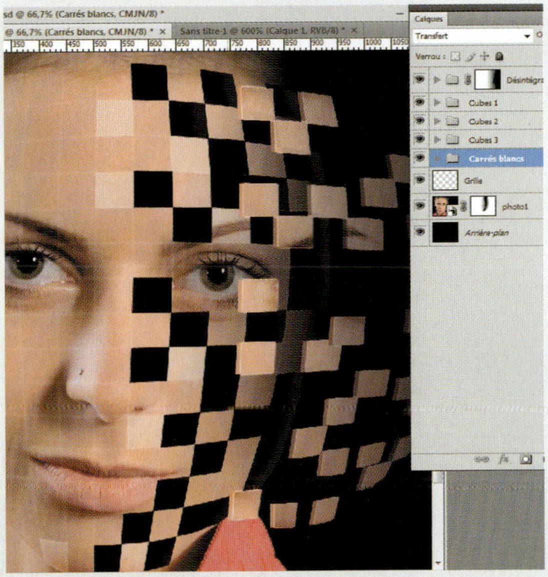

24 FIN DE L'EXERCICE

Répétez l'étape 22 en changeant la couleur de premier plan par du noir. Toutes les étapes de cet exercice sont désormais terminées. N'oubliez pas cependant d'appuyer sur les touches Ctrl/Cmd+S pour enregistrer votre travail. Remarquez qu'il est important de faire une sauvegarde en PSD (pour garder la trace de vos calques) ainsi qu'une copie en JPEG pour exporter votre travail sur Internet.

L'ARTISTE
Kévin Hébuterne

Kévin Hébuterne, aka Kiyoi, est un jeune artiste de 21 ans vivant en banlieue parisienne. Designer graphique autodidacte et véritable touche-à-tout, la gamme Adobe n'a plus aucun secret pour lui. Retrouvez ses travaux, mélanges de photomanipulations, 3D et formes vectorielles sur le site : http://kiyoi-portfolio.com.

Couleurs

Il existe de nombreux chemins vers la couleur dans Photoshop. Premiers éléments essentiels souvent utilisés dans ce manuel : les couleurs de premier plan et d'arrière-plan. En bas de la barre d'outils située à gauche de l'écran se trouvent deux icônes de couleur, noir et blanc par défaut. En cliquant sur la première (couleur de premier plan), vous ouvrez le Sélecteur de couleur. Il vous permet de choisir une couleur de plusieurs manière : RVB, TSL, CMJN, Lab et hexadécimale, mais également dans un nuancier Pantone. Une fois votre couleur choisie, validez. Cliquer sur la seconde icône ouvrira le Sélecteur pour choisir la couleur d'arrière-plan. Vous pouvez donc définir deux couleurs distinctes. C'est la couleur de premier plan qu'utilisera par exemple votre pinceau. La touche X permet d'intervertir les deux couleurs, pratique pour passer d'une couleur à une autre lorsqu'on dessine.

Ces deux couleurs sont utilisées aussi lors de la création de divers effets : les dégradés par exemple (premier plan vers arrière-plan, etc.) ou encore le filtre Nuages.

RETRODESIGN
COLORFUL EFFECTS

VIVE LE RÉTRO !

Créez un design rétro et coloré comme on les aime.

Cet exercice va vous plonger dans un design rétro grâce à ses effets de couleurs et de lumière. Vous apprendrez à maîtriser des outils comme le Pot de peinture, le Rectangle de sélection ou encore les Styles de calque !

SUR LE CD : Vous trouverez sur les CD les éléments nécessaires à la réalisation de ce tutoriel.

01 CRÉER UN NOUVEAU DOCUMENT

Ouvrez Photoshop. Commencez par vérifier que la couleur d'arrière-plan est bien le noir. Allez dans le menu Fichier> Nouveau pour créer un nouveau document. Remplissez les valeurs comme suit : Nom : Rétro, Largeur : 1600 px, Hauteur : 1200 px, Contenu de l'arrière-plan : Couleur d'arrière-plan. Une nouvelle image s'ouvre. Pour éviter de mauvaises surprises, "Enregistrer sous" votre document dès à présent (vous enregistrez au format PSD, pour cela allez dans le menu Fichier> Enregistrer sous, ou appuyez sur les touches Ctrl/Cmd+S).

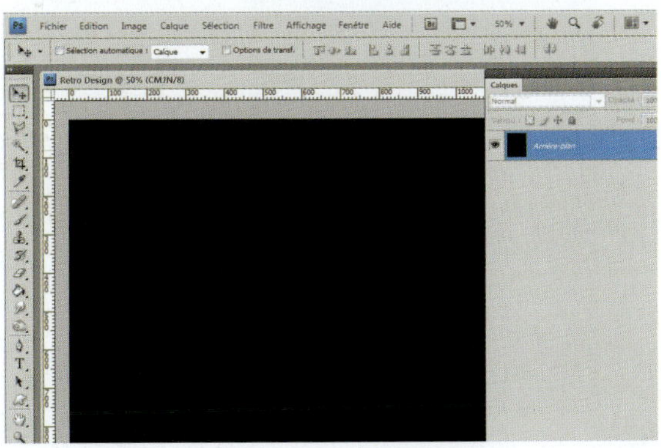

02 CRÉER LA PYRAMIDE

Vous allez créer la pyramide que vous voyez en avant-plan de l'image à l'aide d'une forme personnalisée fournie par Photoshop. Modifiez la couleur de premier plan par du blanc puis sélectionnez l'outil Forme personnalisée (U). Choisissez la forme Triangle dans le sélecteur (si vous ne trouvez pas la forme Triangle dans le sélecteur, cliquez sur la flèche en haut à droite puis sélectionnez Toutes). Créez maintenant le triangle sur votre image : commencez la création sur le côté gauche pour l'étirer jusqu'au bord droit. Évitez de la faire trop pointue, faites-la volontairement aplatie. Renommez le calque "Forme 1" en "Pyramide".

03 MODIFIER LA PYRAMIDE

Sélectionnez l'outil Déplacement (V) puis déplacez la pyramide sur le bas de votre image. Appuyez sur la touche Maj et dix fois sur la touche directionnelle du haut (cette manipulation devrait déplacer la pyramide de 100 pixels vers le haut). Créez un nouveau calque que vous appellerez "Bottom". Modifiez la couleur de premier plan par du blanc puis sélectionnez l'outil Rectangle de sélection. Créez une sélection sur la bande noire (sous la pyramide) et allez dans le menu Édition> Remplir.

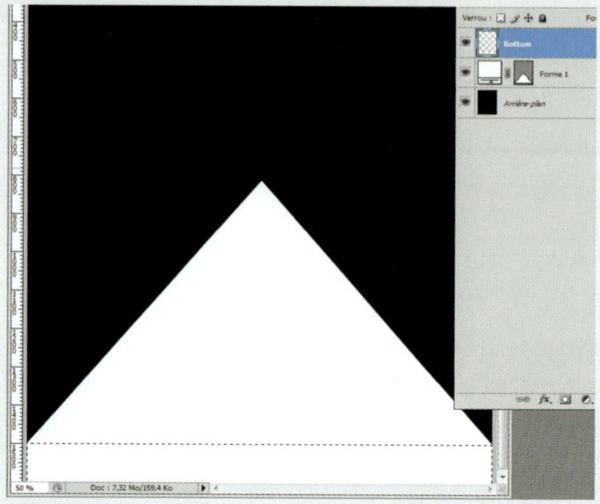

04 CRÉER UNE LUEUR 1/3

Vous allez créer une très grande lueur blanche venant de l'arrière-plan et illuminant la pyramide de l'arrière. Créez un nouveau calque et renommez-le "Lueur 1". Placez-le sous le calque "Pyramide". Sélectionnez l'outil Pinceau (B) et modifiez la couleur de premier plan par du blanc, la forme en Arrondi flou, la taille à 1500 pixels et l'Opacité à 20 %. Sur l'image, placez la forme de pinceau au milieu du haut de la pyramide puis cliquez une fois. Modifiez la taille du pinceau à 1000 pixels puis cliquez une fois. Faites la même chose à 800 pixels, puis à 600 pixels jusqu'à ce que le pinceau rejoigne le haut de la pyramide. Cela crée une lueur blanche très diffuse.

05 CRÉER UNE LUEUR 2/3

Sélectionnez les deux calques "Pyramide" et "Bottom" (cliquez sur un premier calque puis sur le second en appuyant sur la touche Maj). Faites un clic droit sur l'un des calques et choisissez Fusionner les calques. Renommez ce nouveau calque "Pyramide complète". Vous allez maintenant changer la couleur de la pyramide. Pour cela, vous allez utiliser un style de calque. Allez dans le menu Calque> Style de calque> Incrustation couleur et modifiez la couleur d'incrustation en noir. Ajoutez un masque de fusion en allant dans le menu Calque> Masque de fusion> Tout faire apparaître.

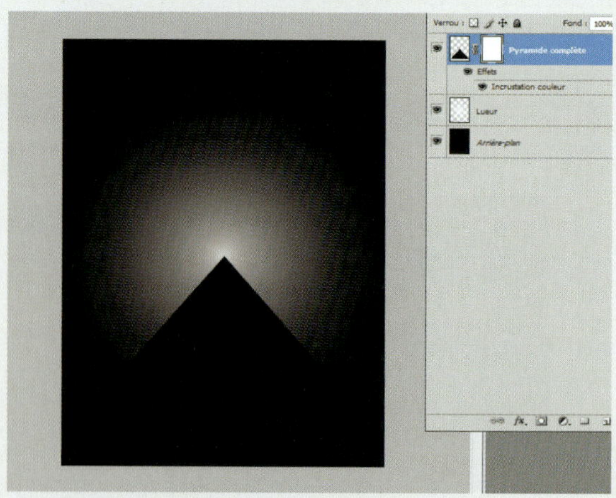

06 CRÉER UNE LUEUR 3/3

Vous allez cacher certaines parties du haut de la pyramide pour donner l'illusion que la lumière illumine les côtés et légèrement l'avant de la forme. Sélectionnez l'outil Pinceau puis modifiez la configuration : changez la couleur de premier plan en noir, la forme en Arrondi flou, la taille à 500 pixels et l'Opacité à 10 %. Utilisez le pinceau sur le haut de la pyramide. Passez de façon rapide sur le milieu, puis de façon plus soutenue sur le haut (n'hésitez pas à réduire la forme de votre pinceau lorsque vous vous trouvez sur le haut de la pyramide).

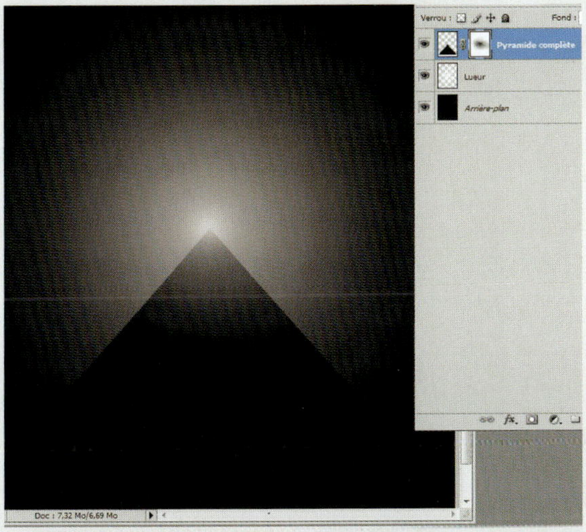

07 CRÉATION DES BARRES COLORÉES 1/4

Cette étape et les suivantes sont assez longues et fastidieuses, soyez donc vigilant et suivez bien les manipulations et astuces. Les barres colorées se composent d'une partie orange/rouge à droite et d'une partie bleu/violet à gauche. Occupez-vous tout d'abord de la partie droite. Créez un nouveau groupe que vous nommez "Barres droite" puis créez un nouveau calque que vous placez dans ce groupe et que vous nommez "Barre 1". Sélectionnez l'outil Rectangle de sélection (M) puis créez une sélection au milieu de votre image.

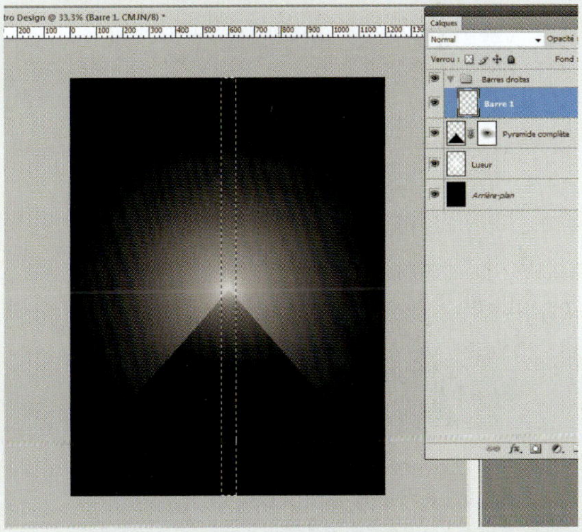

Groupe

Les groupes dans Photoshop s'utilisent de la même manière que les calques. Double-cliquez sur le nom pour le renommer, cliquez avec le bouton droit pour le dupliquer ou le supprimer. Vous pouvez le masquer en appuyant sur l'œil, vous pouvez même lui appliquer un masque de fusion ou un calque de réglage !

08 CRÉATION DES BARRES COLORÉES 2/4

Modifiez la couleur de premier plan par de l'orange (#FD4F01) puis allez dans le menu Édition> Remplir et cliquez sur OK. Normalement la barre se colore d'orange. Sélectionnez l'outil Pinceau (B), modifiez la taille à 1000 pixels, la forme en Arrondi flou, la couleur de premier plan par un jaune #FFC603 puis créez une zone jaune en bas de la barre. Appuyez sur les touches Ctrl/Cmd+D pour désélectionner. Pour terminer, déplacez le dossier "Barres droite" en dessous du calque "Lueur".

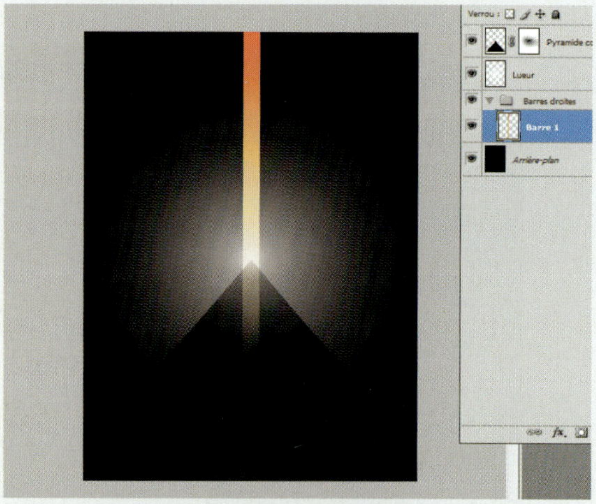

09 CRÉATION DES BARRES COLORÉES 3/4

Vous allez à présent créer une seconde barre. Pour cela, créez un nouveau calque, nommez-le "Barre 2" et placez-le dans le dossier "Barres droite". Utilisez l'outil Rectangle de sélection pour créer une barre à côté de la première puis remplissez la sélection de rouge #FC1608 avec l'outil Pot de peinture (G). Enfin placez le calque "Barre 2" sous le calque "Barre 1". Faites la même manipulation pour une troisième barre un peu plus large (vous pouvez utiliser de nouveau l'orange foncé de l'étape 7).

10 CRÉATION DES BARRES COLORÉES 4/4

Pour terminer ces premières barres de couleur, il ne vous reste plus qu'à tailler les parties hautes. Sélectionnez l'outil Lasso polygonal puis créez une sélection sur la partie haute de la barre pour n'en prendre qu'une partie (appuyez sur la touche Maj pour pouvoir créer des angles à 45° – voir l'exemple dans notre capture). Faites la même chose pour la seconde et la troisième barre. Attention, coupez le haut des barres en suivant à peu près les contours de la pyramide (les barres sont de plus en plus petites en partant du centre).

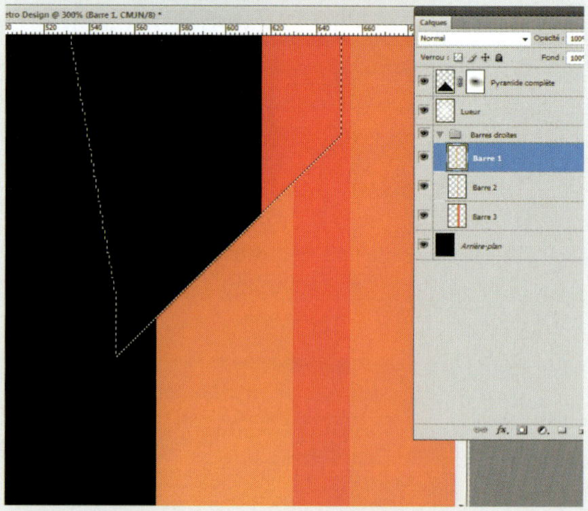

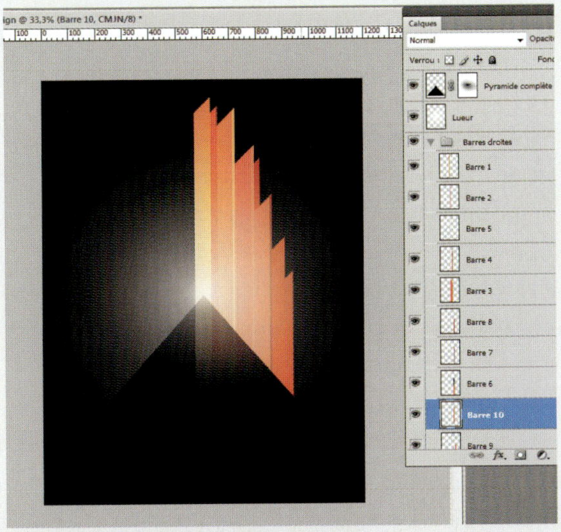

11 CRÉER D'AUTRES BARRES

Utilisez la même technique en répétant les étapes 7, 8, 9 et 10 pour créer de nouvelles barres, vous utiliserez pour cela les mêmes couleurs : jaune #FFC603, orange #FD4F01, orange/rouge #FE190B, et rouge #AF0114. Faites varier la taille des barres créées de très fines à très larges. Vous pouvez également modifier la disposition des calques pour afficher des barres au-dessus de certaines autres et ainsi renforcer l'effet de profondeur. Attention à bien faire descendre les barres jusqu'en bas de votre image. Pour le vérifier, vous pouvez éteindre momentanément le calque "Pyramide" pour afficher les barres dans toute leur longueur.

12 BARRE DE DROITE FIN

Attention à bien faire varier la taille des barres mais surtout les couleurs. Plus vous vous approchez de la droite, plus le rouge devra être foncé. N'hésitez pas à faire varier les tonalités pour intensifier l'aspect de disparition des barres. Dans le fichier d'exemple, vingt-deux barres ont été nécessaires pour créer la partie droite. Une fois que vous avez terminé, vous allez tout de suite commencer la partie gauche. Créez un nouveau groupe que vous appelez "Barres gauche".

13 BARRES DE GAUCHE 1/2

À peine terminé, il faut tout recommencer. En effet, maintenant que vous connaissez la méthode, vous allez devoir tout reprendre pour créer la partie gauche de votre image. Créez un nouveau calque, créez une sélection et remplissez-la. Positionnez la barre et enfin coupez le haut… Un travail d'autant plus fastidieux qu'il faut le répéter plus de vingt fois ! Heureusement qu'il existe une méthode bien plus rapide pour arriver au même résultat. Cliquez avec le bouton droit de votre souris sur le dossier "Barres droite" et sélectionnez Dupliquer le groupe. Utilisez l'outil Déplacement (V) pour décaler les barres de quelques pixels sur la gauche, et enfin renommez le groupe "Barres gauche".

« Attention à vérifier que les barres que vous créez se prolongent bien jusqu'au bas de votre image. »

14 BARRES DE GAUCHE 2/2

Ouvrez le groupe "Barres gauche" puis éteignez tous les calques sauf "Barre 1 copie". Récupérez la sélection de ce calque en appuyant sur la touche Ctrl/Cmd et en faisant un clic sur le calque. Ensuite, modifiez la couleur de premier plan par un violet #6747B2 puis allez dans le menu Édition> Remplir. La barre se remplit alors de violet. Pour terminer, sélectionnez l'outil Pinceau (B), puis modifiez la forme en Arrondi flou, la taille à 200 pixels puis la couleur de premier plan par un violet clair #967ED1, et peignez la partie basse de cette première barre.

15 REPLACEMENT

Cliquez sur l'œil du calque "Barre 2 copie" pour l'afficher de nouveau puis utilisez l'outil Déplacement pour placer la seconde barre juste à côté de la première (attention à la placer légèrement en dessous par rapport à la première). Ensuite, modifiez la couleur de cette barre en utilisant la même technique qu'à l'étape précédente (vous pouvez prendre un violet un peu plus foncé : #32207F). Attention à vérifier que les barres que vous créez se prolongent bien jusqu'au bas de votre image. Pour cela, cliquez simplement sur l'œil du calque "Pyramide".

16 AJOUT DE BARRES

En suivant la même technique, créez-en une troisième puis une quatrième, une cinquième, etc. Le but, comme pour la partie droite, est de remplir toute la partie gauche de votre image avec des barres violettes. Plus vous vous rapprocherez du bord gauche et plus les tonalités de violet que vous devrez utiliser seront foncées. Vous n'êtes pas obligé d'utiliser le même nombre de barres, ainsi les calques que vous n'utilisez pas sont à supprimer. Pour supprimer un calque, il suffit de faire un clic droit dessus puis de sélectionner dans le menu Supprimer le calque.

17 COLORER LE BACKGROUND 1/2

Pour donner un effet plus percutant et enrichir l'ambiance colorée de la composition graphique, vous allez colorer le fond de votre image. La partie gauche sera colorée en violet tandis que la partie droite, vous l'aurez deviné, sera en orange. Pour cela, faites un clic sur le calque "Arrière-plan" puis sélectionnez l'outil Rectangle de sélection (M). Sélectionnez la partie gauche de votre image dans le sens de la verticale. La sélection devra passer par le haut de votre pyramide. Enfin, vous allez créer un nouveau calque, nommez-le "Violet".

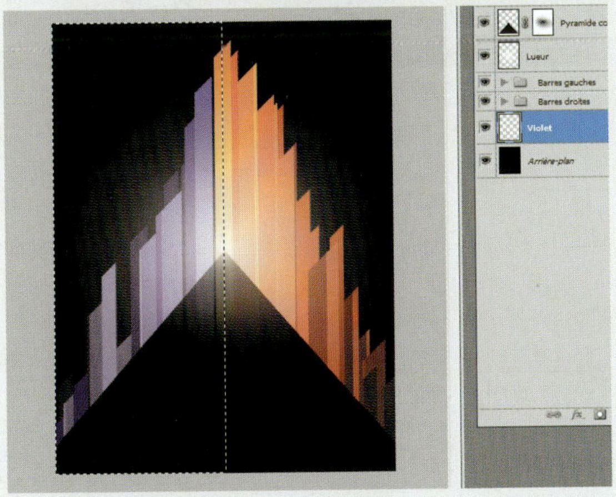

18 COLORER LE BACKGROUND 2/2

Modifiez la couleur de premier plan par ce violet : #26176C. Allez dans le menu Édition> Remplir et cliquez sur OK. Modifiez le mode de fusion de ce calque par Couleur (vous retrouverez le menu mode de fusion en haut à gauche du panneau Calques). Allez dans le menu Sélection> Intervertir, changez la couleur de premier plan par cet orange : #FF2702. Créez un nouveau calque, nommez-le "Orange". Pour finir, allez dans le menu Édition> Remplir et passez ce calque en mode de fusion Couleur.

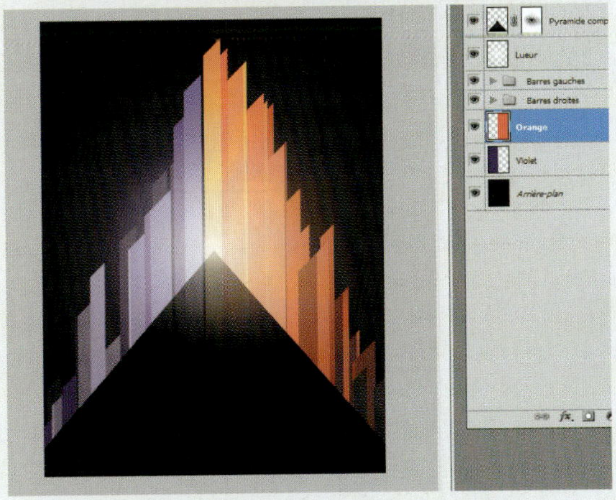

19 PYRAMIDES DE LUMIÈRE 1/4

L'un des effets intéressants de ce montage graphique réside dans les pyramides de lumière. Cet effet est très simple. Il s'agit de la pyramide en blanc que vous allez dupliquer une dizaine de fois. Pour cela, commencez par créer un nouveau groupe pour créer les pyramides de lumière du bas. Sélectionnez le calque "Lueur" puis allez dans le menu Calque> Nouveau> Groupe, nommez ce groupe "Pyramides lumière". Créez un nouveau calque dans ce groupe, nommez-le "Lum 1". Pour terminer, récupérez la sélection de la pyramide, appuyez sur la touche Ctrl/Cmd puis faites un clic sur le calque "Pyramide complète".

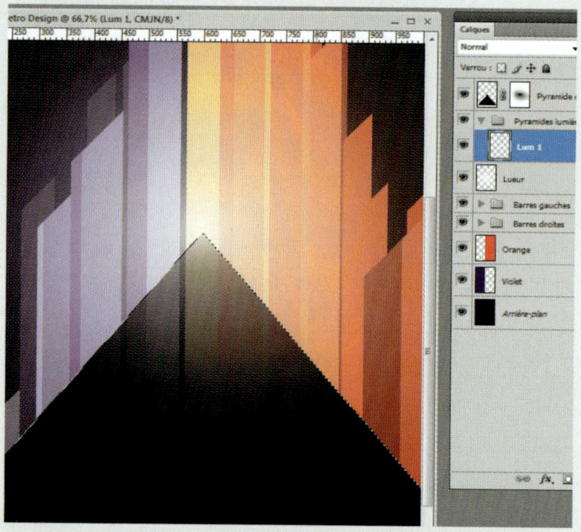

20 PYRAMIDES DE LUMIÈRE 2/4

La pyramide est maintenant sélectionnée. Retournez sur le calque "Lum 1", modifiez la couleur de premier plan par du blanc puis allez dans le menu Édition> Remplir. Appuyez sur les touches Ctrl/Cmd+D pour désélectionner. Sélectionnez l'outil Déplacement (V) puis appuyez sur les touches Maj+flèche directionnelle du haut. Répétez cela une seconde fois ; cette manipulation permet de déplacer la pyramide blanche de 20 pixels vers le haut.

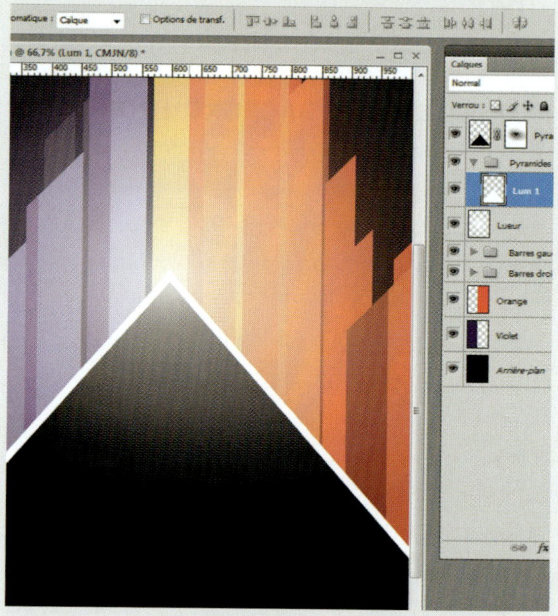

Remplissage

Lorsque vous avez une forme sélectionnée, vous avez deux possibilités pour la remplir avec la couleur de premier plan : vous pouvez simplement utiliser l'outil Pot de peinture ou aller dans le menu Édition> Remplir (Maj+F5).

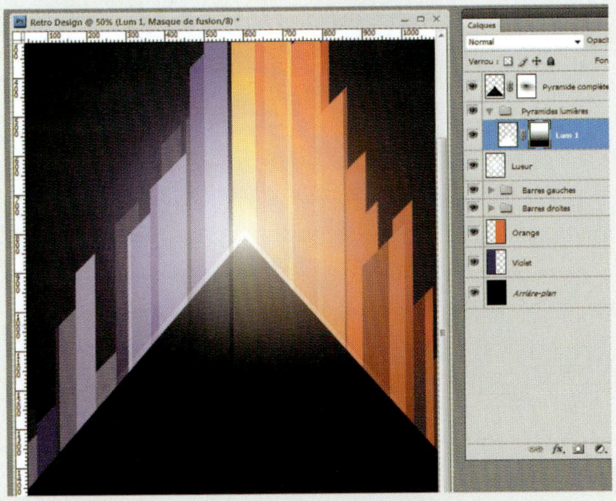

21 PYRAMIDES DE LUMIÈRE 3/4

Pour le moment la pyramide est toute blanche ; c'est dans cette dernière étape que l'effet de lumière va être créé. Pour cela, il faut utiliser un masque de fusion. Allez dans le menu Calque> Masque de fusion> Tout faire apparaître, puis sélectionnez l'outil Dégradé (G). Modifiez la couleur de premier plan par du noir, le type de dégradé par Premier plan> transparent (seconde vignette dans le sélecteur de dégradé) puis créez un dégradé partant du milieu de la pyramide blanche et remontant à sa pointe.

22 PYRAMIDES DE LUMIÈRE 4/4

Une première pyramide de lumière est créée, maintenant vous allez en créer plusieurs autres. Pour cela, rien de plus simple : faites un clic droit sur le calque "Lum 1" puis sélectionnez Dupliquer le calque. Sélectionnez l'outil Déplacement (V) et appuyez sur les touches Maj+flèche directionnelle vers le haut (appuyez une seconde fois sur cette combinaison de touches pour décaler la copie de 20 pixels vers le haut). Répétez cette technique de duplication afin d'obtenir huit pyramides de lumière.

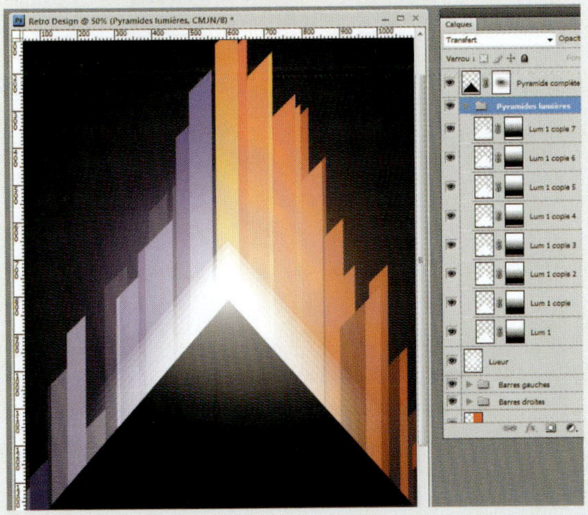

23 PYRAMIDE À L'ENVERS

Pour parfaire votre effet de lumière, il faut maintenant créer le même type de pyramide mais la pointe vers le bas. Bien entendu, vous n'allez pas répéter une nouvelle fois toutes les étapes précédentes en inversant la forme de pyramide initiale. Vous allez vous contenter de dupliquer le groupe. Pour cela, faites un clic droit sur le groupe "Pyramides de lumière" puis sélectionnez Dupliquer le groupe. Faites Édition> Transformation> et utilisez l'outil Déplacement (V) pour placer ces copies au-dessus de la pyramide noire.

24 ATTÉNUATION DE L'EFFET

Pour terminer l'effet sur les pyramides de lumière, vous allez modifier l'opacité des calques. Pour cela, cliquez sur le calque "Lum 1" dans le groupe "Pyramides de lumière" puis modifiez son opacité à 20 %. Cliquez sur le calque "Lum 1 copie" et changez son opacité à 30 %, enfin cliquez sur le calque "Lum 1 copie 2" et modifiez son opacité à 40 %. Répétez cette opération en augmentant l'opacité de 10 % à chaque nouveau calque, jusqu'au dernier calque. Vous ferez la même chose pour les pyramides retournées.

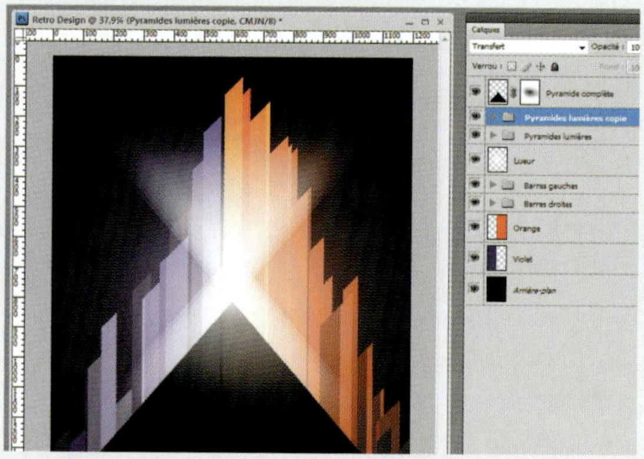

25 FAISCEAU DE LUMIÈRE 1/2

Pour en finir avec l'effet de lumière, déplacez le calque "Lueur" juste au-dessus du calque "Arrière-plan" puis cachez les groupes "Pyramides lumière" et "Pyramides lumière copie". Ensuite, créez un nouveau groupe et nommez-le "Lumières". Placez ce groupe au-dessus des barres colorées mais en dessous des pyramides de lumière. Créez dans ce groupe un nouveau calque, appelez-le "Faisceaux" puis sélectionnez l'outil Pinceau (B). Modifiez sa forme par Rond net, sa taille à 125 pixels enfin la couleur de premier plan par du blanc. Ensuite, vous allez créer au milieu une zone blanche qui se réduit vers le haut (pour créer cet effet, faites varier la taille de votre pinceau).

26 FAISCEAU DE LUMIÈRE 2/2

L'effet est joli en l'état mais ce n'est pas exactement ce qu'il faut ! La zone blanche est bien trop nette, il faut diluer les contours et étaler la zone sur la verticale. Pour cela, rendez-vous dans le menu Filtre> Atténuation> Flou directionnel, cochez la case Aperçu, configurez l'Angle à 90° et la Distance à 400 pixels. Cliquez sur OK pour valider la modification. Sélectionnez l'outil Déplacement (V) puis remontez d'environ 50 pixels le calque "Faisceaux" vers le haut (... pour placer l'effet exactement entre les pyramides de lumière du bas et celles du haut). Enfin affichez de nouveau les deux groupes "Pyramides lumière" et "Pyramides lumière copie".

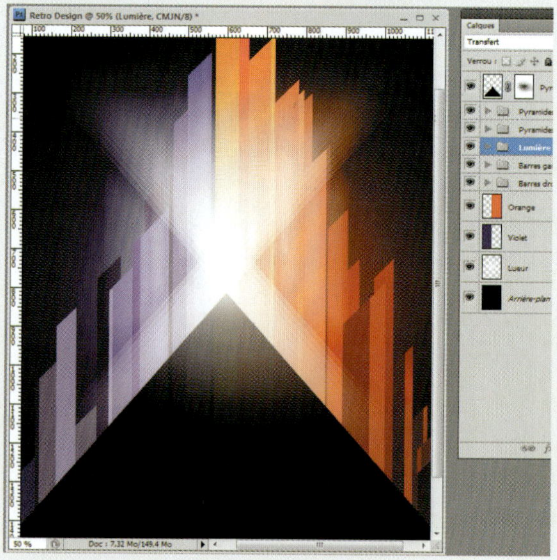

27 CRÉER DES PARTICULES 1/2

Pour ajouter un effet moins net et précis à la composition, des particules de lumière vont être ajoutées à l'image. Elles partiront du centre et se répandront en suivant les lignes des pyramides de lumière. Commencez par créer un nouveau calque dans le dossier "Lumières" et nommez-le "Particules". Puis sélectionnez l'outil Pinceau (B), appuyez sur les touches Maj+F5 pour ouvrir le panneau Formes et configurez votre pinceau ainsi : Forme de la pointe : Arrondi net à 1 px, Cochez la case dynamique de la forme, cochez la case Diffusion : Diffusion : 1000 % et Nombre : 1, enfin cochez la case Autre dynamique : Variation de l'opacité : 80 %.

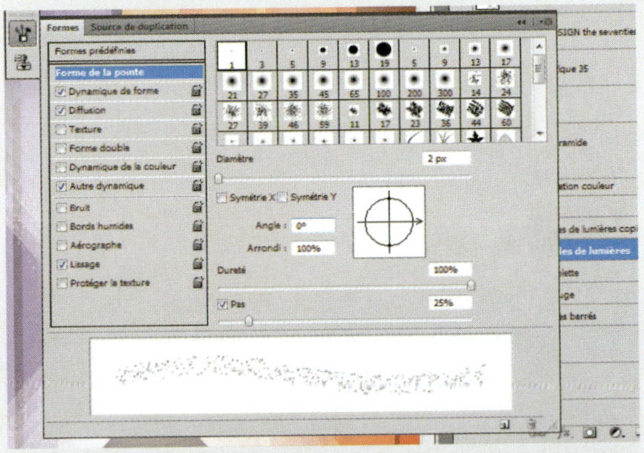

28 CRÉER DES PARTICULES 2/2

Une fois la configuration du Pinceau terminée, fermez la fenêtre Formes. Vérifiez que le calque "Particules" est bien sélectionné puis, en utilisant le Pinceau, suivez chaque ligne des pyramides de lumière. Vous voyez apparaître des lignes de petits points de lumière sur votre image. Sélectionnez l'outil Gomme (E), modifiez sa taille à 200 pixels, son opacité à 40 % et sa forme en Arrondi flou, puis supprimez les particules sur l'extrémité des pyramides de lumière. Cette manipulation permet de donner l'illusion que ses particules de lumière disparaissent petit à petit.

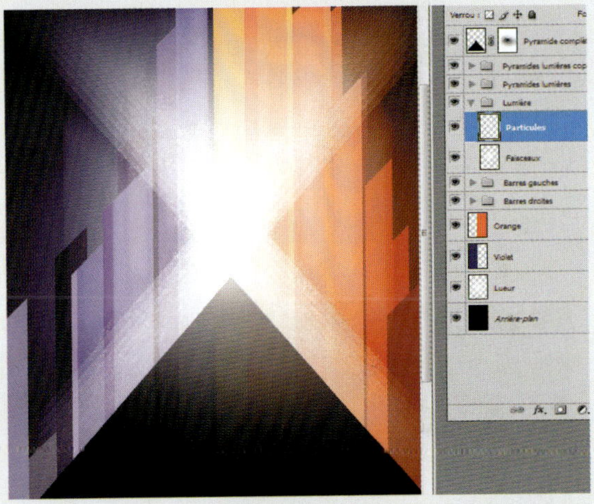

29 CRÉER UN CACHE 1/2

Sur cette composition graphique, seul le centre où se situe l'effet de lumière est important. Voilà pourquoi il est primordial de centrer les couleurs sur cette zone. Vous pouvez par exemple cacher les extrémités pour donner un éclat particulier au centre, voici comment faire. Commencez par créer un nouveau calque, placez-le en première position dans le panneau Calques et nommez-le "Cache". Modifiez la couleur de premier plan par du noir, puis allez dans le menu Édition> Remplir : le calque se remplit de noir.

« Pour terminer cet exercice, il ne vous reste plus qu'à ajouter un titre. Autant dire qu'on termine sur une étape assez facile ! »

30 CRÉER UN CACHE 2/2

Allez dans le menu Calque> Masque de fusion> Tout faire apparaître, un nouveau masque de fusion est automatiquement lié au calque "Cache". Sélectionnez l'outil Dégradé (G) puis choisissez dans la sélection de dégradé Premier plan> transparent et sélectionnez l'icône Dégradé radial (la barre d'option se trouve en haut de votre écran). Enfin, créez un dégradé en partant du centre de votre image pour aller jusqu'au bas de celle-ci. Vous constatez alors que l'image apparaît légèrement. Appliquez sur le masque de fusion ce même dégradé une seconde fois. L'image est alors parfaitement dégagée au centre est cachée sur les extrémités.

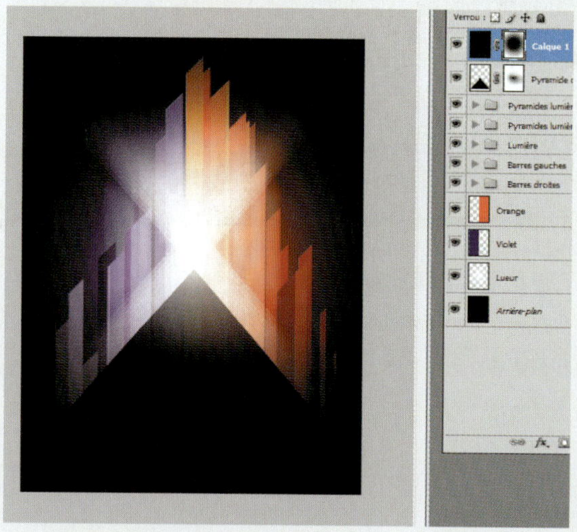

31 AJOUTER UN TITRE 1/3

Pour terminer cet exercice, il ne vous reste plus qu'à ajouter un titre. Autant dire qu'on termine sur une étape assez facile ! Sélectionnez l'outil Texte (T) puis créez une zone de texte éditable qui part du côté gauche pour aller jusqu'au côté droit. Choisissez une police de caractères et écrivez votre titre. Dans l'exemple, j'ai utilisé la police de caractères Imagine. Commencez par écrire le titre avec une taille de 60 pixels, puis appuyez sur Entrée pour écrire le slogan. Modifiez sa taille à 20 pixels. Vous allez créer les lignes qui viennent entourer le slogan. Commencez par créer un nouveau calque, placez-le au-dessus du calque texte et nommez-le "Lignes".

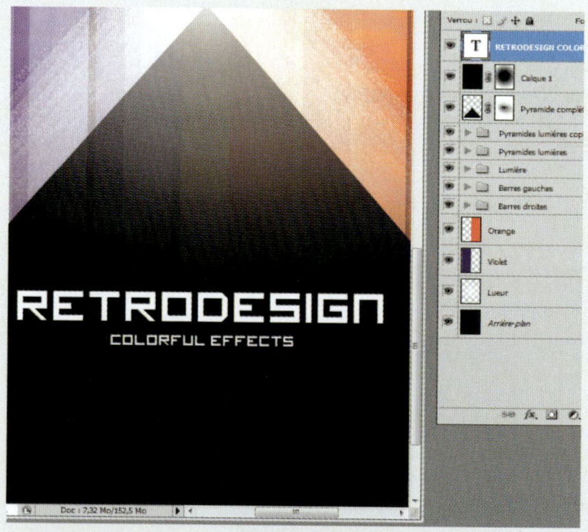

32 AJOUTER UN TITRE 2/3

Sélectionnez l'outil Rectangle de sélection (M) puis créez une sélection partant du côté gauche de votre texte pour aller jusqu'au côté droit. Ensuite, modifiez la couleur de premier plan par du blanc puis allez dans le menu Édition> Remplir. Votre barre est maintenant toute blanche. Créez une ligne de sélection (1 pixel de hauteur) puis placez cette sélection sur le deuxième pixel de la barre blanche. Appuyez sur la touche Suppr. pour supprimer la ligne. Appuyez deux fois sur la touche de flèche directionnelle vers le bas puis de nouveau sur Suppr., faites cela jusqu'à ce que vous soyez en bas de la barre. Cette manipulation crée des lignes blanches.

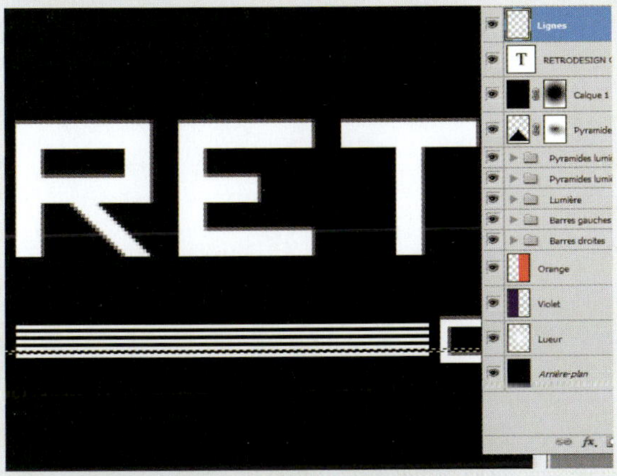

33 AJOUTER UN TITRE 3/3

Pour donner une petite touche de couleur à votre titre, vérifiez que le calque "Lignes" est toujours sélectionné et rendez-vous dans le menu Calque> Style de calque> Incrustation couleur. La fenêtre Style de calque s'ouvre automatiquement. Modifiez l'Angle du dégradé à 0° puis cliquez sur la barre du dégradé pour changer ses couleurs. Voici la configuration du dégradé : Violet #643AAF position 0 %, Blanc position 30 %, Blanc position 70 % et enfin Orange #DB6132 position 100 %. Cliquez sur le bouton OK pour valider l'ajout du dégradé sur les bandes.

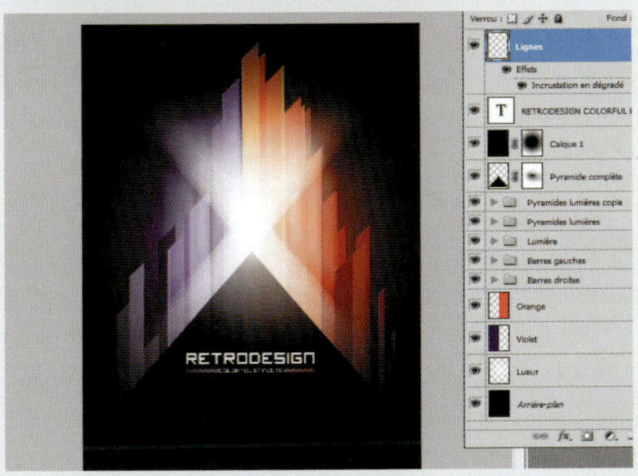

34 FIN DE L'EXERCICE

Vous voilà déjà arrivé à la fin de l'exercice. Il est bien entendu possible de continuer cette composition graphique par l'ajout d'éléments géométriques ou par de nouveaux effets de lumière. N'hésitez donc pas à prendre l'initiative de continuer votre image. Pour terminer, appuyez sur Ctrl/Cmd+S pour enregistrer. Cependant, faites une copie en PSD pour pouvoir faire d'éventuelles retouches, et une en JPEG pour un export vers le Web.

L'ARTISTE

Mr.Xerty aka Brice Chaplet

Brice officie depuis trois ans en freelance (:NO MASTA Prod:). Il s'est spécialisé au départ dans la réalisation de flyers, affiches et couvertures pour différents labels indépendant et organisateurs de soirées. Il a plus récemment élargi sa clientèle au monde de la presse. Il travaille également pour Wagram Music sur la création de coffrets CD… Son travail est influencé par la vie urbaine, la culture underground et le vintage design. Il aime jouer avec les photos, les textures et les formes vectorielles pour ensuite mixer le tout dans un ensemble dynamique et coloré. Il en résulte un monde surréaliste et fou, aux paysages urbains déjantés où des hommes à têtes d'écran, côtoient de somptueuses créatures… www.nomastaprod.com

Couleurs suite

Vous pouvez aller plus loin en mémorisant ces couleurs dans le panneau du même nom où vous retrouvez les icônes de premier plan et d'arrière-plan ainsi que des curseurs pour modifier les couleurs. Le menu déroulant contient des options pour changer ces curseurs, avec les mêmes options que le Sélecteur (CMJN, RVB, etc.).

Pour remplir un calque (ou une sélection) de couleur, vous pouvez passer par le menu Édition> Remplir (ou utiliser le Pot de peinture), ajouter un style de calque Incrustation couleur ou encore ajouter un calque de remplissage Uni.

Enfin, le panneau Nuancier est lui aussi d'une grande aide. Il offre dans son menu déroulant un grand nombre de nuanciers prédéfinis, parfaits pour obtenir rapidement des couleurs en accord. Vous pouvez les personnaliser : supprimer des couleurs avec la touche Alt+clic, en ajouter d'un clic dans le nuancier, les mémoriser par le menu déroulant et les échanger.

SWIRLGIRL

Créez un effet d'onde énergétique colorée.

Utilisez l'énergie de la couleur pour créer cet effet incroyable sous Photoshop. Grâce à cet exercice, vous apprendrez à maîtriser des outils comme la Plume, le Pinceau ou encore les styles de calque.

SUR LE CD : Vous trouverez sur les CD le fichier PSD final avec tous les calques pour suivre ce tutoriel. Vous trouverez les formes de pinceaux sur : http://demosthenesvoice.deviantart.com/art/Star-Brushes-97311837

01 CRÉER UN NOUVEAU DOCUMENT

Ouvrez Photoshop. Commencez par vérifier que la couleur d'arrière-plan est bien le noir. Allez dans le menu Fichier> Nouveau pour créer un nouveau document. Remplissez les valeurs comme suit : Nom : SwirlGirl, Largeur : 1600 px, Hauteur : 1200 px, Contenu de l'arrière-plan : Couleur d'arrière-plan. Une nouvelle image s'ouvre. Pour éviter de mauvaises surprises, enregistrez votre document dès à présent au format PSD.

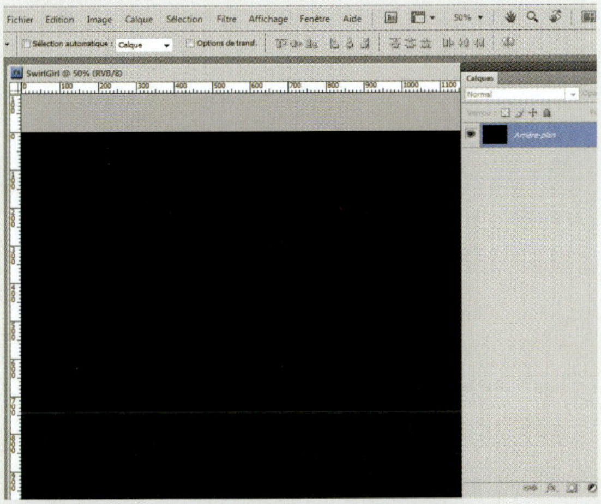

02 IMPORTER LE PERSONNAGE

Vous allez maintenant importer le personnage sur votre image en faisant Fichier> Importer. Explorez les dossiers du CD pour trouver les fichiers correspondant à cet exercice. Double-cliquez sur photo1.psd. Vous remarquez que la photo est automatiquement importée sur votre image et que sa largeur est adaptée à votre document, aucune modification n'est donc à apporter puisque la photo source est déjà recadrée pour s'adapter parfaitement à l'image de cet exercice. Cliquez simplement sur Entrée pour valider l'import, puis renommez le calque “Personnage”.

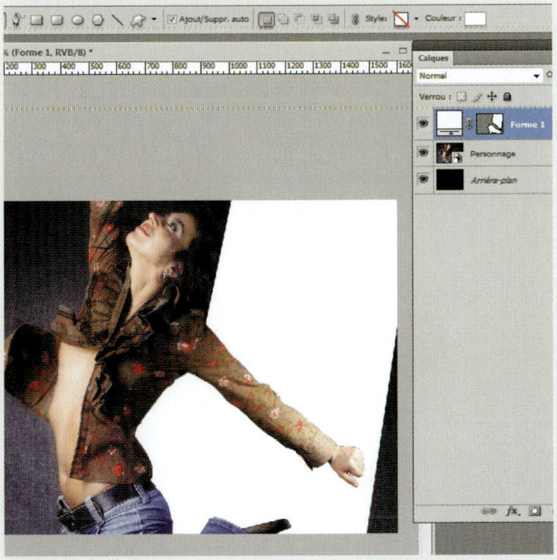

03 DÉTOURER LE PERSONNAGE 1/3

Pour créer plus facilement les fils d'énergie dans les prochaines étapes, il est important de faire une copie de la photo dont le personnage est détouré. Vous remarquerez que le personnage coupe la photo en deux. Pour faire le détourage, il vous suffit alors de créer une zone grâce à la Plume au-dessus de la première zone à droite puis au-dessus de celle à gauche. Pour cela, modifiez la couleur de premier plan par du blanc, sélectionnez l'outil Plume (P) puis zoomez sur la partie droite. Créez des points d'ancrage pour suivre la chemise, puis le pantalon, le pied, etc. Fermez la zone par le haut. Remarque : ne vous souciez pas à détourer la zone des cheveux, passez rapidement par-dessus.

Outil Plume

Lorsque vous utilisez l'outil Plume (P), faites attention à l'état de sa configuration. Les trois icônes en haut de votre écran : Calques de forme, Tracés, Pixel de remplissage, définissent le type de rendu. Sélectionnez Calques de forme pour créer automatiquement un nouveau calque contenant la silhouette détourée !

04 DÉTOURER LE PERSONNAGE 2/3

Vous pouvez remarquer dans le panneau Calques la présence d'un nouveau calque "Forme 1". Zoomez maintenant sur la partie gauche et faites la même chose pour recouvrir cette zone. Astuce : il est possible que la zone créée à la Plume se superpose elle-même lors de sa création, cela peut vous empêcher de suivre correctement le contour du personnage. Pour régler le problème, diminuez l'Opacité du calque de forme à 0 %. Une fois que vous avez terminé le tour et que la zone est fermée, appliquez de nouveau une Opacité à 100 %.

05 DÉTOURER LE PERSONNAGE 3/3

Faites un clic droit sur le calque "Photo1" puis sélectionnez Dupliquer le calque. Récupérez la sélection des deux formes blanches : cliquez une fois sur la seconde vignette du calque "Forme 1", maintenez Ctrl/Cmd enfoncée puis cliquez sur le calque "Forme 2" mais en enfonçant la touche Maj en plus de Ctrl/Cmd. Cachez les calques "Forme 1" et "Forme 2" (cliquez sur les icônes en forme d'œil dans le panneau Calques), faites un clic droit sur le calque "Photo1 copie" et sélectionnez Pixelliser le calque. Enfin, appuyez sur la touche Suppr. Pour vérifier que le détourage est réussi, cachez les calques "Photo1" et "Arrière-plan". Si le damier apparaît, le détourage est réussi.

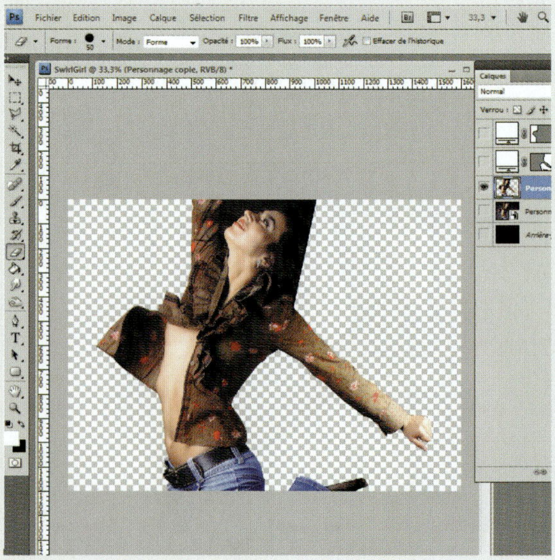

06 CRÉATION DES LIGNES 1/3

Avant de commencer à créer les lignes d'énergie, je vous invite à suivre ce petit entraînement à l'utilisation de l'outil Plume : commencez par créer un nouveau calque (Calque> Nouveau> Calque... ou Maj+Ctrl/Cmd+N), nommez-le "Test" et placez-le en tête de liste dans le panneau Calques. Modifiez la couleur de premier plan par du blanc puis faites Édition> Remplir. Sélectionnez l'outil Pinceau puis modifiez la forme par un Rond net, la Taille à 9 pixels, l'Opacité à 100 % et la couleur de premier plan à noir. Pour vérifier que votre pinceau est bien configuré, faites quelques traits sur votre image.

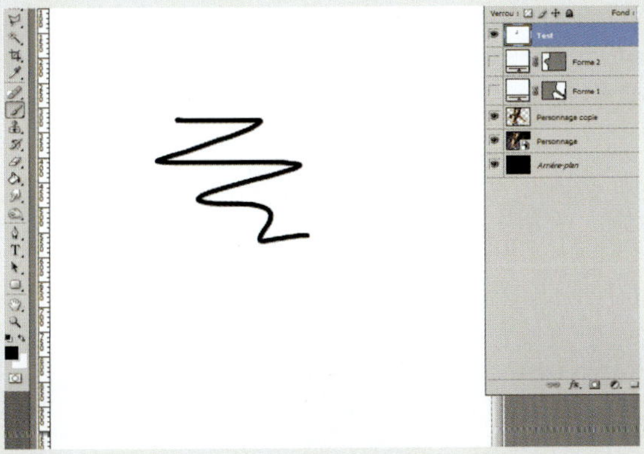

07 CRÉATION DES LIGNES 2/3

Vous allez maintenant essayer de créer une première ligne d'énergie. Faites Ctrl/Cmd+Z pour annuler les essais du Pinceau puis prenez la Plume (P). Cliquez sur l'icône Tracés en haut de votre interface puis, sur votre image, créez un premier point d'ancrage, puis un second un peu plus bas sur la droite en étirant avant de lâcher la souris. Enfin, refaites cela un peu plus bas sur la gauche en étirant, puis un plus bas sur la droite toujours en étirant. Le but est de créer des courbes. Vous pouvez également annuler un point d'ancrage en faisant Ctrl/Cmd+Z, ou Ctrl/Cmd+Maj+Z pour en annuler plusieurs, et recommencer.

08 CRÉATION DES LIGNES 3/3

Une fois que le tracé vous semble correct, faites un clic droit sur votre image, sélectionnez Contour du tracé. Cochez la case Simuler la pression puis cliquez sur OK. Vous remarquez alors que votre tracé se transforme en une jolie ligne courbée. Faites de nouveau un clic droit sur l'image et, cette fois, sélectionnez Supprimer le tracé. Entraînez-vous à faire plusieurs lignes, essayez de créer de belles courbes car c'est cette technique que vous utiliserez plus tard pour créer les lignes énergétiques qui vont s'enrouler autour du personnage de la photo.

09 LIGNE D'ÉNERGIE 1/2

C'est avec cette étape que commence la création des lignes d'énergie sur la photo. Pour cela, supprimez le calque de test (clic droit sur le calque puis sélectionnez Supprimer le calque). Ensuite, sélectionnez le calque "Photo1 copie" puis modifiez la taille de votre Pinceau (B) à 5 pixels. Créez un nouveau calque et appelez-le "Ligne 1". Sélectionnez la Plume (P) et créez une ligne au-dessus du bras (partie droite de votre image, utilisez l'outil Zoom si vous avez besoin d'une vue rapprochée). Ensuite, faites un clic droit sur l'image et sélectionnez Contour du tracé, puis appuyez sur Entrée deux fois pour valider définitivement la courbe.

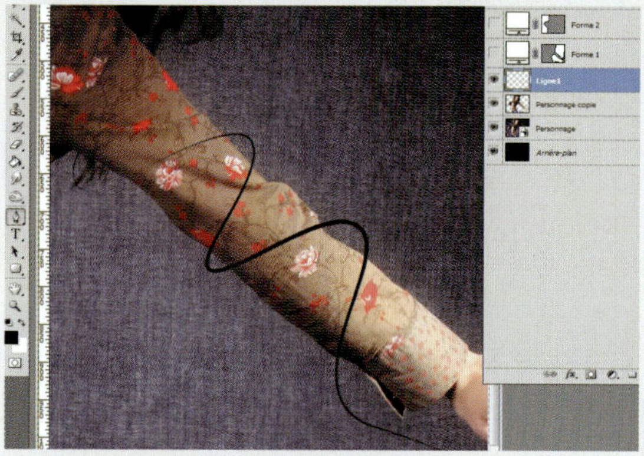

10 LIGNE D'ÉNERGIE 2/2

La ligne est créée mais l'effet n'est pas très probant, vous allez maintenant supprimer les parties qui devraient se situer normalement derrière le bras. Pour ce faire, récupérez la sélection du calque "Forme 1" (en faisant Ctrl+clic sur la seconde vignette du calque) puis allez dans le menu Sélection> Intervertir. Enfin, allez dans le menu Calque> Masque de fusion> Tout faire apparaître, modifiez la couleur de premier plan par le noir puis sélectionnez l'outil Pinceau (B) et peignez en noir sur la sélection pour faire disparaître les courbes une fois sur deux. Vous voyez que la courbe donne maintenant l'illusion de s'enrouler autour du bras du personnage.

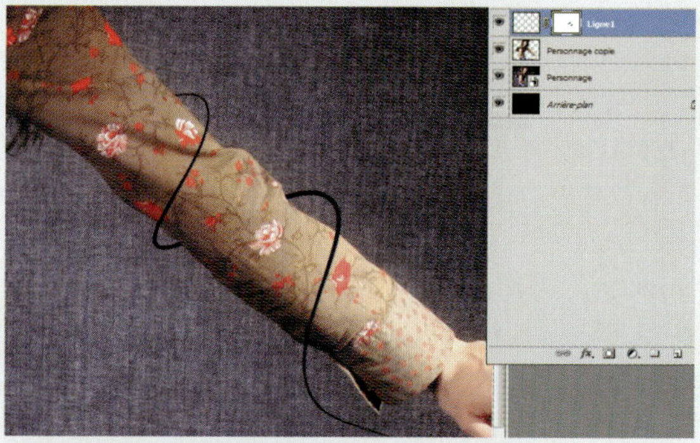

11 AJOUTER DU STYLE

Pour créer un effet d'énergie sur la courbe, il faut simplement ajouter trois styles de calque. Pour cela, vérifiez que le calque "Ligne 1" est bien sélectionné puis faites Calque> Style de calque> Lueur externe et configurez les options : Mode de fusion : Superposition, Couleur : Bleu #7EE3D7, Taille : 20 px. Cliquez ensuite sur Lueur interne (à gauche) et configurez ainsi : Mode de fusion : Normal, Couleur : Blanc, Maigri : 5 px, Taille : 4 px. Enfin, cliquez sur Incrustation couleur et modifiez la couleur par du bleu #81E1D0. Pour valider les styles, cliquez sur le bouton OK.

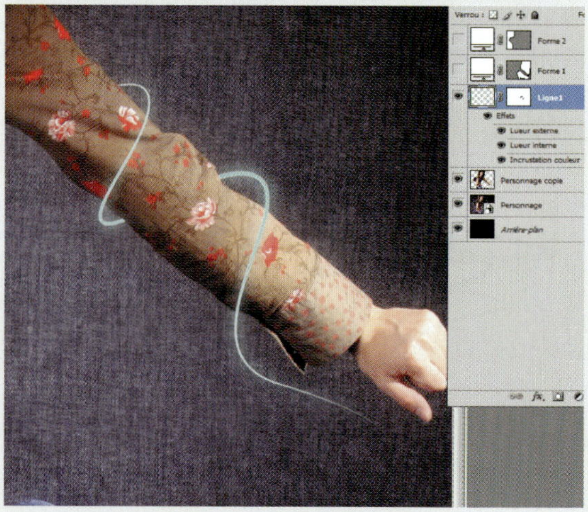

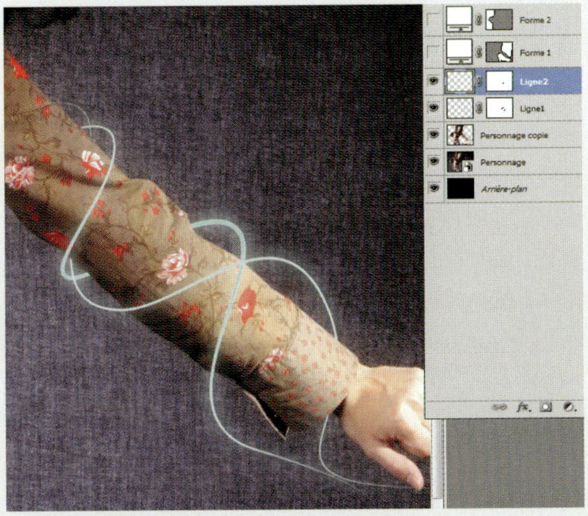

12 CRÉER UNE AUTRE COURBE

Pour créer une deuxième ligne d'énergie, vous comprenez certainement qu'il faudra répéter à chaque fois les étapes 9, 10 et 11. Donc création du tracé grâce à l'outil Plume (P), puis création d'un nouveau calque, clic droit avec la souris, Contour du tracé, suppression du tracé en appuyant sur Entrée. Pour terminer, copiez/collez les styles de calque (clic droit sur le calque "Ligne 1" puis sélectionnez Copier le style de calque, faites clic droit sur le nouveau calque et sélectionnez Coller le style de calque). Utilisez cette technique pour créer deux ou trois courbes d'énergie supplémentaires.

13 LUEUR DE CROISEMENT

Afin d'accentuer l'effet d'énergie, à chaque fois que deux lignes se croisent, vous allez créer une étincelle de lumière. Pour cela, créez un nouveau calque, nommez-le "Lueurs" et placez-le au-dessus des lignes. Sélectionnez l'outil Pinceau (B) puis choisissez une forme ronde et douce, une Taille de 30 pixels, une Opacité à 20 % et #DDFFF9 comme couleur de premier plan. Utilisez le Zoom (Z) pour vous approcher d'un croisement puis, avec le pinceau, cliquez deux fois sur l'image. Réduisez ensuite la taille du pinceau de moitié et cliquez de nouveau deux fois sur l'image au niveau du croisement.

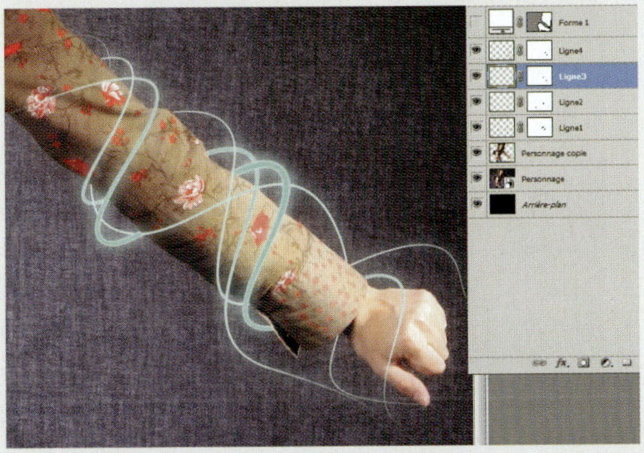

14 AUTRES LUEURS

Répétez l'opération pour les autres croisements. Lorsque la ligne est plus épaisse, agrandissez la taille du pinceau. Lorsqu'elle est plus fine, diminuez-la. Vous n'êtes pas obligé de créer une lueur sur chaque croisement, à vous de voir là où l'effet est le plus intéressant. Pour terminer, vous allez ranger tous les calques correspondant à ces premières lignes dans un nouveau groupe. Faites Calque> Nouveau> Groupe (nommez-le "Lignes bras droit") puis faites un glisser-déposer des calques : "Lignes" (tous les calques lignes) et "Lueurs".

15 PETITES LIGNES BLEUES

En plus des lignes d'énergie, vous allez créer sur leurs côtés de plus petites lignes qui donneront un effet de mouvement et de vibration. Sélectionnez l'outil Pinceau (B) puis prenez une forme ronde et nette, une Taille de 3 pixels et une Opacité de 100 %. Créez un nouveau calque, nommez-le "Petites lignes" puis placez-le en bas dans le dossier "Lignes bras droit". Sélectionnez ensuite l'outil Plume et créez un nouveau tracé suivant l'une des lignes d'énergie. Modifiez la couleur de premier plan par du bleu #53C4FF. Faites un clic droit sur l'image et sélectionnez Contour du tracé. Vous voyez qu'une toute petite ligne a été créée. Appuyez une fois sur Entrée pour supprimer le tracé.

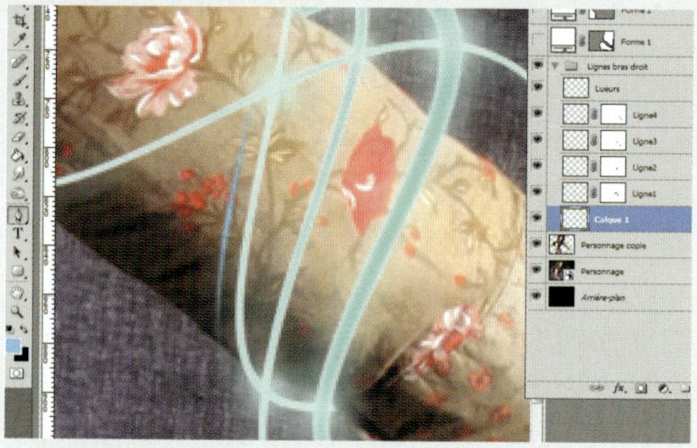

16 PETITES LIGNES ROSES

Toujours sur le même calque, continuez de créer d'autres courbes. Faites attention à bien suivre les lignes d'énergie pour créer votre petite ligne bleue. Vous pouvez, si vous le souhaitez, jouer sur la taille de l'outil Pinceau pour faire varier celle de vos lignes. Plus la taille du Pinceau sera grosse, plus les lignes créées avec la Plume seront épaisses, et vice versa. Pour terminer, changez la couleur de premier plan par du rose #FD0CFD et créez, en utilisant la même technique, des lignes roses. Faites varier franchement les tailles du Pinceau pour créer des lignes roses plus ou moins épaisses.

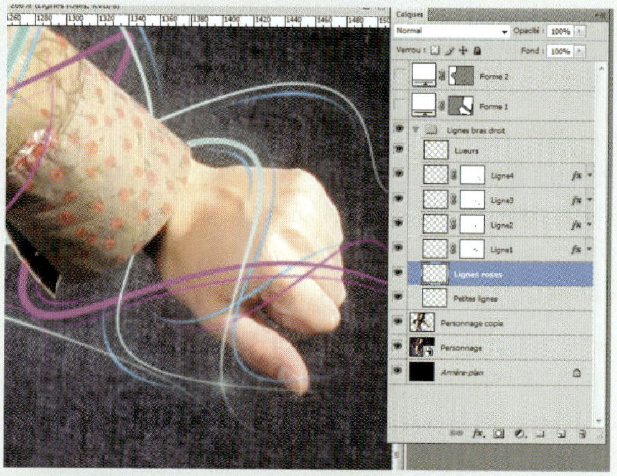

17 AUTRE BRAS

Maintenant que vous avez compris la technique pour créer les courbes, répétez-la pour créer des courbes énergétiques, puis des courbes colorées, et enfin de fines courbes bleues et roses sur le second bras. Commencez par créer un nouveau groupe dans lequel vous placerez tous les calques correspondant au second bras. Faites Calque> Nouveau> Groupe, nommez ce groupe "Lignes bras gauche", créez un nouveau calque, sélectionnez et configurez l'outil Pinceau, puis créez la courbe avec la Plume (P)... Référez-vous aux étapes précédentes pour la manipulation complète.

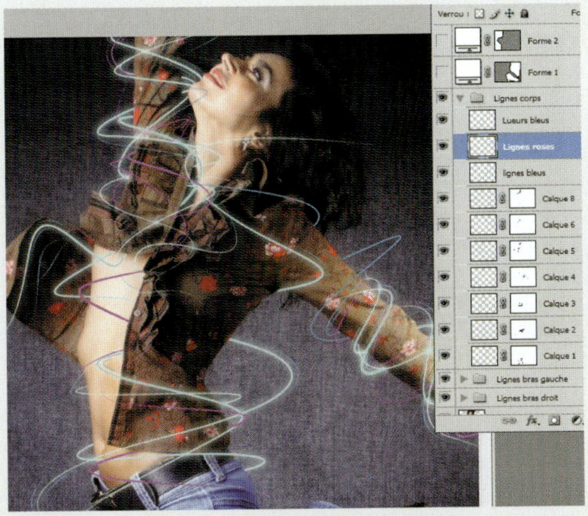

18 SUR LE CORPS

Pour en terminer avec les lignes, créez de nouvelles courbes sortant de la chemise (sur la partie haute) et entourant la taille du personnage pour enfin disparaître vers le bas. Utilisez de nouveau la technique de la Plume (P) pour créer ces lignes. Regroupez ensuite tous les calques correspondant à ces nouvelles courbes dans un dossier que vous nommerez "Lignes corps". Appuyez sur les touches Ctrl/Cmd+S pour enregistrer votre travail, n'oubliez pas de faire cela toutes les cinq ou dix minutes pour toujours garder une sauvegarde en cas de panne informatique ou électrique !

19 CRÉER DES ÉTINCELLES 1/2

Pour accentuer l'effet d'énergie, des lueurs ont déjà été créées au-dessus de chaque croisement de lignes d'énergie. Dans cette étape, pour continuer sur cette idée, vous allez créer des étincelles de lumière. Commencez par créer un nouveau calque, nommez-le "Étincelles" puis placez-le au-dessus des dossiers contenant les lignes. Sélectionnez l'outil Pinceau (B) puis ouvrez le sélecteur de formes. Cliquez sur la flèche en haut à droite du sélecteur puis sur Charger des formes. Explorez maintenant les liens sur le CD pour télécharger les fichiers correspondant à cet exercice et double-cliquez sur le fichier Star_Brushes_by_DemosthenesVoice.abr.

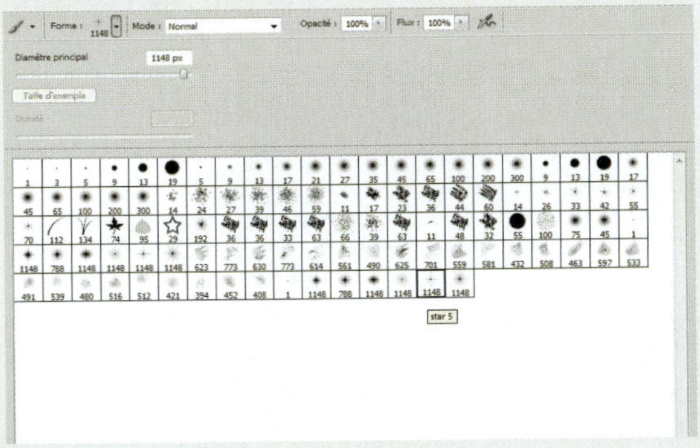

20 CRÉER DES ÉTINCELLES 2/2

De nouvelles formes sont maintenant chargées. Retournez dans le sélecteur des formes puis choisissez la forme "star 5". Utilisez l'outil Zoom pour vous rapprocher d'une première lueur (sur un croisement de lignes), modifiez la taille de votre Pinceau à 80 pixels (à faire varier selon la taille des lignes) et la couleur de premier plan par #CDF2EC. Cliquez sur le croisement pour créer votre première étincelle. Appuyez sur la barre d'espace puis, avec la souris, déplacez-vous sur votre image pour rechercher un autre croisement et créer systématiquement une étincelle par-dessus.

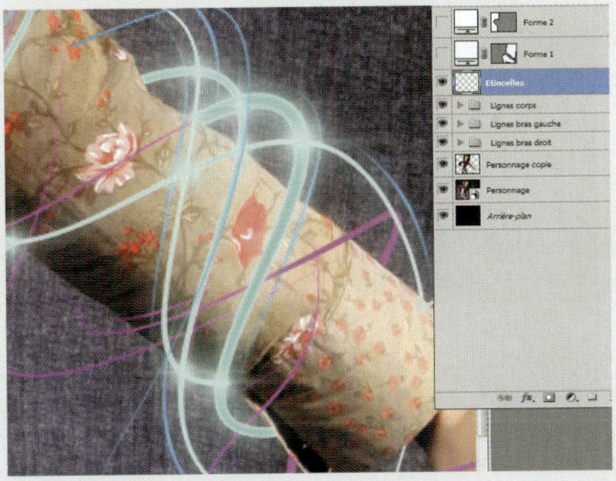

21 CRÉER DES RAYONS 1/2

Vous touchez presque au but, il ne reste plus qu'à ajouter quelques effets de lumière pour terminer l'exercice. Le premier effet est la création de rayons passant sous le chemisier. Pour cela, il faut créer une forme simple puis la diluer avec un filtre d'atténuation. Créez un nouveau calque, nommez-le "Rayons" et placez-le au-dessus du calque "Personnage copie". Sélectionnez l'outil Pinceau (B), prenez une forme ronde et nette, une Taille de 30 pixels et #CDF2EC comme couleur de premier plan. Vérifiez que vous êtes bien sur le calque "Rayons" puis dessinez une forme comme sur notre exemple.

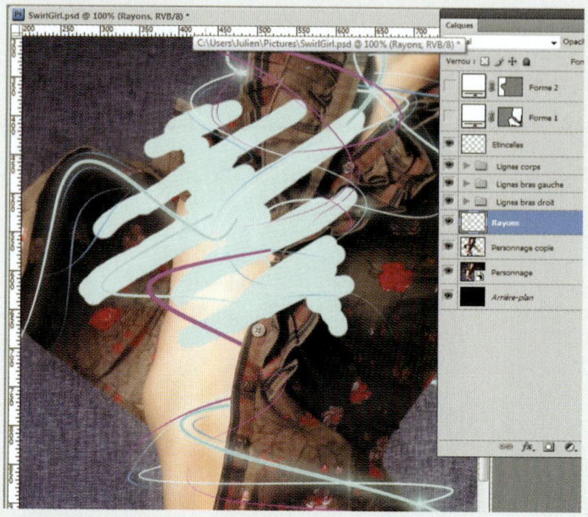

22 CRÉER DES RAYONS 2/2

Pour diluer la forme bleutée, il faut simplement utiliser un filtre d'atténuation. Pour cela, faites Filtre> Atténuation> Flou directionnel et configurez ainsi : Angle : 35°, Distance : 440 px. Cliquez sur OK pour valider. Sélectionnez l'outil Déplacement puis placez les rayons au-dessus de l'ouverture du chemisier. Faites Calque> Masque de fusion> Tout faire apparaître. Enfin, sélectionnez l'outil Pinceau, modifiez la couleur de premier plan par du noir puis peignez au-dessus du chemisier (sur le masque de fusion). Vous voyez que les rayons se situant au-dessus du tissu disparaissent !

23 PROJECTEUR

Vous allez maintenant modifier l'arrière-plan pour l'atténuer et le centrer derrière le personnage. Cliquez sur le calque "Personnage" puis faites Calque> Masque de fusion> Tout cacher. Le fond a maintenant totalement disparu. Cliquez sur la vignette du masque de fusion, puis sélectionnez l'outil Pinceau (B). Prenez une forme ronde et douce, d'une taille de 1400 pixels, de couleur noire. Placez ensuite la souris pour que la forme du pinceau soit juste au-dessus du personnage puis cliquez deux fois. Ces deux clics devraient permettre d'afficher progressivement le fond et de créer un effet de projecteur.

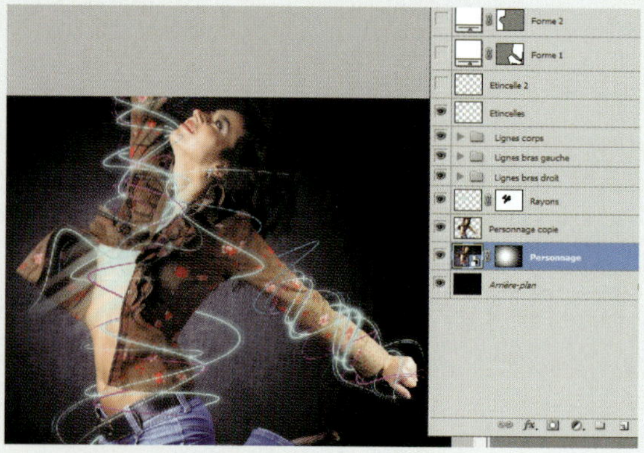

Fichier .PSD

Bien que certaines extensions permettent de garder la trace de vos calques .PNG, ou .TIFF, je vous conseille de toujours faire un enregistrement en .PSD pour pouvoir travailler ultérieurement sur votre composition graphique. Pour afficher sur Internet, je vous conseille par contre le .JPG ou le .PNG.

24 BOUCLE D'OREILLE

Vous allez ajouter une ou deux étincelles à la boucle d'oreille visible. Commencez par créer un nouveau calque, nommez-le "Étincelle 2" et placez-le au-dessus du calque "Étincelle". Sélectionnez l'outil Pinceau (B) et créez une lueur au-dessus de la boucle d'oreille (revoir l'étape 13 pour créer des lueurs). Utilisez la forme "star 5" pour créer une très grande ou plusieurs petites étincelles par-dessus la boucle d'oreille.

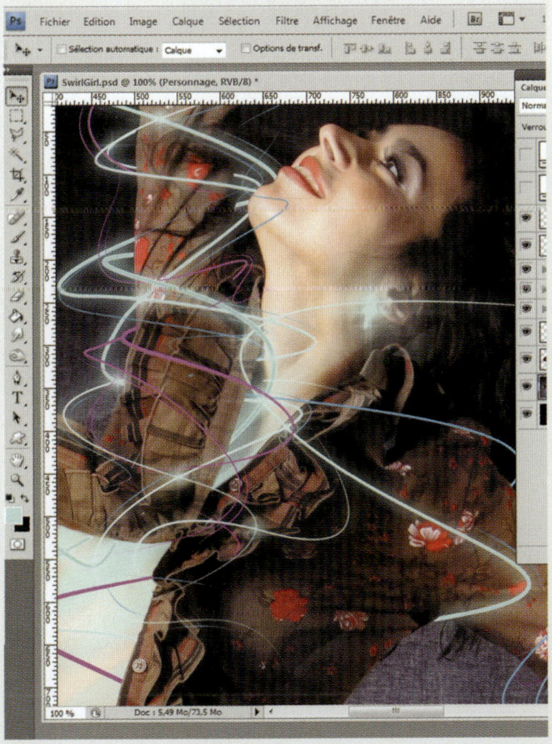

25 RÉGLAGES

Pour terminer l'exercice, vous allez simplement régler les contrastes. Pour cela, cliquez sur le calque "Personnage copie" puis faites Calque> Nouveau calque de réglages> Niveaux. Cochez la case Créer un masque d'écrêtage. Une petite fenêtre de réglage apparaît. Identifiez le menu déroulant en haut puis sélectionnez Augmenter le contraste 2. Fermez la fenêtre. Pour terminer l'exercice, appuyez sur Ctrl/Cmd+S pour enregistrer puis sur Ctrl/Cmd+Maj+S pour enregistrer une copie de votre image au format JPG (essentiel pour un export vers Internet).

2009–LA GRANDE OMBRE
THIS MEANS WAR

Les formats

Nous ne vous parlerons pratiquement dans ce manuel que du PSD, du TIFF et du JPEG. Ce sont les principaux formats à connaître pour commencer. Le PSD et le TIFF ont la particularité de conserver les calques, ainsi que les couches et les tracés. Le JPEG peut être plus ou moins compressé, ce qui le rend parfait pour les échanges et le Web.

Parmi les autres formats importants, vous trouverez le GIF, également pour le Web, permettant la transparence et l'animation, mais avec un nombre de couleurs restreint. Le PNG, pour le Web aussi, alliant l'avantage du nombre de couleurs du JPEG avec la transparence du GIF. L'EPS et le PDF sont plutôt réservés à l'impression.

Pour enregistrer votre fichier, nous vous conseillons toujours de garder une copie en PSD avec les calques (en cas de besoin de modifications), puis de créer une version en JPEG pour votre portfolio en ligne par exemple et vos échanges avec vos clients. À moins que votre contrat ne stipule le contraire, n'envoyez pas les versions avec calques aux clients, préférez une version TIFF avec les calques aplatis, autant pour des raisons de droit que pour éviter des problèmes, par exemple si le destinataire n'a pas les polices utilisées dans votre document.

L'ARTISTE

Eric Massaro

Eric Massaro habite en Bretagne et travaille pour une centrale d'achats de la grande distribution. Passionné de Photoshop, il a voulu partager cette technique avec vous. Depuis peu autoentrepreneur, il travaille en ce moment à la réalisation d'une pochette de CD pour un groupe américain connu.

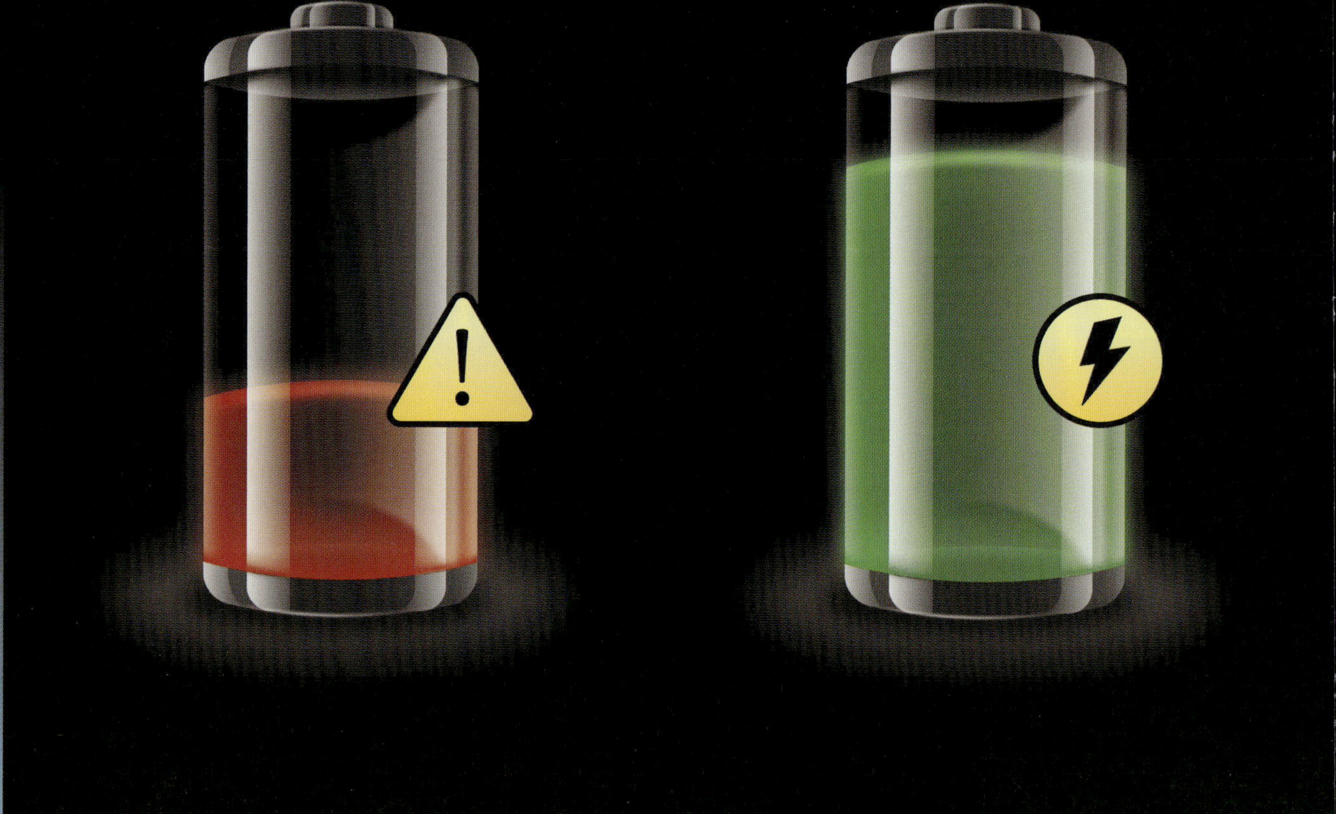

PILE GLOSSY

Créez une icône pile électrique black glossy.

Ne soyez plus jamais en manque de batterie avec ce tutoriel : créez deux icônes glossy. Vous apprendrez notamment à créer un effet de verre et un effet de métal grâce au reflet, un panneau de signalisation, un effet de liquide, etc. Pour cela, nous utiliserons principalement les Dégradés, les formes vectorielles et de nombreux calques.

SUR LE CD : Vous trouverez sur les CD le fichier final au format .PSD avec les calques.

« Pour éviter de mauvaises surprises, enregistrez votre document dès à présent au format PSD. »

01 CRÉATION DE VOTRE IMAGE

Ouvrez Photoshop. Commencez par vérifier que la couleur d'arrière-plan est bien le noir. Allez dans le menu Fichier> Nouveau pour créer un nouveau document. Remplissez les valeurs comme suit : Nom : Pile électrique, Largeur : 1200 px, Hauteur : 1600 px, Contenu de l'arrière-plan : Couleur d'arrière-plan. Une nouvelle image s'ouvre. Pour éviter de mauvaises surprises, enregistrez votre document dès à présent au format PSD en allant dans le menu Fichier> Enregistrer sous, ou appuyez sur les touches Ctrl/Cmd+S.

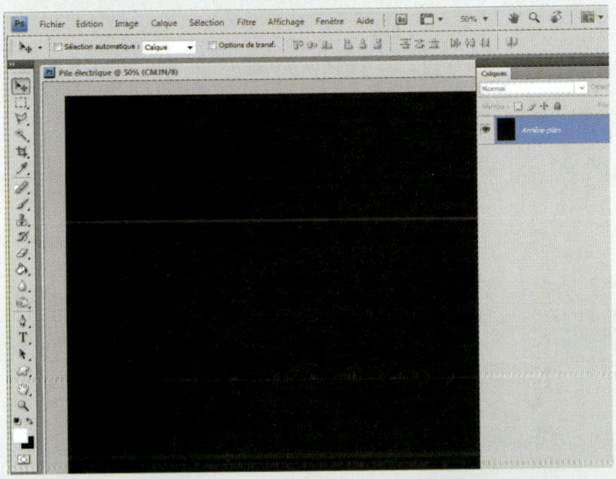

02 AFFICHER LES RÈGLES 1/2

Affichez les règles par le menu Affichage> Règles (ou Ctrl/Cmd+R). Vous constatez l'apparition des règles sur le haut et le côté gauche de votre document. Cliquez ensuite sur la règle de gauche puis faites glisser votre souris sur votre image. Un repère est ainsi créé (essayez de créer ce premier repère à 300 pixels sur l'axe horizontal). Le repère se représente sous Photoshop par une ligne cyan. Créez ensuite un autre repère vertical (celui-ci devra passer à 750 pixels sur l'axe horizontal).

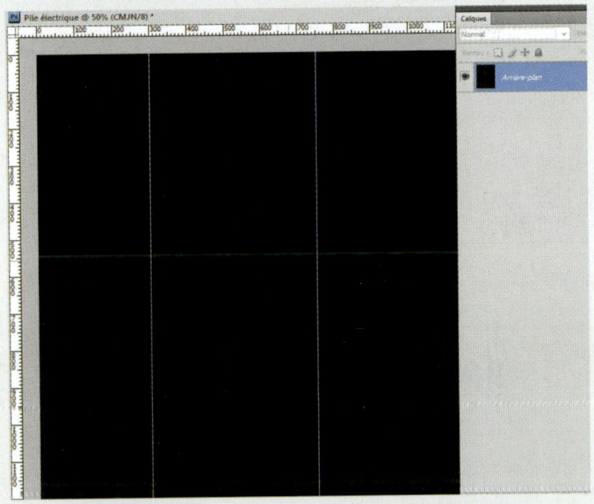

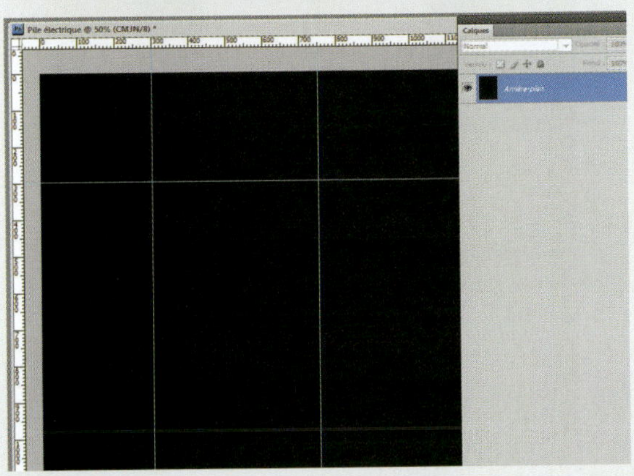

03 CRÉER DES REPÈRES

Vous avez pour le moment deux repères verticaux, vous allez maintenant créer les repères horizontaux. Cliquez sur la règle du haut puis faites descendre votre souris sur votre image. Faites passer ce premier repère sur le pixel 300. Créez ensuite un second repère sur le pixel 1200. Les repères ainsi créés forment une sorte de rectangle. Vous allez maintenant activer le magnétisme des repères (pour vous aider à créer l'icône) dans le menu Affichage> Magnétisme (Ctrl/Cmd+Maj+:).

Règles

Pour créer les repères sous Photoshop, il est primordial d'avoir les règles affichées. Pour les afficher, allez dans le menu Affichage > Règles ou plus simplement Ctrl/Cmd+R !

04 CRÉER LA BASE DE L'ICÔNE

Pour commencer à créer l'icône, vous avez besoin d'une base sur laquelle ajouter les styles. Sélectionnez donc l'outil Rectangle arrondi (U) puis, dans la barre d'options, modifiez le rayon à 40 pixels. Sélectionnez du blanc puis créez un rectangle suivant les repères. Prenez l'outil Déplacement (V) et appuyez sur les touches Maj+flèche directionnelle en haut. Répétez cela quatre fois (cette manipulation permet de déplacer le rectangle de 40 pixels vers le haut). Créez un repère sur le côté haut du rectangle. Faites la même chose pour créer un repère à 40 pixels au-dessus et un autre en bas du rectangle lui aussi à 40 pixels.

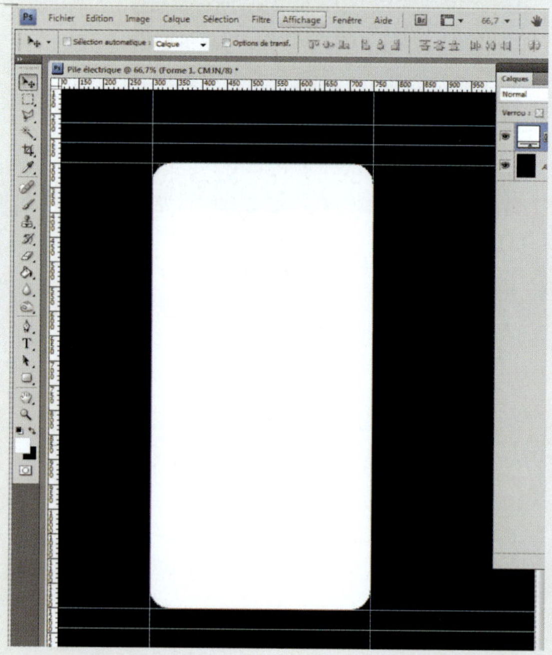

05 MODIFIER LA BASE DE L'ICÔNE

Pour donner un effet 3D et donc de perspective à la base de votre icône, il faut la modifier. Faites Édition> Transformation du tracé> Déformation puis identifiez les deux petits points de transformation en haut de votre forme. Cliquez sur le premier avec la souris et faites-le remonter vers le premier repère. Faites la même chose avec le second. Regardez ensuite sur la partie basse, identifiez deux autres points et faites glisser le premier point vers le repère en dessous. Faites la même chose pour le second. Une fois votre modification terminée, appuyez sur Entrée. Cette déformation donne un effet bombé sur la partie haute ainsi que sur la partie basse.

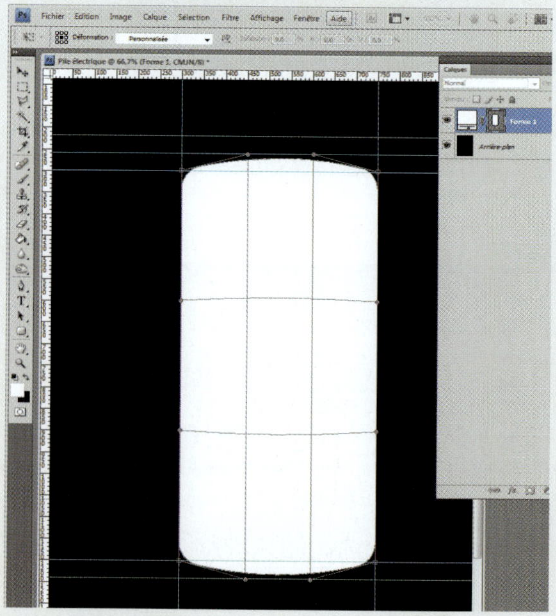

06 CRÉER LA CAPSULE 1/3

Avant de créer les capsules du haut et du bas, vous devez d'abord créer des formes ovales qui vous permettront de créer ces capsules et qui vous aideront durant tout cet exercice à créer des dégradés ou autres reflets. Faites donc bien attention à la création de ces ovales. Sélectionnez l'outil Ellipse (U) puis créez une première ellipse. Placez-la à environ 30 pixels en dessous du repère du haut. Faites un clic droit sur le calque de l'ovale puis sélectionnez Dupliquer le calque. Placez ce second ovale à 30 pixels au-dessus du repère du bas. Pour terminer, changez la couleur de ces deux ovales en rouge.

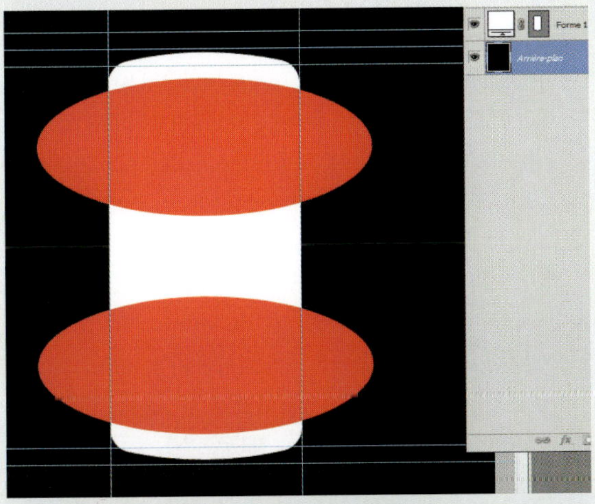

07 CRÉER LA CAPSULE 2/3

Cliquez sur le calque "Forme 1" (correspondant à la base de l'icône) et sur Dupliquer le calque. Faites Calque> Masque de fusion> Tout faire apparaître. Ensuite, cachez les calques : "Forme 1", "Forme 2" et "Forme 2 copie". Récupérez la sélection du premier ovale, cliquez sur la seconde vignette du calque "Forme 2" en appuyant sur la touche Ctrl/Cmd, puis cliquez sur la seconde vignette du calque "Forme 2 copie" en appuyant sur la touche Ctrl/Cmd+Maj. Une fois que la sélection est faite sur les deux ovales, remplissez le masque de fusion du calque "Forme 1 copie" de noir.

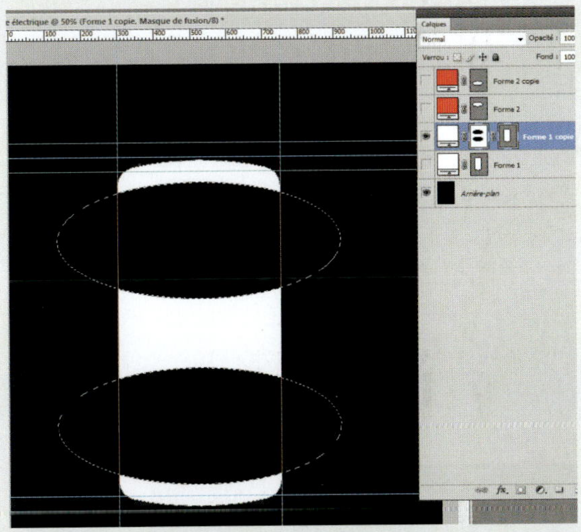

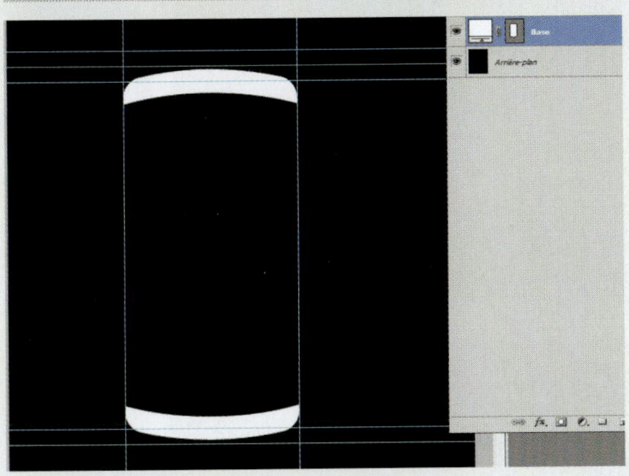

08 CRÉER LA CAPSULE 3/3

Faites Ctrl/Cmd+D, sélectionnez l'outil Pinceau, modifiez la forme en Rond net puis la taille à 150 pixels et peignez sur la partie blanche au centre (toujours sur le masque de fusion). Affichez de nouveau le calque "Forme 1" et renommez-le "Base", puis renommez le calque "Forme 1 copie" en "Capsules". Créez un nouveau dossier nommé "Archives" et placez-y les deux calques "Forme 2" et "Forme 2 copie". Cliquez sur le calque "Base" puis réduisez l'opacité du fond à 0 %.

09 PREMIER REFLET 1/2

Une grosse partie de cet exercice réside dans la création des innombrables reflets, c'est pourquoi les explications des premiers seront très détaillées, alors faites attention à bien les réaliser ! Vous allez créer un premier reflet sur la gauche de l'icône. Masquez les repères en appuyant sur les touches Ctrl/Cmd+;. Sélectionnez l'outil Dégradé (G), modifiez la couleur de premier plan par le blanc puis, dans le sélecteur de dégradés, choisissez le second, Premier plan vers Transparent. Enfin, créez un nouveau calque et nommez-le “Reflet 1”.

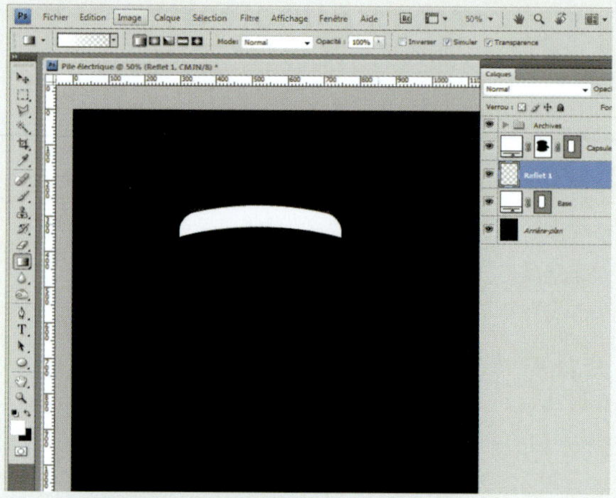

10 PREMIER REFLET 2/2

Récupérez la sélection de la base en faisant un Ctrl/Cmd+clic sur la seconde vignette du calque “Forme 1”. Utilisez l'outil Zoom (Z) pour avoir une vue rapprochée du côté gauche puis utilisez le dégradé en partant du côté gauche vers l'intérieur (lorsque vous créez votre dégradé, appuyez également sur la touche Maj pour qu'il soit parfaitement vertical). Si votre dégradé n'est pas convaincant, n'hésitez pas à faire un retour arrière pour mieux recommencer. Une fois le dégradé terminé, modifiez l'opacité du calque “Reflet 1” à 50 %.

11 SECOND REFLET

Gardez la sélection active autour de la base. Pour faire un second reflet sur la partie droite de votre icône, créez un nouveau calque nommé “Reflet 2”. Sélectionnez de nouveau l'outil Dégradé (G), modifiez la couleur de premier plan par le blanc puis, dans le sélecteur de dégradés, choisissez le second, Premier plan vers Transparent. Créez le dégradé en partant du côté droit pour aller vers la gauche. Diminuez l'opacité du calque “Reflet 2” à 50 % (retrouvez la configuration de l'opacité en haut à droite dans le panneau Calques).

12 CRÉER LE REFLET PRINCIPAL 1/3

Avant de créer le reflet principal de l'icône, changez la couleur des parties se trouvant en haut et en bas. Pour cela, cliquez sur le calque "Capsules" puis ouvrez le menu Calque> Style de calque> Incrustation couleur. Modifiez la couleur par #211F22 et validez. Pour créer le reflet, utilisez un rectangle arrondi : sélectionnez l'outil Rectangle arrondi (U) et, dans la barre d'options, modifiez le rayon à 40 pixels. Prenez du blanc, puis sur la partie gauche de l'icône créez un rectangle arrondi du haut vers le bas de la sélection (la sélection autour de la base est toujours active). Veillez à ce que le côté gauche du rectangle touche bien le haut de la sélection et que le côté bas gauche touche le bas.

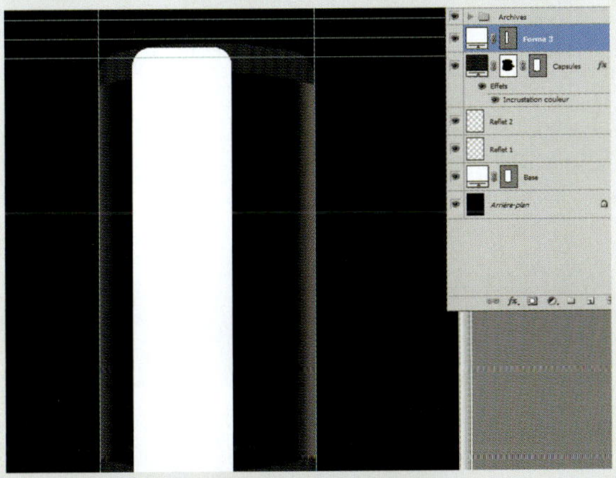

13 CRÉER LE REFLET PRINCIPAL 2/3

Désélectionnez et renommez le calque correspondant au rectangle arrondi "Reflet principal 1". Récupérez sa sélection en faisant un Ctrl/Cmd+clic sur la seconde vignette du calque. Faites Calque> Masque de fusion> Tout faire apparaître, sélectionnez l'outil Rectangle de sélection (M) et appuyez sur les touches Maj+flèche directionnelle droite. Répétez cela six fois encore (cette manipulation permet de déplacer la sélection, et seulement la sélection, de 70 pixels sur la droite), puis remplissez de noir.

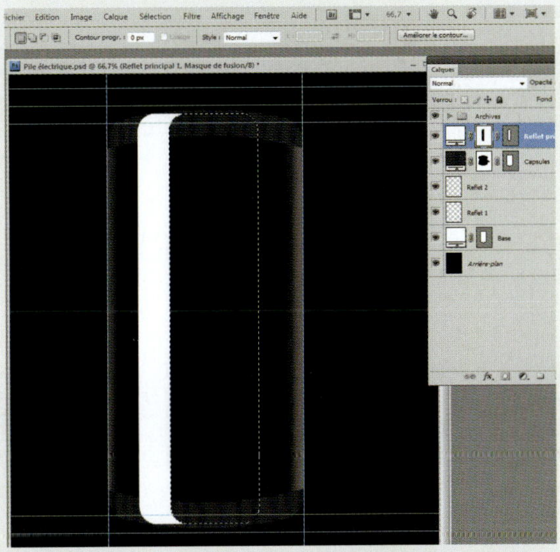

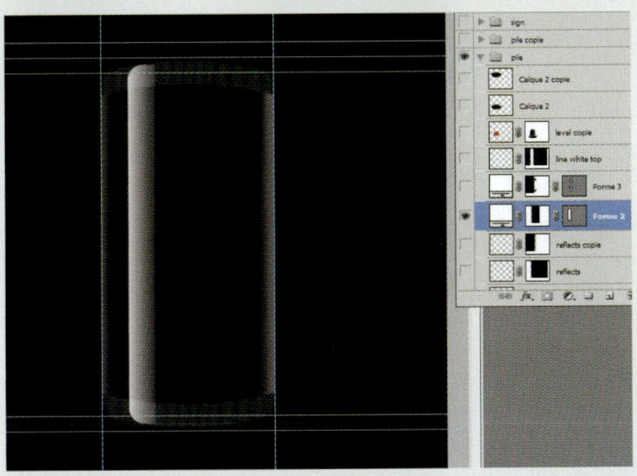

14 CRÉER LE REFLET PRINCIPAL 3/3

Pour terminer le reflet, il faut supprimer les parties gênantes en haut et en bas de la forme blanche. Pour cela, déplacez la sélection de 50 pixels vers le haut (Maj+flèche vers le haut), puis remplissez de noir. Déplacez la sélection de 100 pixels vers le bas et remplissez de nouveau. Sélectionnez l'outil Dégradé (G), choisissez le second dégradé dans le sélecteur (Premier plan vers Transparent) et créez sur le masque de fusion un dégradé partant de la droite vers la gauche.

15 CRÉER LE SECOND REFLET PRINCIPAL 1/2

Faites un clic droit sur le calque “Reflet principal 1”, sélectionnez Dupliquer le calque. Renommez la copie “Reflet principal 2”, faites un clic droit sur son masque de fusion et sélectionnez Supprimer le masque de fusion. Récupérez la sélection du calque. Déplacez cette sélection de 50 pixels sur la gauche (veillez à avoir sélectionné l’outil Rectangle de sélection pour pouvoir modifier l’emplacement de la sélection). Ajoutez un masque de fusion et remplissez de noir.

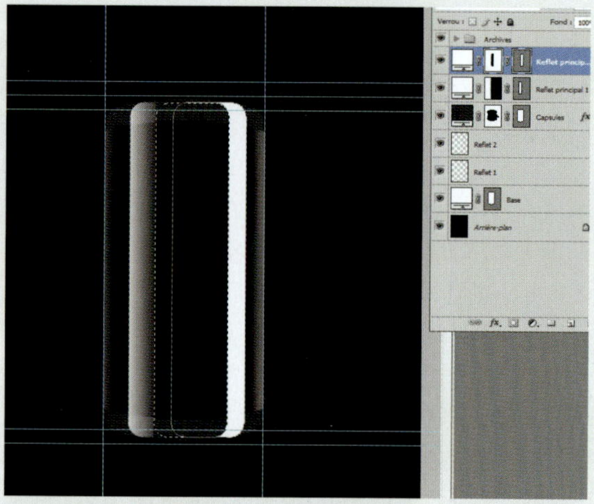

16 CRÉER LE SECOND REFLET PRINCIPAL 2/2

Appuyez sur les touches Ctrl/Cmd+D pour désélectionner. Vérifiez que la couleur de premier plan est bien le noir et sélectionnez l’outil Dégradé (G). Choisissez le second dégradé dans le sélecteur (Premier plan vers Transparent) et créez sur le masque de fusion un dégradé partant de la gauche vers la droite. Appuyez sur Ctrl/Cmd+: pour masquer provisoirement les repères. Les reflets principaux sont maintenant terminés. Vérifiez que vous avez bien les calques suivants avant de continuer l’exercice : “Reflet principal 2”, “Reflet principal 1”, “Capsules”, “Reflet 2”, “Reflet 1”, “Base”.

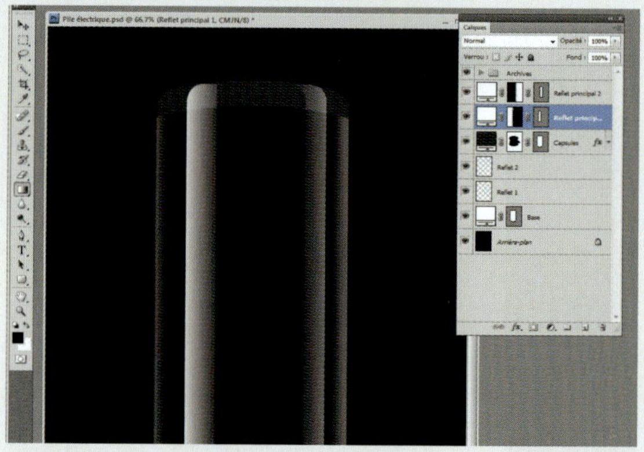

Cache-cache

Pour masquer un calque, il suffit de cliquer sur l’icône de l’œil dans le panneau des calques. Mais cela devient compliqué lorsque vous devez masquer une dizaine de calques. Pour faire plus simple, placez ces dix calques dans un groupe et appuyez une seule fois sur l’œil du groupe pour cacher automatiquement tout son contenu !

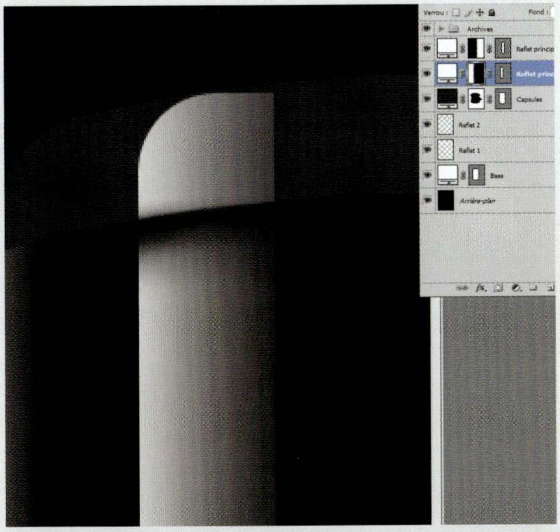

17 MODIFICATION DES REFLETS 1/2

Pour le moment, les reflets sont bien trop lisses et ne suggèrent aucun relief sur les capsules. En modifiant le masque de fusion de chacun des reflets, vous allez créer une sorte d'ombre en dessous de la capsule du haut, et une au-dessus de celle du bas. Prenez un pinceau rond et net de 7 pixels avec une opacité à 10 % et du noir. Sélectionnez le masque de fusion sur le calque "Reflet principal 1". Zoomez sur la partie haute puis, avec le Pinceau, suivez le contour de la capsule pour cacher le reflet. Enfin, modifiez la forme du pinceau par un Arrondi flou, une taille à 20 pixels et continuez à cacher le haut pour obtenir un effet adouci.

18 MODIFICATION DES REFLETS 2/2

Répétez la manipulation sur le bas puis passez ensuite sur le masque de fusion du calque "Reflet principal 2". Sélectionnez le calque "Reflet 1", sélectionnez l'outil Gomme (E), modifiez la forme en Arrondi flou, la taille à 25 pixels et l'opacité à 20 %. Utilisez la gomme pour effacer le haut et le bas du reflet. N'hésitez pas à faire varier la taille du Pinceau pour un meilleur résultat. Enfin, faites la même manipulation sur le calque "Reflet 2".

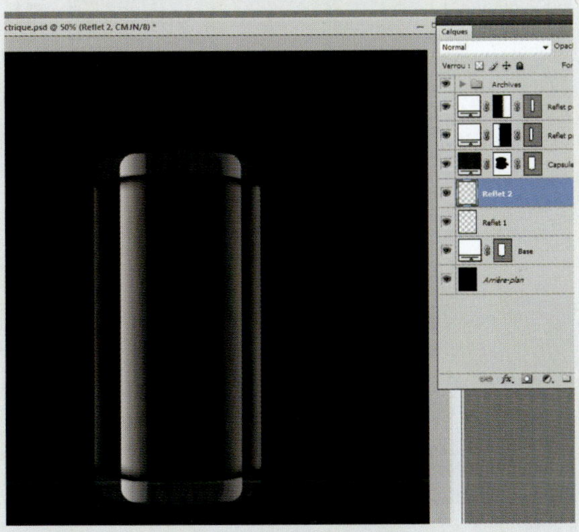

19 REFLETS SUR LES CAPSULES 1/3

Il faut que les deux petits reflets qui se trouvent sur le côté gauche et le côté droit continuent sur les capsules. Pour simuler cet effet, créez un calque, nommez-le "Reflet capsule 1" puis placez-le juste au-dessus du calque "Capsules". Récupérez la sélection autour de la base, sélectionnez le calque "Reflet capsule 1", remplissez de blanc et vous vous retrouvez alors avec un rectangle arrondi totalement blanc.

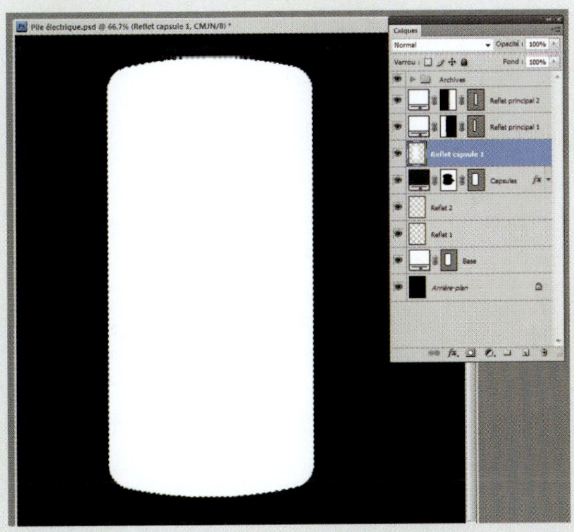

20 REFLETS SUR LES CAPSULES 2/3

Récupérez la sélection du calque “Forme 2” (dans le dossier “Archives”) puis, sur le calque “Reflet capsule 1”, appuyez sur la touche Suppr. Ensuite, faites la même chose en récupérant la sélection du calque “Forme 2 copie”. Appuyez sur Ctrl/Cmd+D pour désélectionner. Utilisez l’outil Gomme pour effacer la partie centrale et ne conserver que deux capsules blanches. Dupliquez le calque “Reflet capsule 1”, cachez le calque copie (en cliquant sur l’icône œil). Vérifiez que le calque “Reflet capsule 1” est bien sélectionné puis zoomez sur la partie en haut à gauche. Sélectionnez l’outil Ellipse de sélection, créez un rond et appuyez sur la touche Suppr.

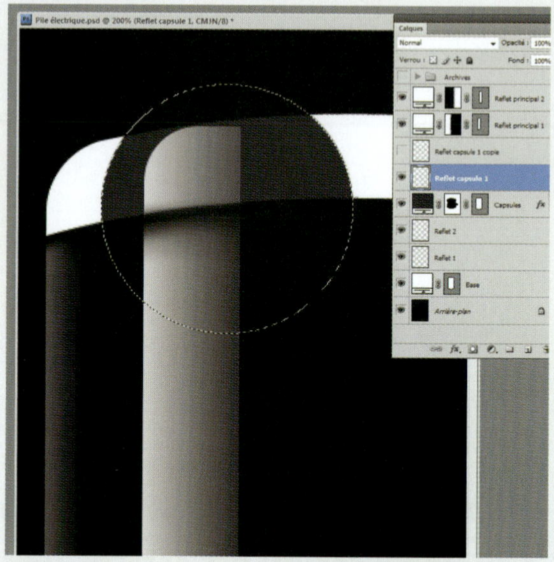

21 REFLETS SUR LES CAPSULES 3/3

Utilisez les flèches directionnelles pour faire descendre la sélection sur la partie basse, puis appuyez de nouveau sur la touche Suppr. Répétez l’opération sur la partie droite, en gardant toujours la même ellipse de sélection. Utilisez la Gomme pour faire disparaître les pixels blancs se trouvant au milieu. Ajoutez un masque de fusion et utilisez l’outil Rectangle de sélection (M) pour sélectionner la partie droite du calque “Reflet capsule 1”. Avec l’outil Dégradé (G) (Premier plan vers Transparent), modifiez la couleur de premier plan par du noir et tracez un dégradé de la droite vers la gauche. Allez dans le menu Sélection> Intervertir et occupez-vous de la partie droite en créant un dégradé de la gauche vers la droite. Désélectionnez.

« Utilisez l’outil Gomme pour effacer la partie centrale et ne conserver que deux capsules blanches. »

22 ILLUSION DE PERSPECTIVE 1/2

Ce reflet commence à donner à votre icône un effet brillant, mais pas encore en perspective. Cliquez sur le calque “Base” puis récupérez son contour de sélection. Créez un calque et appelez-le “Reflet cylindrique”. Modifiez la couleur de premier plan par du blanc et remplissez. Sélectionnez l’outil Ellipse de sélection (M) et modifiez le contour progressif à 5 pixels. Appuyez sur la touche Suppr, déplacez la sélection vers le bas puis appuyez de nouveau sur la touche Suppr.

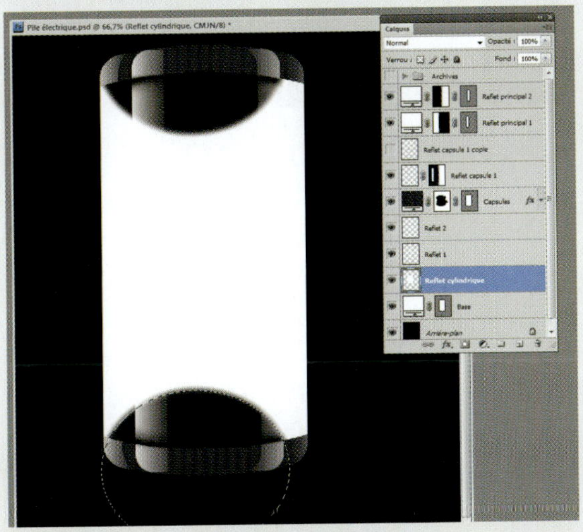

23 ILLUSION DE PERSPECTIVE 2/2

Prenez l’outil Dégradé (G) et choisissez le dégradé Premier plan vers Transparent. Modifiez la couleur de premier plan par du noir. Désélectionnez et ajoutez un masque de fusion. Sur le côté droit, créez un dégradé de la droite vers la gauche. Créez ensuite un large dégradé partant de la gauche pour aller vers la droite. Pour terminer ce reflet, sélectionnez l’outil Pinceau (B) et modifiez la forme en Arrondi flou, la taille à 20 pixels, l’opacité à 10 %, et la couleur de premier plan en noir, et peignez sur le masque de fusion pour cacher la partie haute et la partie basse de ce reflet cylindrique.

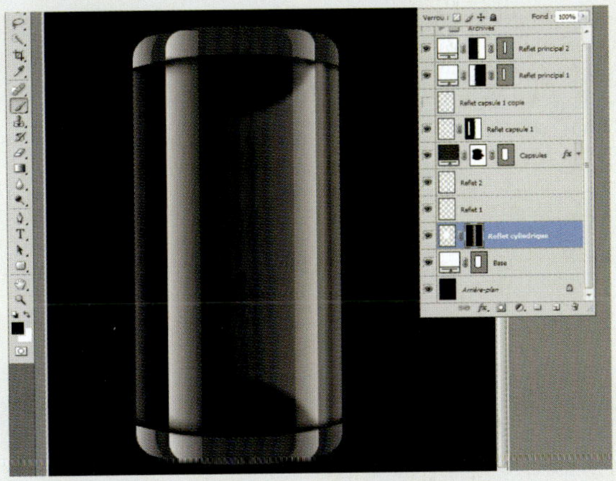

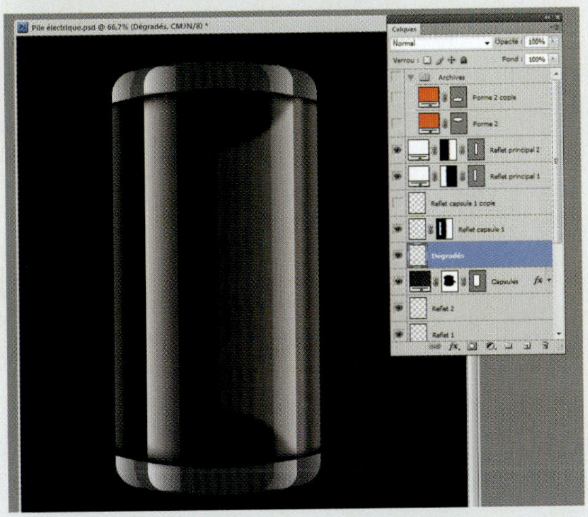

24 QUELQUES DÉGRADÉS

Pour finir l’aspect des capsules, et pour leur donner un peu de relief, vous allez créer des dégradés gris sur les côtés gauche et droit de chacune d’entre elles. Récupérez la sélection du calque “Reflet capture 1 copie” puis créez un nouveau calque. Nommez-le “Dégradés” et placez-le au-dessus du calque “Capsules”. Sélectionnez l’outil Pinceau (B) et modifiez la forme en Arrondi flou, la taille à 200 pixels, l’opacité à 50 %, la couleur de premier plan par #585859. Enfin, sur chacun des côtés, créez une lueur grise. Appuyez sur les touches Ctrl/Cmd+D pour désélectionner.

25 EFFET DE PROFONDEUR 1/2

Afin d'ajouter un effet de profondeur à l'icône, vous devez créer deux formes ovales que vous placerez derrière la base de l'icône. Commencez par créer un nouveau calque, nommez-le "Profondeur 1" et placez-le sous le calque "Base". Récupérez la sélection du calque "Forme 2" (se trouvant dans le dossier "Archives") et modifiez la couleur de premier plan par ce gris : #4B4B4B. Allez dans le menu Édition> Remplir, cliquez sur l'outil Sélection (M) et déplacez la sélection vers le haut de façon à faire toucher la sélection avec le bas de la capsule du haut. Allez dans le menu Sélection> Intervertir et appuyez sur la touche Suppr.

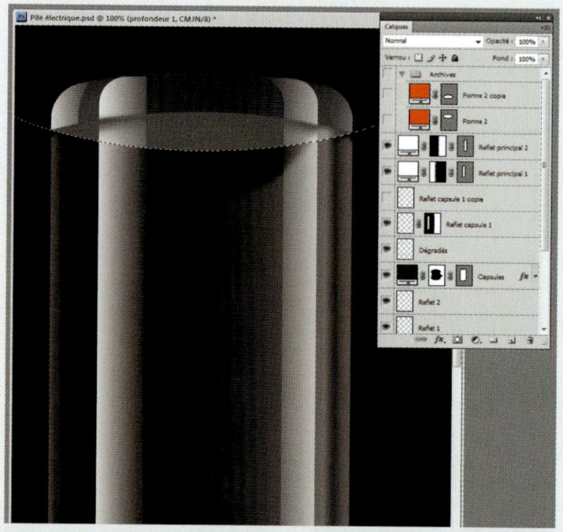

26 EFFET DE PROFONDEUR 2/2

Faites Calque> Style de calque> Incrustation de dégradé (gris #4B4A4A position 0 %, vers gris # 222322 position 60 %). Créez un calque et nommez-le "Profondeur 2". Répétez l'étape 25 afin de créer également un ovale gris mais cette fois sur la partie basse de votre icône et en récupérant la sélection du calque "Forme 2 copie" et non celle de "Forme 2". Faites un clic droit sur le calque "Profondeur 1", sélectionnez Copier le style de calque et collez-le sur le calque "Profondeur 2". Modifiez le style de ce calque en cochant la case Inverser dans les options du style.

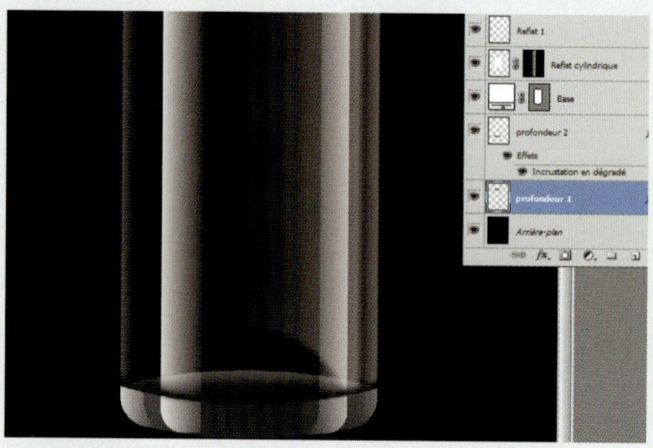

27 CRÉER LE LIQUIDE 1/2

Pour créer le liquide à l'intérieur de la batterie, il suffit de créer un calque rouge et lui donner un effet de transparence en utilisant un masque de fusion. Créez un calque, nommez-le "Liquide" et placez-le au-dessus du calque "Base". Récupérez la sélection du calque "Forme 2 copie". Vérifiez que vous vous trouvez bien sur le calque "Liquide", modifiez la couleur de premier plan par ce rouge : #BC101E puis allez dans le menu Édition> Remplir. Pour terminer, supprimez les parties à gauche et à droite qui sortent de l'icône.

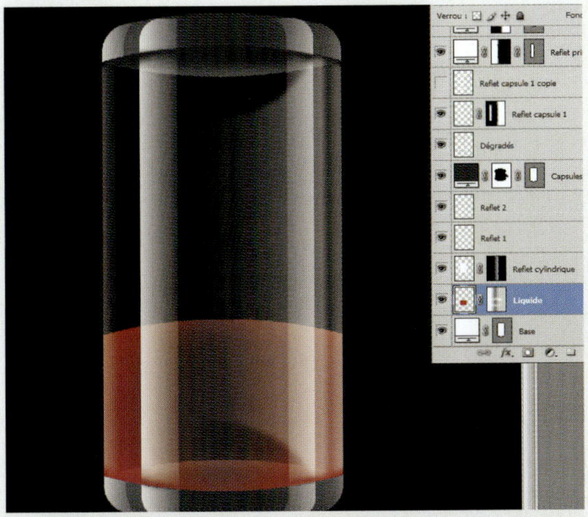

28 CRÉER LE LIQUIDE 2/2

Pour ajouter un effet de transparence sur le liquide, utilisez simplement un masque de fusion. Faites Calque> Masque de fusion> Tout faire apparaître sur le calque “Liquide”. Sélectionnez l’outil Dégradé Premier plan vers Transparent, modifiez l’opacité à 40 %, la couleur de premier plan par du noir. Créez un dégradé sur le masque de fusion partant du centre de l’icône vers le côté gauche. Modifiez la couleur de premier plan par le blanc puis créez un second dégradé partant cette fois-ci du côté droit pour aller vers le centre de l’icône.

29 CRÉER UN REFLET SUR LE LIQUIDE 1/2

Pour donner un peu de réalisme au liquide, vous allez ajouter un reflet sur sa partie supérieure. Créez un calque, nommez-le “Liquide reflet” puis récupérez la sélection du calque “Liquide”. Appuyez sur M puis déplacez la sélection de 2 pixels vers le bas (utilisez les flèches directionnelles du clavier), modifiez la couleur de premier plan par le blanc puis allez dans le menu Édition> Remplir. Pour terminer, déplacez la sélection de 15 pixels vers le bas et appuyez sur Suppr, cette manipulation permet de créer une sorte de courbe blanche en haut du liquide.

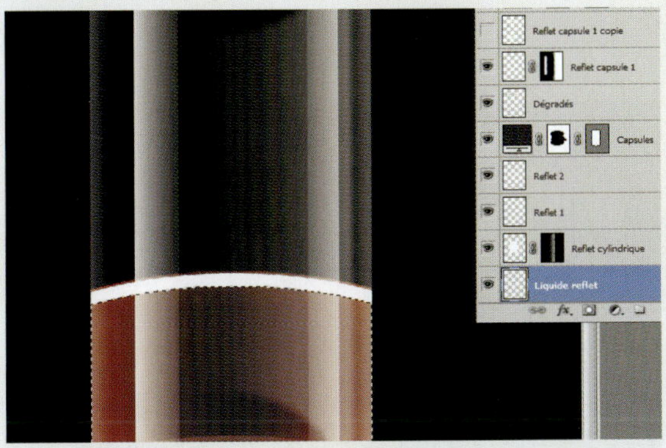

30 CRÉER UN REFLET SUR LE LIQUIDE 2/2

Désélectionnez puis faites Filtre> Atténuation> Flou gaussien, entrez 5 pixels puis validez. Vous allez cacher les parties gauche et droite de ce reflet : sélectionnez l’outil Gomme (E) puis modifiez la forme en Arrondi flou, la taille à 150 pixels, l’opacité à 20 %. Utilisez cette gomme pour faire disparaître le reflet vers les côtés droit et gauche. Pour terminer, changez le mode de fusion du calque “Liquide reflet” en Incrustation et diminuez l’opacité à 80 % (retrouvez ces deux options en haut de la fenêtre Calques).

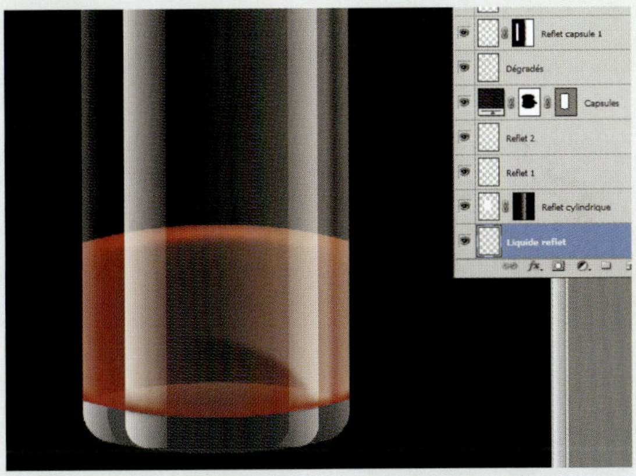

31 CRÉER UNE LUEUR ROUGE

Le liquide rouge étant de l'énergie, vous avez besoin d'une lueur rouge pour illustrer la diffusion de la lumière autour de l'icône. Faites un clic droit sur le calque “Liquide” et sélectionnez Dupliquer le calque. Renommez cette copie “Liquide lueur” puis faites Filtre> Atténuation> Flou gaussien et entrez la valeur de 20 pixels. Appuyez sur M pour sélectionner l'outil Rectangle de sélection puis modifiez le contour progressif à 5 pixels (voir la barre d'options). Récupérez la sélection du calque “Liquide” et pour terminer appuyez sur Suppr. Si vous voulez accentuer la lueur, dupliquez une fois le calque “Liquide lueur”.

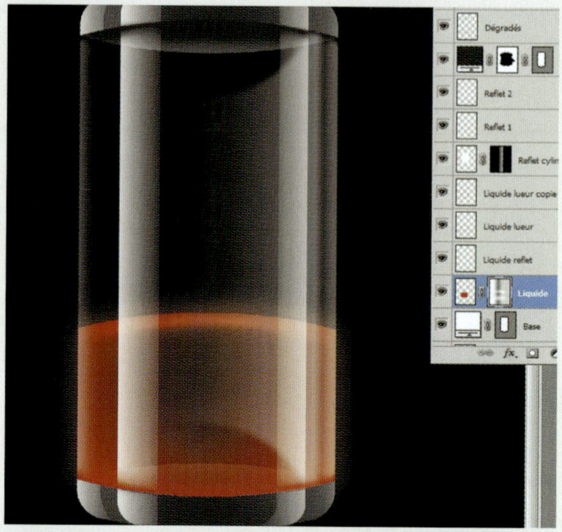

32 LIGNES BLANCHES

Vous allez maintenant créer une ligne blanche sur les capsules pour renforcer la brillance de la matière. Récupérez la sélection du calque “Base”, créez un nouveau calque, nommez-le “Lignes blanches” et placez-le au-dessus du calque “Dégradés”. Vérifiez que le calque “Lignes blanches” est bien sélectionné et remplissez de blanc. Appuyez sur la touche M, déplacez la sélection de 4 pixels vers le bas et appuyez sur la touche Suppr. Faites Filtre> Atténuation> Flou gaussien et entrez la valeur de 2 pixels. Comme à l'étape 30, utilisez l'outil Gomme (E) pour effacer progressivement les parties gauche et droite de cette ligne. Répétez l'opération pour la capsule du bas.

33 CRÉER LE HAUT DE LA PILE 1/6

Utilisez l'outil Zoom (Z) pour avoir une vue rapprochée du haut de votre icône puis appuyez sur les touches Ctrl/Cmd+: pour afficher les repères. Sélectionnez l'outil Rectangle de sélection (M) puis créez une sélection commençant sur le repère gauche et se terminant sur le repère droit (peu importe sa taille). Gardez la touche Maj enfoncée et tapez quatorze fois sur la flèche droite de votre clavier. Créez un repère en suivant le côté gauche de la sélection active et faites la même chose en partant de la droite. Une fois que les deux repères sont créés, sélectionnez l'outil Rectangle arrondi, vérifiez que le rayon est bien à 20 pixels et créez un rectangle suivant vos deux nouveaux repères.

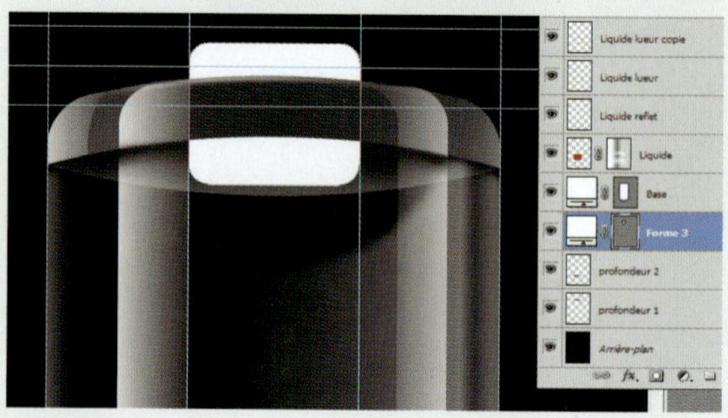

34 CRÉER LE HAUT DE LA PILE 2/6

Renommez le calque du rectangle arrondi "Partie haute". Comme pour la base de l'icône, vous devez modifier la forme du rectangle arrondi pour lui donner une forme bombée. Faites Édition> Transformation> Déformation. Avec la souris, glissez-déposez les deux points sur la partie supérieure vers le haut. Appuyez maintenant sur la touche Entrée pour valider la transformation. Changez la couleur du rectangle par un gris foncé (#201F20 par exemple). Pixellisez le calque "Partie haute". Sélectionnez l'outil Gomme (E), changez la forme par un Rond net et l'opacité à 100 % et supprimez la partie basse du rectangle arrondi.

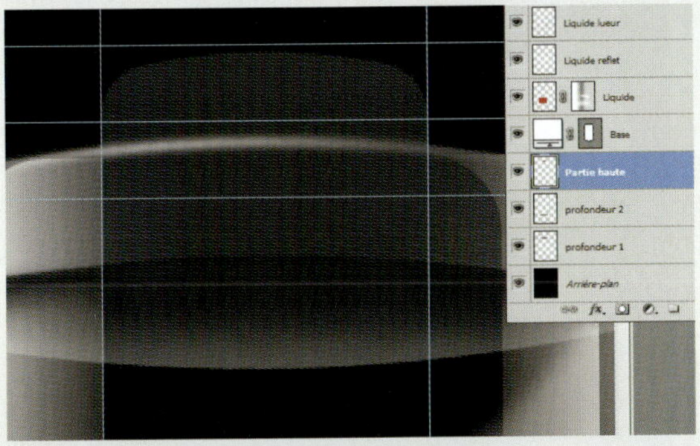

35 CRÉER LE HAUT DE LA PILE 3/6

Masquez les repères en appuyant sur Ctrl/Cmd+:, puis créez un nouveau dossier dans lequel vous placerez tous les calques en rapport avec la petite partie se trouvant au-dessus de l'icône. Nommez le groupe "Partie haute", placez dedans le calque du même nom ainsi que le groupe juste en dessous du calque "Base". Créez un calque, nommez-le "Dégradés" et placez-le au-dessus de "Partie haute". Récupérez la sélection du calque "Partie haute" et, en utilisant l'outil Pinceau (B), créez deux lueurs grises sur la gauche et la droite (utilisez un gris légèrement plus clair : #636364).

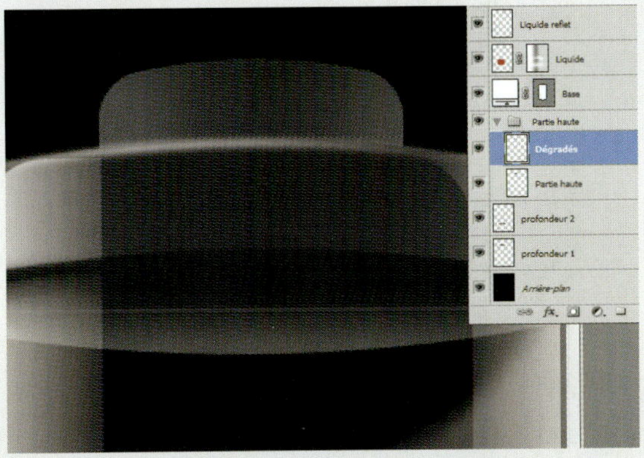

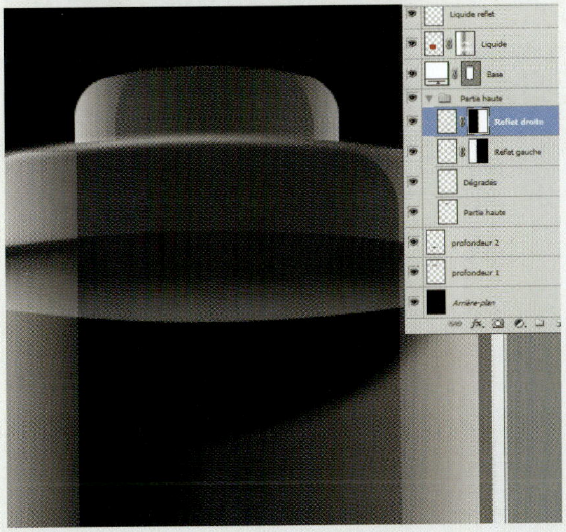

36 CRÉER LE HAUT DE LA PILE 4/6

Il faut maintenant créer les reflets. Créez un nouveau calque, nommez-le "Reflet gauche" et remplissez-le de blanc. Faites un clic droit sur le calque "Reflet gauche" et sélectionnez Dupliquer le calque. Renommez cette copie "Reflet droit". Masquez le calque "Reflet droit" et sélectionnez le calque "Reflet gauche". Sélectionnez ensuite l'outil Ellipse de sélection (M), créez un rond de sélection laissant une petite partie du reflet sur la gauche et appuyez sur Suppr. Ajoutez un masque de fusion sur le calque et utilisez un dégradé Premier plan vers Transparent pour cacher légèrement le reflet. Répétez l'opération sur le reflet droit.

37 CRÉER LE HAUT DE LA PILE 5/6

La dernière étape consiste à créer deux autres reflets. Pour le premier, sur la gauche, utilisez l'outil Rectangle arrondi avec un rayon de 20 pixels, et pour celui sur la droite, utilisez un Rectangle arrondi avec un rayon de 10 pixels. La méthode pour créer ce genre de reflet est déjà bien expliquée aux étapes 12, 13, 14, 15 et 16. Vous allez ajouter une ligne blanche en haut : créez un calque, nommez-le "Ligne blanche" et placez-le en haut du groupe "Partie haute". Récupérez la sélection du calque "Partie haute" et remplissez de blanc. Baissez la sélection de 4 pixels en bas et appuyez sur Suppr. Supprimez les parties gauche et droite en utilisant l'outil Gomme. Créez un calque et placez-le au-dessus du calque "Dégradés", utilisez la même technique pour créer une ligne noire en bas.

38 CRÉER LE HAUT DE LA PILE 6/6

Enfin, il faut créer une ligne noire séparant la capsule du haut de la partie haute. Créez un calque, nommez-le "Ligne noire" et placez-le au-dessus du calque "Dégradés" (dans le groupe "Partie haute"). Récupérez la sélection du calque "Base" puis modifiez la couleur de premier plan par le noir. Appuyez sur la touche M, déplacez la sélection de 3 ou 4 pixels vers le haut, et rendez-vous dans le menu Édition> Remplir. Désélectionnez. La ligne noire est maintenant créée mais elle est trop nette, utilisez l'outil Goutte d'eau pour la diluer.

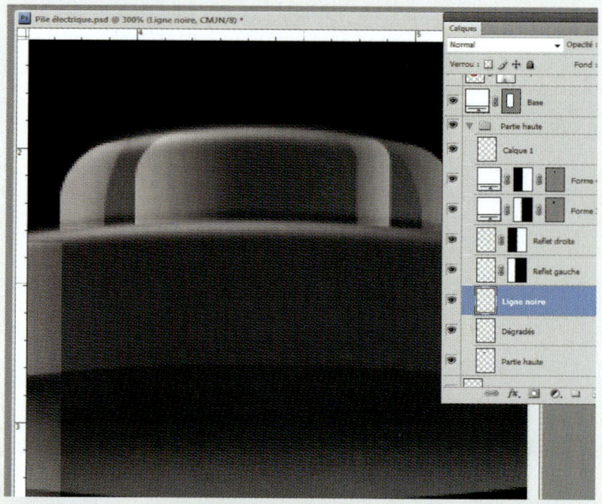

39 CRÉER UNE OMBRE 1/2

Pour terminer l'exercice, il manque juste une ombre en dessous de la pile et le panneau de signalisation. Cliquez sur le calque "Arrière-plan", créez un calque et nommez-le "Ombre 1". Sélectionnez l'outil Ellipse de sélection, modifiez la couleur de premier plan par le blanc puis créez une sélection en ovale juste en dessous de l'icône. Faites Édition> Remplir, sélectionnez le calque "Ombre 1", appuyez sur la touche Ctrl/Cmd et sur le calque "Base". Enfin, allez dans le menu Calque> Alignement> Centrer dans le sens horizontal (cette manipulation permet d'aligner l'icône avec l'ombre).

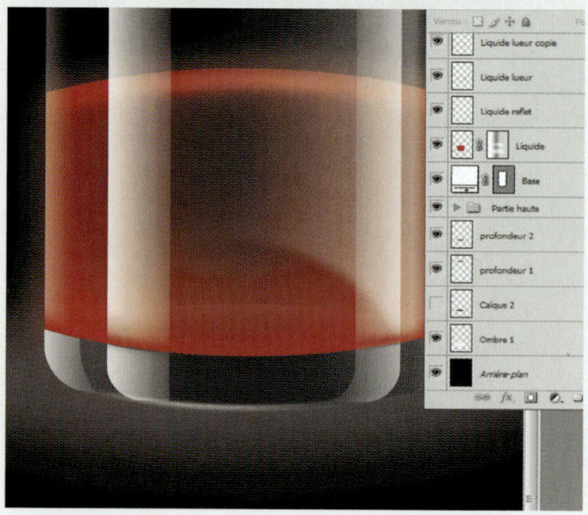

40 CRÉER UNE OMBRE 2/2

Faites Filtre> Atténuation> Flou gaussien, entrez la valeur 40 pixels et validez. Diminuez l'opacité du calque à 30 %. Créez un calque, nommez-le "Ombre 2" et placez-le au-dessus du calque "Ombre 1". Utilisez la même technique pour créer par-dessus une ellipse mais noire, ensuite faites Filtre> Atténuation> Flou gaussien, entrez la valeur de 20 pixels et validez. Pour terminer, diminuez l'opacité à 80 %.

41 PANNEAU DE SIGNALISATION 1/2

Pour terminer l'exercice, il ne manque plus que le panneau indiquant le volume de chargement de la pile électrique. Affichez de nouveau les repères et créez un repère horizontal vers le milieu de l'icône. Créez-en un second 40 pixels en dessous. Sélectionnez l'outil Forme personnalisée (U) et, dans le sélecteur de formes, choisissez Signalisation 3 et créez le triangle du premier repère vers le second (lorsque vous créez la forme, gardez la touche Maj enfoncée). Créez un nouveau groupe, nommez-le "Panneau" et placez-le au-dessus de tous les autres calques. Placez le calque du triangle dans ce groupe.

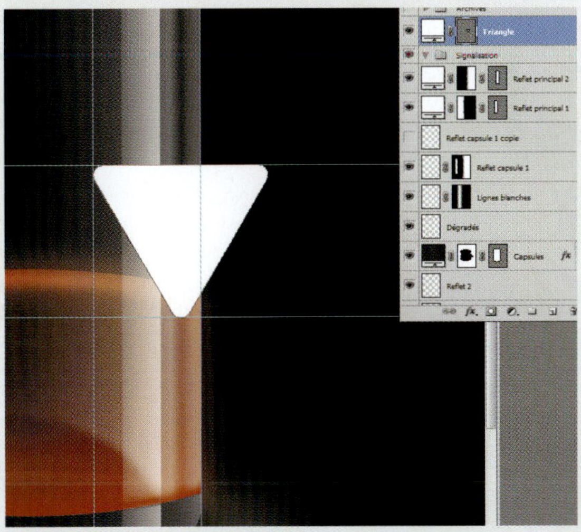

42 PANNEAU DE SIGNALISATION 2/2

Vérifiez que le calque "Triangle" est bien sélectionné, puis faites Édition> Transformation du tracé> Rotation 180°. Faites Calque> Style de calque> Incrustation dégradé. Configurez le dégradé comme ceci : Couleur jaune #FFD209 position 0 % vers jaune clair #FFED9D position : 80 %. Cliquez sur Contour et modifiez la taille à 10 pixels ainsi que la couleur en noir. Concernant le point d'exclamation, utilisez simplement l'outil Texte (T) pour l'ajouter. Enregistrez votre fichier source en PSD, puis faites une copie de sauvegarde (en PSD) et une troisième copie en JPEG pour exporter votre image sur Internet.

RISE
TIME TO RISE
PUMA

Les dégradés

Lorsque vous désirez faire un dégradé sur une composition, vous avez plusieurs choix dans la bibliothèque de Photoshop. Mais il n'y a pas forcément ce que vous recherchez. Prenez l'outil Dégradé et cliquez sur le dégradé dans la barre d'options. Vous pouvez changer les couleurs, l'opacité et la position de chaque Étape de dégradé en bas de la fenêtre Éditeur de dégradé. Lorsque vous voulez modifier une couleur, double-cliquez sur l'étape de dégradé. Pour ajouter une étape, cliquez entre les deux autres étapes existantes, mais à la même hauteur qu'elles. Lorsque vous voulez jouer sur l'opacité, vous ajoutez une poignée au-dessus de l'aperçu. Maintenant, si vous avez envie que votre couleur soit plus ou moins élargie, vous pouvez sélectionner l'étape de cette couleur et faire glisser les petits losanges (Milieu de couleurs).

Mémorisez ensuite votre nouveau dégradé en lui donnant un nom et en cliquant sur le bouton Nouveau dans l'Éditeur de dégradé.

L'ARTISTE
Ludovic Cordelieres
Ludovic, aka Rusalkadesign, est un jeune artiste de 26 ans. Retrouvez ses travaux sur : http://www.rusalkadesign.com.

BUBBLE MAN
l'incroyable histoire de l'homme savon

BUBBLEMAN

Créez un personnage qui se change en bulles de savon.

Réalisez l'affiche du tout dernier film dont Bubbleman est le héros. Utilisez ce tutoriel pour créer une ambiance aquatique et mousseuse autour d'un personnage. Vous apprendrez à changer un personnage en savon, à créer des bulles puis à les dupliquer, à créer un titre, etc.

SUR LE CD : Vous trouverez sur les CD les éléments nécessaires à la réalisation de ce tutoriel.

01 CRÉER UN NOUVEAU DOCUMENT

Ouvrez Photoshop. Commencez par vérifier que la couleur d'arrière-plan est bien le noir. Allez dans le menu Fichier> Nouveau pour créer un nouveau document. Remplissez les valeurs comme suit : Nom : Bubble Man, Largeur : 1200 px, Hauteur : 1600 px, Contenu de l'arrière-plan : Couleur d'arrière-plan. Enregistrez votre document dès à présent au format PSD en allant dans le menu Fichier> Enregistrer sous, ou appuyez sur les touches Ctrl/Cmd+S.

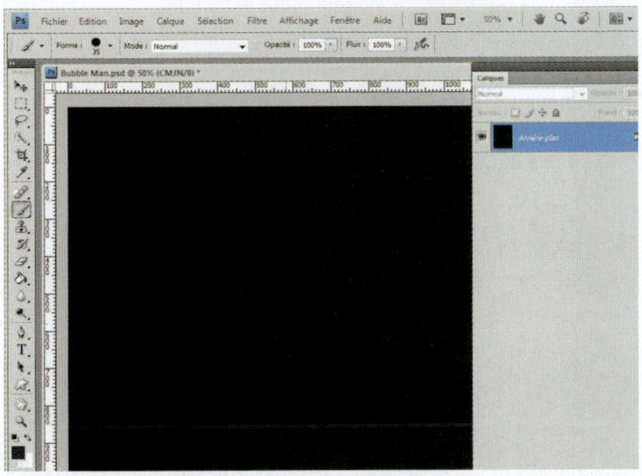

02 LE FOND

Pour créer l'ambiance de votre image, il faut ajouter un fond bleuté. Modifiez la couleur de premier plan par un bleu foncé #04222D puis faites Édition> Remplir. L'arrière-plan se remplit du bleu foncé. Affichez les règles (Affichage> Règles ou Ctrl/Cmd+R). Cliquez ensuite sur la règle de gauche et glissez jusqu'à la valeur 600. Ce repère vous permet d'indiquer où se trouve le milieu de votre image puisqu'il la coupe en deux à la verticale. Créez un calque et nommez-le "Lueur bleutée".

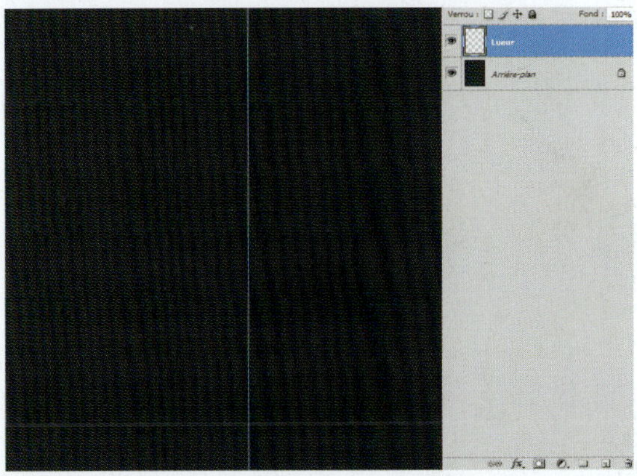

03 LUEUR BLEUTÉE

Pour créer la lueur, modifiez la couleur de premier plan par un bleu plus clair, par exemple #0B6C90, sélectionnez l'outil Dégradé (Premier plan vers Transparent) puis cliquez sur l'icône Dégradé radial. Gardez la touche Maj enfoncée puis créez un dégradé sur votre image partant du repère vers le côté gauche de votre image. Si l'effet n'est pas suffisamment intense, n'hésitez pas à créer un second dégradé avec une taille différente par-dessus le premier.

04 CRÉER UNE TEXTURE

Pour ajouter un effet de matière sur votre fond, créez une texture. Changez la couleur de premier plan par du noir puis la couleur d'arrière-plan par du blanc. Créez un calque, nommez-le “Lumière” et placez-le au-dessus du calque “Lueur”. Faites Filtre> Rendus> Nuages. L'effet de texture est surtout intéressant vers le centre de votre image. Utilisez un masque de fusion pour cacher les parties extérieures. Faites Calque> Masque de fusion> Tout masquer, modifiez la couleur de premier plan par du noir puis, avec l'outil Dégradé (G), créez un dégradé du même type que celui de l'étape 3. Pour terminer, changez le mode de fusion du calque “Lumière” en Lumière tamisée.

05 IMPORTER LA PHOTO

Importez le personnage de l'image (photo1.psd dans le dossier de cet exercice sur le CD). La photo s'ouvre alors dans Photoshop. Sélectionnez tout (Ctrl/Cmd+A), puis faites un copier/coller. Renommez le calque ainsi créé “Personnage” et placez-le au-dessus du calque “Lumière”. Réduisez la taille de la photo (Ctrl/Cmd+T) et, dans la barre des options, changez la largeur et la hauteur à 28 %. Replacez la photo au centre de votre image.

06 DÉTOURER LE PERSONNAGE 1/2

Pour pouvoir appliquer les futurs effets graphiques sur et autour du personnage, il est primordial de le détourer d'abord. Sélectionnez l'outil Plume (P) puis zoomez sur le côté du personnage. Créez des points d'ancrage en suivant son contour. Afin de vous déplacer facilement sur votre image, je rappelle que vous pouvez utiliser la barre d'espace pour obtenir momentanément l'outil Main. Enfin, si jamais la forme de la plume venait cacher certaines parties, diminuez l'opacité à 0 % pour pouvoir continuer.

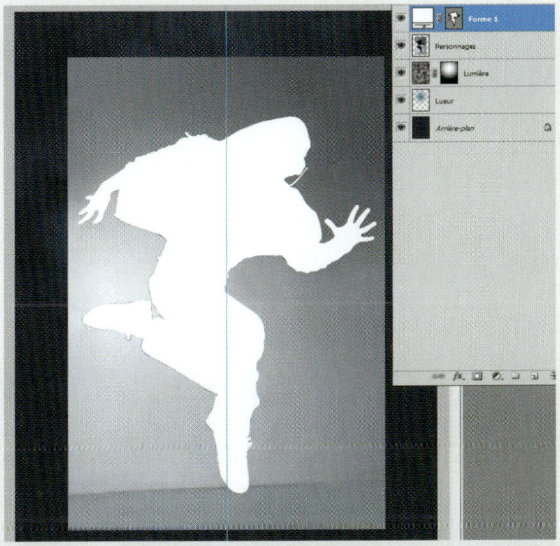

« Cliquez sur Ctrl/Cmd+D pour désélectionner puis sur Ctrl/Cmd+: pour masquer les repères. »

07 DÉTOURER LE PERSONNAGE 2/2

Récupérez la sélection du calque "Forme 1". Sélectionnez ensuite le calque "Personnage" et cachez le calque "Forme 1". Faites Sélection> Intervertir et appuyez sur la touche Suppr. Cliquez sur Ctrl/Cmd+D pour désélectionner puis sur Ctrl/Cmd+: pour masquer provisoirement les repères. Pour terminer, sélectionnez l'outil Déplacement et replacez le personnage au centre de votre image (légèrement sur la partie haute).

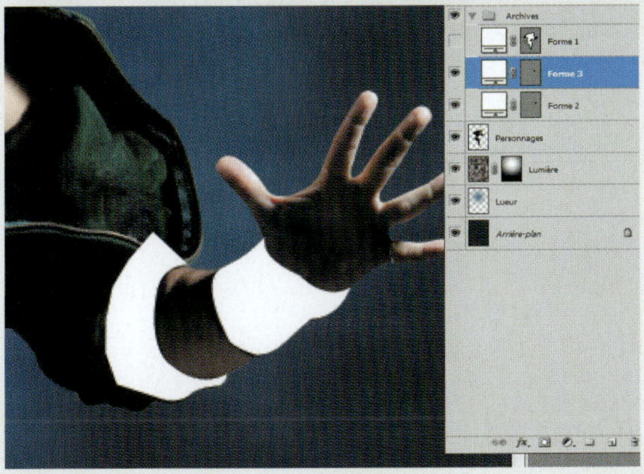

08 CHANGER LES MAINS EN SAVON 1/4

Utilisez l'outil Zoom (Z) pour avoir une vue très rapprochée de la main droite, modifiez la couleur de premier plan par du blanc puis utilisez l'outil Plume (P) pour créer une forme autour du bracelet éponge que le personnage porte à l'avant-bras. Créez une seconde forme suivant les contours de la veste sur le bras. Créez un nouveau groupe, nommez-le "Archives" et placez les calques "Forme 1", "Forme 2" et "Forme 3" dedans.

09 CHANGER LES MAINS EN SAVON 2/4

Récupérez la sélection du personnage. Créez un calque, nommez-le “Main droite” et placez-le au-dessus du calque “Personnage”. Sélectionnez l’outil Pinceau (B), modifiez la couleur de premier plan par du noir, la taille à 30 pixels et la forme par un Rond net. Peignez sur votre image au-dessus de la main et de l’avant-bras. Récupérez la sélection du calque “Forme 2”, appuyez sur la touche Suppr. Faites de même pour le calque “Forme 3”. Le calque “Main droite” ne devrait alors plus recouvrir que la main et l’avant-bras. Si des pixels sortent de cette zone, supprimez-les avec l’outil Gomme (E).

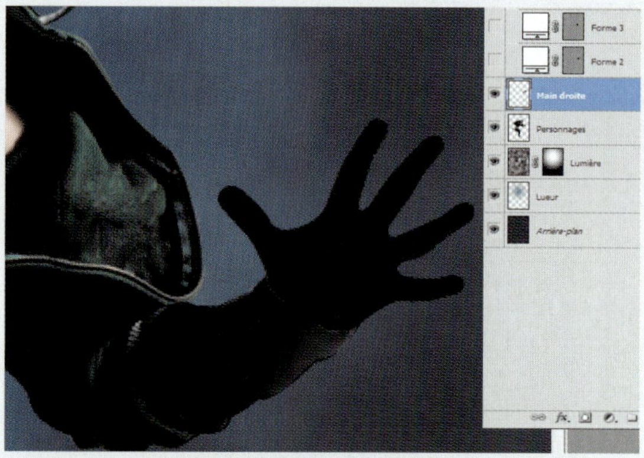

10 CHANGER LES MAINS EN SAVON 3/4

Récupérez la sélection du calque “Main droite”. Ensuite, allez sur le calque “Personnage” et faites Calque> Masque de fusion> Tout faire apparaître. Modifiez la couleur de premier plan par du noir puis faites Édition> Remplir (Maj+F5). Changez l’opacité du Fond du calque “Main droite” à 0 % (vous trouverez cette option en haut à droite du panneau Calques). Pour terminer, appuyez sur Ctrl/Cmd+D afin de désélectionner. Cette étape permet de faire disparaître la main droite de votre personnage.

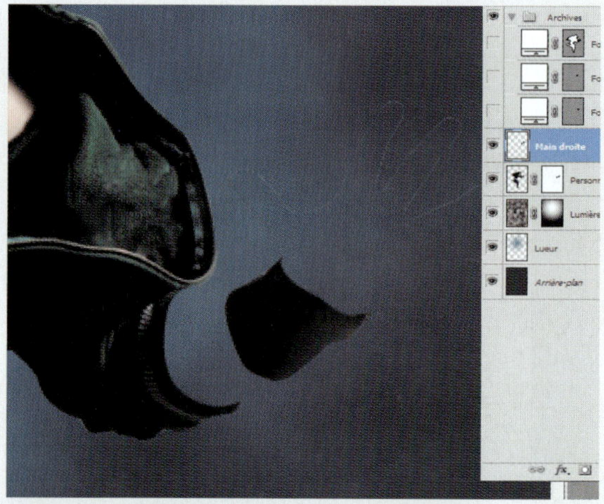

11 CHANGER LES MAINS EN SAVON 4/4

Cependant, le but n’est pas de créer un homme invisible mais un homme savon. Pour créer l’illusion que la main se transforme, il faut ajouter quelques styles de calque. Vérifiez que le calque “Main droite” est bien sélectionné puis faites Calque> Style de calque> Lueur interne. Configurez comme ceci : Mode de fusion : Incrustation, Maigri : 2 px, Taille : 6 px (le reste est par défaut) puis cliquez sur Biseautage et Estampage (à gauche de la fenêtre des styles de calque) et modifiez simplement la taille à 2 pixels ainsi que le flou à 2 pixels.

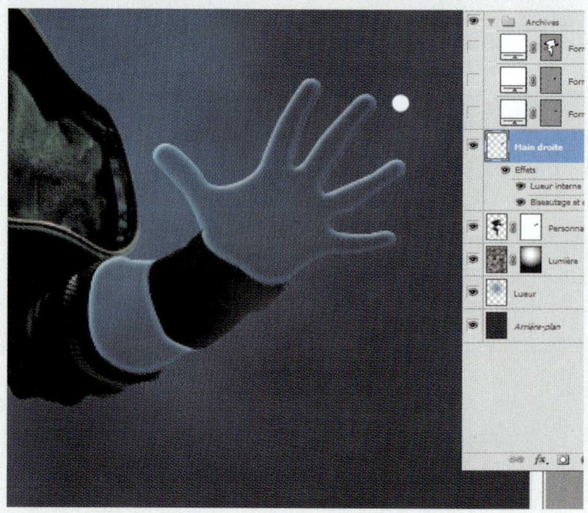

12 REFLET SUR LA MAIN 1/2

Pour terminer l'effet de savon sur la main, il faut lui ajouter un reflet sur le bas. Prenez le pinceau que vous diluerez par la suite avec l'outil Goutte d'eau. Créez un calque, nommez-le "Reflet", placez-le au-dessus du calque "Main droite". Sélectionnez l'outil Pinceau (B) et changez la forme en Rond net, la taille à 15 pixels, l'opacité à 100 %, la couleur de premier plan en blanc. Récupérez la sélection du calque "Main droite" et utilisez le pinceau pour créer une ligne blanche sur le bas de la main.

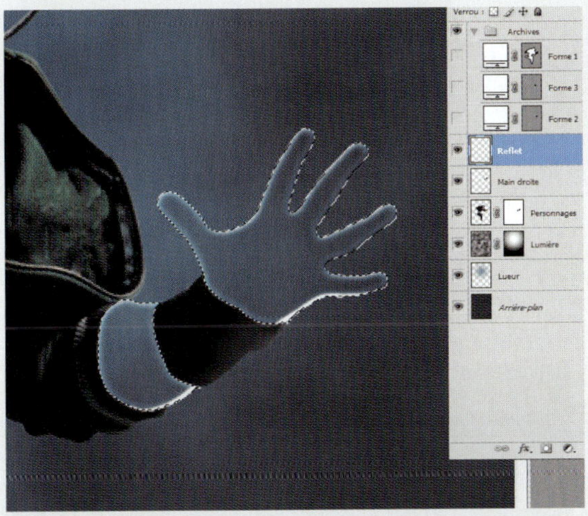

13 REFLET SUR LA MAIN 2/2

Sélectionnez l'outil Goutte d'eau et modifiez la forme en Arrondi flou, la taille à 8 pixels et l'intensité à 50 %. Utilisez cet outil sur la ligne pour diluer et créer un effet de flou. Changez le mode de fusion du calque "Reflet" en Incrustation et diminuez l'opacité de ce même calque à 80 %. Vous venez de terminer l'effet sur la main droite. Appuyez plusieurs fois sur les touches Ctrl/Cmd+- pour réduire la vue sur l'image puis sur Ctrl/Cmd++ afin de vous rapprocher de la main gauche pour y créer le même effet.

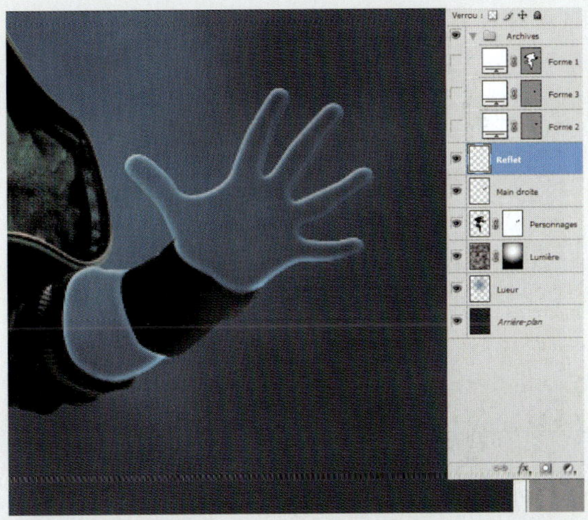

Déplacement

Lorsque vous avez zoomé sur une zone de votre image, vous avez la possibilité de vous déplacer dans toutes les directions grâce aux barres de défilement (horizontale et verticale). Mais saviez-vous qu'en appuyant sur la barre d'espace, vous pouvez activer l'outil Main et ainsi vous déplacer comme bon vous semble sur votre image !

14 CRÉER L'EFFET SUR LA MAIN GAUCHE 1/2

Les explications concernant la création de l'effet sur la seconde main seront volontairement plus rapides car identiques à celles de la main droite. Commencez par créer un calque, appelez-le "Main gauche" et placez-le au-dessus du calque "Reflet". Récupérez la sélection du calque "Personnage" et, avec le Pinceau, peignez par-dessus la main gauche. Utilisez la Plume pour créer une forme sur la veste et récupérez la sélection. Sélectionnez le calque "Main gauche" et appuyez sur Suppr. Cette manipulation permet de ne garder que les pixels se trouvant par-dessus la main et l'avant-bras.

« Cette manip permet de ne garder que les pixels se trouvant sur la main et l'avant-bras. »

« Utilisez la Plume pour créer une forme sur la veste et récupérez la sélection. »

15 CRÉER L'EFFET SUR LA MAIN GAUCHE 2/2

Désélectionnez, récupérez la sélection du calque "Main gauche" puis cliquez sur le calque "Personnage". Changez la couleur de premier plan par du noir puis faites Édition> Remplir (Maj+F5). Faites un clic droit sur le calque "Main droite" et Copier le style de calque. Faites un clic droit sur le calque "Main gauche" et Coller le style de calque. Pour terminer, créer un nouveau calque "Reflet 2" et répétez les étapes 12 et 13 pour créer un reflet sur la main gauche.

16 TRANSITION VERS LES MAINS

Pour le moment, la transition entre le personnage et l'effet de savon est trop nette. Vous allez donner l'illusion que la transformation se fait de façon progressive. Il faut agir sur le masque de fusion du calque "Personnage". Sélectionnez l'outil Pinceau puis modifiez la forme en Arrondi flou, la taille à 70 pixels, l'opacité à 10 % et la couleur de premier plan en blanc. Cliquez sur le masque de fusion du calque "Personnage", zoomez sur la main gauche puis peignez la zone de l'avant-bras se trouvant juste après la veste. Progressivement, le bras apparaît de nouveau. Utilisez le pinceau sur le bas des doigts et sur le bas de la main. Faites la même chose sur la main droite.

17 CRÉER UNE BULLE 1/2

Maintenant que les effets sur le personnage sont terminés, passez à la réalisation de la mise en scène globale. Cela passe notamment par la création puis la diffusion des bulles de savon. Pour créer une bulle, commencez par créer un groupe, nommez-le "Bulle", puis sélectionnez l'outil Ellipse (U). Modifiez la couleur de premier plan par du blanc puis créez un rond sur votre image (touche Maj enfoncée). Renommez le calque de la forme en "Base". Faites Calque> Styles de calque> Options de fusion.

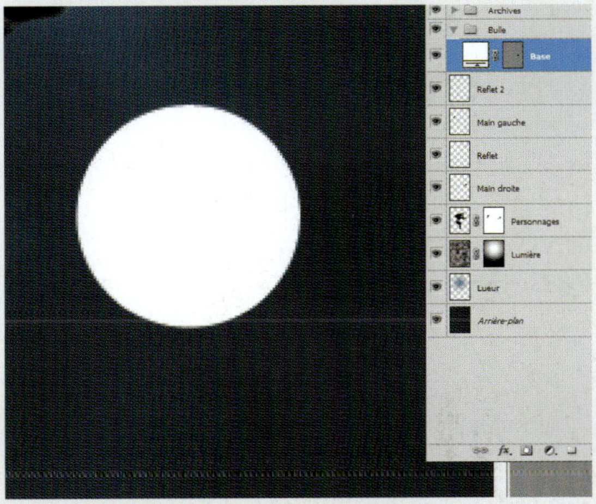

Style de calque

Pour masquer un calque, vous appuyez simplement sur l'icône de l'œil, mais saviez-vous que vous pouvez également faire la même chose sur les styles de calques ? Appuyez sur l'œil devant Effets pour masquer tous les styles d'un calque ou sur l'œil de chaque style pour les masquer indépendamment.

18 CRÉER UNE BULLE 2/2

Le panneau Styles de calque s'ouvre automatiquement. Modifiez dedans l'opacité du fond à 0 %, cliquez sur la case Lueur interne et paramétrez le mode de fusion en Normal, la couleur en bleu #82E0FF, la taille à 20 pixels. Validez. Enfin, vérifiez que le calque "Base" est bien placé dans le dossier "Bulle". Récupérez la sélection du calque "Bulle" (appuyez sur la touche Ctrl/Cmd puis cliquez sur la seconde vignette du calque).

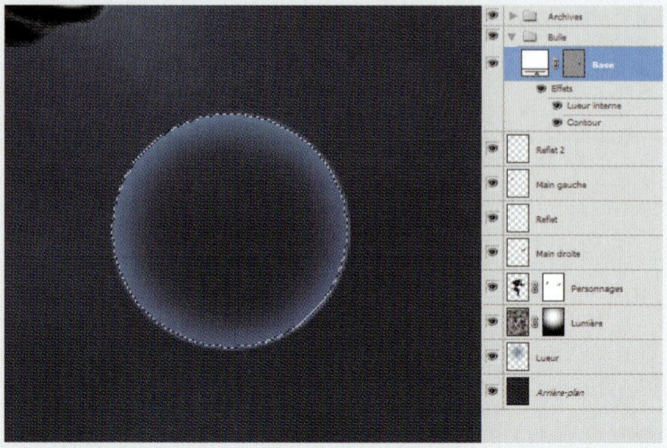

19 CRÉER UN PREMIER REFLET 1/2

Pour créer un bel effet de bulles de savon, plusieurs reflets seront ajoutés à la base. Commencez par créer le premier reflet. Faites Sélection> Modifier> Contracter, entrez la valeur de 1 pixel et validez. Créez un calque, nommez-le "Reflet 1" et placez-le dans le dossier "Bulle". Modifiez la couleur de premier plan par du blanc et faites Édition> Remplir (Maj+F5). Appuyez sur M puis décalez la sélection de 5 pixels sur la droite et de 5 vers le bas. Appuyez sur la touche Suppr. Déplacez la sélection vers le bas et supprimez, puis vers la droite et supprimez encore. Regardez l'image ci-contre pour voir la forme du reflet à obtenir.

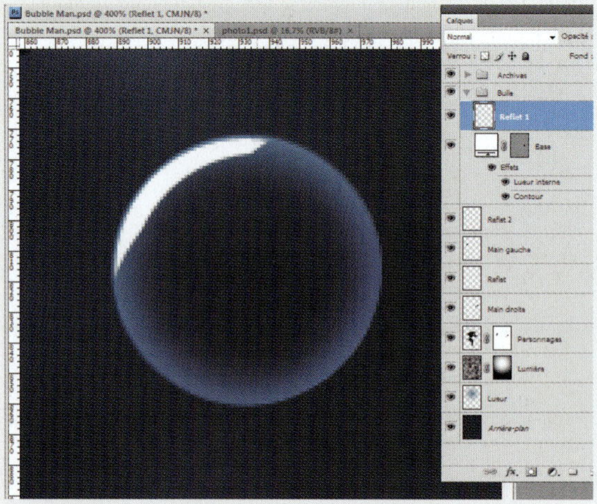

20 CRÉER UN PREMIER REFLET 2/2

Faites Calque> Masque de fusion> Tout faire apparaître puis sélectionnez l'outil Dégradé (Premier plan vers Transparent). Cliquez sur l'icône Dégradé linéaire, changez la couleur de premier plan par du noir. Utilisez le dégradé sur le masque de fusion en le commençant vers le bas droit pour aller vers le haut gauche. Créez rapidement un second reflet en dupliquant le premier. Faites un clic droit sur le calque "Reflet 1" et sélectionnez Dupliquer le calque. Cliquez sur la copie, renommez-la "Reflet 2". Faites Édition> Transformation> Rotation 180°. Utilisez l'outil Déplacement (V) pour mettre le reflet en bas à droite de la bulle. Pour terminer, utilisez de nouveau le dégradé pour cacher davantage le second reflet.

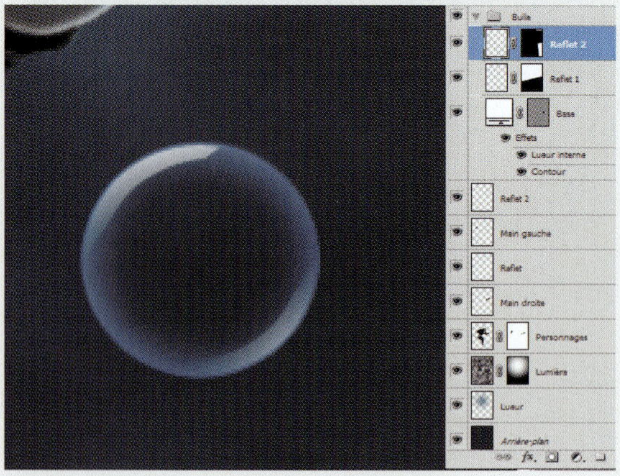

Annuler

Lorsque vous devez faire des manipulations complexes comme à l'étape 22, il arrive souvent de faire une annulation (Ctrl/Cmd+Z ou menu Édition > Annuler), mais saviez-vous que vous pouvez également remonter plus loin dans l'Historique en appuyant sur Ctrl/Cmd+Alt/Opt+Z !

21 CRÉER D'AUTRES REFLETS

Continuez avec les reflets. Récupérez de nouveau la sélection du calque "Base". Créez un calque, nommez-le "Petit reflet 1" et placez-le au-dessus du calque "Base". Modifiez la couleur de premier plan par un bleu #82E0FF puis faites Édition> Remplir (Maj + F5). Appuyez sur M puis déplacez la sélection de 2 pixels vers la droite, puis encore de 2 vers le bas. Appuyez sur la touche Suppr. Pour terminer, récupérez la sélection du calque "Base", faites Filtre> Atténuation> Flou gaussien, entrez la valeur de 1 pixel et validez.

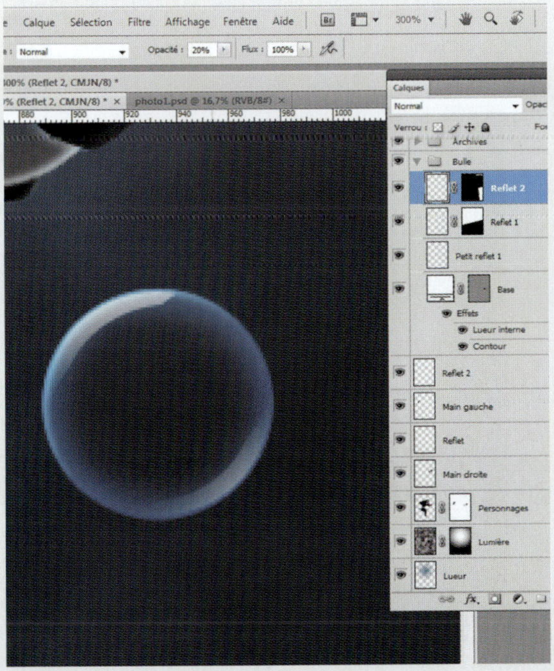

22 ACCENTUER LES REFLETS

Pour accentuer les reflets, créez en haut et en bas deux lignes blanches légèrement floutées. Créez un calque, nommez-le "Accentuation" et placez-le au-dessus de tous les autres dans le groupe "Bulle". Sélectionnez l'outil Pinceau (B) puis modifiez la taille à 5 pixels, la forme en Rond net, l'opacité à 60 % et la couleur de premier plan en blanc. De façon progressive, créez avec le pinceau une ligne blanche suivant le contour de la bulle. Diminuez l'opacité du pinceau à 20 % pour créer la ligne en bas.

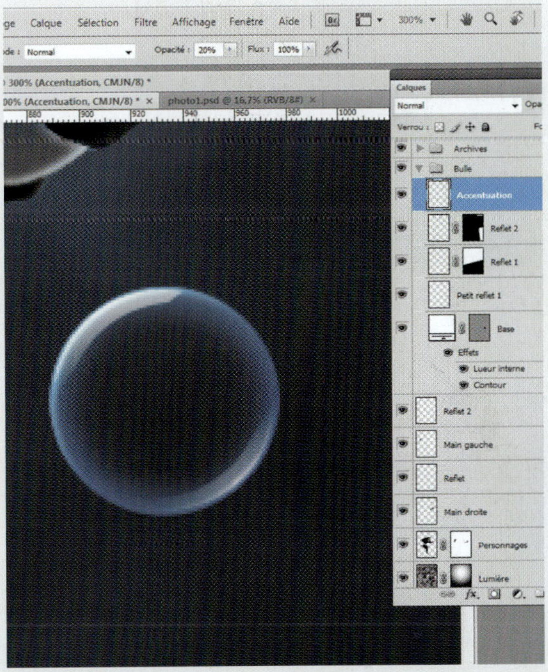

23 AJOUTER DE LA COULEUR

Vous avez sans doute déjà remarqué, lorsque vous observez une bulle de savon, qu'il y a toujours des reflets roses. Créez un calque, nommez-le “Couleurs” et placez-le au-dessus du calque “Base”. Sélectionnez l'outil Pinceau (B), modifiez la forme en Arrondi flou, la taille à 70 pixels, l'opacité à 20 % et la couleur de premier plan en rose : #C920CF. Récupérez la sélection du calque “Base” puis, avec le pinceau, créez une lueur en bas à droite de la bulle. Changez le mode de fusion en Couleur.

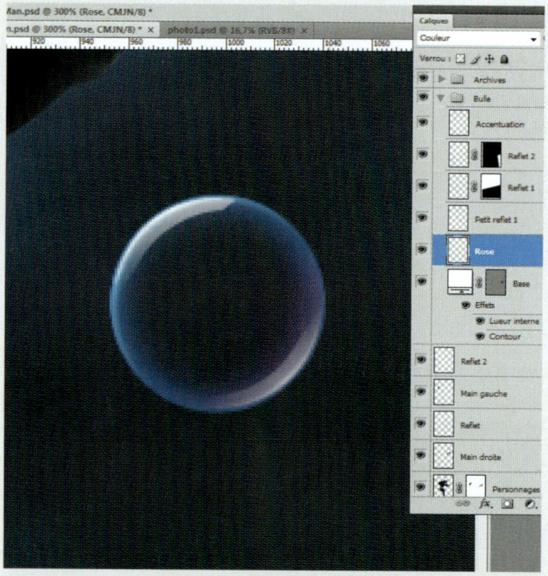

« Vous avez sans doute déjà remarqué, lorsque vous observez une bulle de savon, qu'il y a toujours des reflets roses ? »

24 CRÉER UNE VAGUE 1/2

Sur l'image finale, les bulles suivent une sorte de ligne en forme de vague. Pour connaître les points où placer les bulles, vous devez d'abord créer cette vague. Sélectionnez l'outil Pinceau et modifiez la forme en Rond net, la taille à 30 pixels, l'opacité à 100 %, changez la couleur de premier plan en blanc. Sélectionnez l'outil Plume (P) et cliquez sur l'icône Tracé (située en haut de l'écran). Enfin, créez un point d'ancrage sur la gauche en dehors de l'image, puis un second sur le milieu du personnage. Créez une première courbe. Finissez la vague en créant un troisième point d'ancrage sur la droite de l'image.

25 CRÉER UNE VAGUE 2/2

Créez un calque, nommez-le "Vague" et placez-le au-dessus du calque "Reflet 2". Faites un clic droit dans votre image et sélectionnez Contour du tracé. Choisissez Forme dans le menu déroulant et cochez la case Simuler la pression. Validez, une ligne blanche devrait apparaître suivant la courbe précédemment créée. Appuyez une fois sur Entrée pour faire disparaître les points d'ancrage.

26 DUPLIQUER LES BULLES 1/2

Il faut maintenant dupliquer la bulle une multitude de fois et disposer ces bulles en suivant cette courbe. Mais avant cela, il est important de fusionner le groupe de calques correspondant à la bulle. Faites un clic droit sur le groupe "Bulle", sélectionnez Dupliquer le groupe puis cachez la copie du groupe. Faites un nouveau clic droit sur le groupe "Bulle" et sélectionnez cette fois-ci Fusionner le groupe. Le calque "Bulle" apparaît, faites un clic droit dessus et sélectionnez Dupliquer le calque. Utilisez l'outil Déplacement (V) pour déplacer la copie sur la droite.

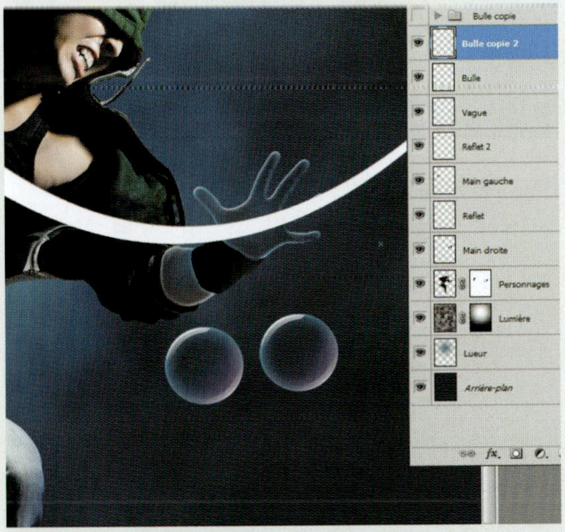

27 DUPLIQUER LES BULLES 2/2

Sélectionnez le calque "Bulle copie" et appuyez sur les touches Ctrl/Cmd+T. Dans la barre d'options, modifiez la hauteur et la largeur à 50 % pour réduire la bulle de moitié. Ensuite, dupliquez la copie et réduisez de nouveau la bulle de 50 % en utilisant la transformation libre. Créez un groupe dans lequel vous placerez tous les calques correspondant aux bulles. Utilisez l'outil Déplacement pour placer les bulles le long de la courbe blanche.

28 DES BULLES, ENCORE DES BULLES

Dupliquez encore et encore la bulle pour suivre de la gauche jusqu'à la droite la courbe blanche. N'hésitez pas à utiliser l'outil de Transformation libre pour modifier la taille des bulles. Mais attention, vous pouvez réduire une bulle mais vous ne pouvez pas l'agrandir sous peine de provoquer une pixellisation des contours et créer ainsi un effet peu esthétique sur votre image. La bulle la plus grande sera en définitive la toute première que vous aurez créée. Une fois que vous avez terminé, réduisez le groupe "Bulle" et sélectionnez le calque "Vague" (qui est masqué pour le moment).

29 TRANSFORMER LA VAGUE

Maintenant que les bulles sont stratégiquement positionnées sur votre image, vous n'avez plus besoin de la ligne blanche. Ne la supprimez pas pour autant ! En effet, vous allez la recycler. Affichez de nouveau le calque "Vague" puis faites Filtre> Atténuation> Flou gaussien. Entrez la valeur de 50 pixels et validez. La ligne blanche inutile se transforme en une brume discrète. Pour terminer, vous allez accentuer son effet en faisant un clic droit sur le calque "Vague" et en sélectionnant Dupliquer le calque. Enfin, modifiez le mode de fusion du calque "Vague" en Incrustation.

30 CRÉER LE TITRE 1/3

Sélectionnez le calque "Arrière-plan" puis créez un calque nommé "Dégradé". Sélectionnez l'outil Dégradé (Premier plan vers Transparent), changez la couleur de premier plan par un bleu foncé #020E12 et créez un dégradé sur la partie basse (en partant du bas vers le haut). Enfin, sélectionnez l'outil Texte (T) et créez une zone de saisie qui s'étend du côté gauche jusqu'au côté droit (écrivez-y votre titre).

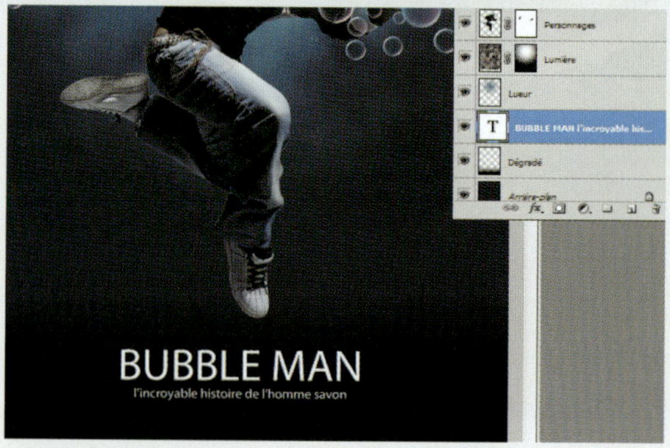

31 CRÉER LE TITRE 2/3

Renommez le calque correspondant au texte “Texte 1” puis dupliquez-le. Renommez la copie “Texte 2”. Faites un clic droit sur le calque “Main droite” et sélectionnez Copier le style de calque. Faites un clic droit sur le calque “Texte 1” et sélectionnez Coller le style de calque. Sélectionnez le calque “Texte 2” et ajoutez un masque de fusion.

« Désélectionnez et, pour terminer l’exercice, appuyez sur Ctrl/Cmd+S pour enregistrer votre document. »

32 CRÉER LE TITRE 3/3

Enfin, sélectionnez l’outil Rectangle de sélection et créez une sélection autour du titre Bubble Man. Sélectionnez l’outil Dégradé (Premier plan vers Transparent), changez la couleur de premier plan par le noir. Créez un dégradé partant de la droite du texte vers le milieu sur le masque de fusion du calque “Texte 2”. Cette manipulation permet de faire apparaître le texte du dessous. Cliquez sur le calque “Texte 1” et faites Calque> Style de calque> Incrustation de couleur. Dans la fenêtre, changez simplement la couleur par #072A37. Désélectionnez et, pour terminer l’exercice, appuyez sur Ctrl/Cmd+S pour enregistrer votre document.

L'ARTISTE
Matthieu Rebuffat

Matthieu Rebuffat est un jeune graphiste/illustrateur de 25 ans vivant à Nîmes. Passionné par le dessin et la peinture numérique, il travaille actuellement pour une société de jeux vidéo sur Internet en tant que concept artist (décors et personnages). Vous pouvez retrouver la plupart de ses travaux sur son site www.art-of-kiko.fr

Le texte

Le texte est un outil de création très souvent employé par les artistes. Et Photoshop n'est pas en reste de ce côté-là. Depuis la version 5.5, l'outil Texte est non destructif. Il est possible de le créer et de revenir dessus à tout moment, de l'agrandir et le réduire sans l'abîmer, etc.

Certaines créations sont faites entièrement de texte avec uniquement quelques effets et textures pour l'habiller. C'est un outil très puissant. Dans Photoshop, vous avez la possibilité d'en faire ce que vous voulez en transformant un calque de texte en objet dynamique pour le déformer par exemple. Vous pouvez aussi le pixelliser pour le modifier au pixel près ou encore le convertir en forme d'un clic droit pour l'éditer avec les outils vectoriels.

Les panneaux Caractères et Paragraphes disposent de nombreuses options pour régler votre texte. En cliquant-glissant l'outil Texte sur votre document, vous pouvez même créer des blocs de texte et y entrer des paragraphes entier.

VOITURE EN FUITE

Une scène de voiture en fuite.

Une voiture en fuite, une nuit lugubre et sombre... Utilisez ce tutoriel Photoshop pour apprendre à créer une mise en scène complète. Vous apprendrez notamment à simuler le déplacement d'un objet statique, à créer des effets de lumière, une lune, etc.

SUR LE CD : Vous trouverez sur les CD les éléments nécessaires. Les formes sont téléchargeables sur demosthenesvoice.deviantart.com/art/Star-Brushes-97311837 et deviantart.com/download/33748950/moon_d3d.rar

01 CRÉER UN NOUVEAU DOCUMENT

Ouvrez Photoshop. Commencez par vérifier que la couleur d'arrière-plan est bien le noir. Allez dans le menu Fichier> Nouveau pour créer un nouveau document. Remplissez les valeurs comme suit : Nom : Voiture en fuite, Largeur : 1600 px, Hauteur : 1200 px, Contenu de l'arrière-plan : Couleur d'arrière-plan. Enregistrez votre document dès à présent au format PSD en allant dans le menu Fichier> Enregistrer sous, ou en appuyant sur les touches Ctrl/Cmd+S.

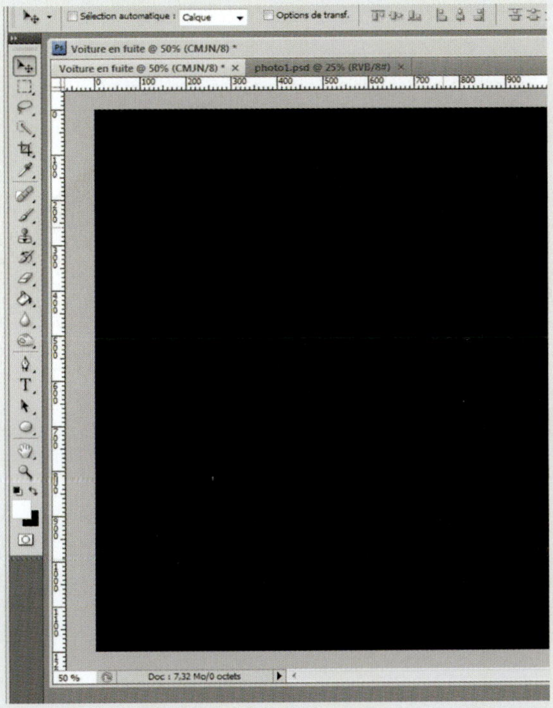

02 IMPORTER LA VOITURE

Ouvrez le fichier photo1.psd sur le CD. Il s'agit de la voiture à importer. Appuyez sur les touches Ctrl/Cmd+A pour sélectionner toute l'image puis copiez-la en appuyant sur Ctrl/Cmd+C. Une fois revenu sur votre image, faites Ctrl/Cmd+V pour coller la photo. Vous remarquez qu'un nouveau calque contenant la voiture a été créé, renommez-le "Voiture".

Enregistrer sous

Lors de la création d'une nouvelle image, la commande Ctrl/Cmd+S permet d'enregistrer votre image, puis cette même commande permet d'enregistrer sur la même version. Pour créer une autre copie, vous devez changer de commande et appuyer sur Ctrl/Cmd+Maj+S !

03 REDIMENSIONNER LA PHOTO

Il est normal que la voiture sorte du cadre puisque la taille de la photo d'origine est bien plus grande que votre image. Vous allez donc devoir redimensionner votre import. Pour cela, appuyez sur les touches Ctrl/Cmd+T pour activer la Transformation libre. Enfin, en gardant la touche Maj enfoncée, redimensionnez la taille de la photo. Placez-la de telle sorte que la voiture se trouve en bas à droite de votre composition graphique.

04 DÉTOURER LA VOITURE

Pour ensuite pouvoir travailler correctement le fond, vous devez d'abord détourer la voiture. Les contours étant bien nets, vous pouvez sans hésiter utiliser la technique du détourage à la Plume pour obtenir un résultat parfait. Sélectionnez l'outil Plume (P) (vérifiez que l'icône Tracé en haut de votre écran est bien sélectionnée) puis utilisez l'outil Zoom (Z) pour vous rapprocher de la voiture. Créez des points d'ancrage sur son contour pour la détourer. Pour terminer, faites un clic droit sur votre image et sélectionnez Créer un masque vectoriel.

05 CRÉER LE BACKGROUND 1/2

La création du fond se décompose en deux parties. La première consiste à atténuer le fond déjà présent sur la photo et la seconde à ajouter un texte grâce au filtre Nuages de Photoshop. Commencez par dupliquer le calque "Voiture". Faites un clic droit sur le masque vectoriel et sélectionnez Supprimer le masque vectoriel. Faites Image> Réglages> Désaturation (Ctrl/Cmd+Maj+U). Pour terminer, allez dans le menu Calque> Masque de fusion> Tout masquer.

06 CRÉER LE BACKGROUND 1/2

Récupérez le contour de la voiture. Vérifiez que le masque de fusion du calque “Voiture copie” est bien sélectionné puis allez dans le menu Sélection> Modifier> Dilater. Entrez 80 pixels. Modifiez la couleur de premier plan par le blanc puis allez dans le menu Édition> Remplir (ou Maj+F5). Pour terminer, faites Filtre> Atténuation> Flou gaussien et déplacez le curseur au maximum sur la droite (250 px). Appuyez sur Ctrl/Cmd+D pour désélectionner.

« Pour créer la texture, vous avez besoin d’utiliser le filtre Nuages. »

07 CRÉER LA TEXTURE

Pour créer la texture, vous avez besoin d’utiliser un filtre. Cependant, l’effet ne sera parfait que si les couleurs de premier plan et d’arrière-plan sont le blanc et le noir. Créez un nouveau calque et nommez-le “Texture”. Faites Filtre> Rendu> Nuages. Ensuite, modifiez le mode de fusion du calque “Texture” en Lumière tamisée et diminuez son opacité à 50 % (vous trouverez la configuration de ces deux éléments en haut du panneau Calques).

08 AJOUTER LES ARBRES 1/2

Pour ajouter un effet lugubre à la scène, disposez sur la gauche des ombres d’arbres morts. Utilisez pour cela le fichier arbres.psd fourni sur le CD. Sélectionnez le calque “Arbres”, appuyez sur les touches Ctrl/Cmd+A pour sélectionner toute l’image et copiez-la en appuyant sur Ctrl/Cmd+C. Puis, une fois revenu sur votre image, faites Ctrl/Cmd+V pour coller les arbres. Enfin, utilisez l’outil Déplacement pour les placer sur la gauche.

09 AJOUTER LES ARBRES 2/2

Pour fondre les arbres dans le paysage déjà présent, changez la couleur des branches. Vous utiliserez pour cela un style de calque. Allez dans le menu Calque> Style de calque> Incrustation en dégradé et configurez-le comme suit : Angle : 0° et Dégradé linéaire, avec les couleurs : #110F0E position 50 % et #241F1D position 100 % (à faire varier selon votre image). Validez. Pour terminer, placez le calque "Voiture" au-dessus du calque "Arbres".

10 AJOUTER LA LUNE

Pour ajouter la lune, nous allons utiliser une forme de pinceau qui se trouve sur le CD (moon_d3d.abr). Sélectionnez l'outil Pinceau. Dans le sélecteur de formes, cliquez sur la flèche en haut à droite, puis sur Charger des formes et allez chercher la forme susnommée. Les formes sont automatiquement ajoutées. Créez un calque et nommez-le "Lune", placez-le en dessous du calque "Arbres". Utilisez une des formes chargées pour créer la lune. Placez le calque "Voiture" au-dessus du calque "Arbres".

11 AJOUTER UN OISEAU

Répétez l'étape 8 pour ajouter l'oiseau devant la lune. Ouvrez le fichier oiseau.psd, sélectionnez tout, copiez/collez sur votre montage. Renommez le calque ainsi créé "Oiseau" puis placez-le juste au-dessus du calque "Lune". Utilisez la Transformation libre pour redimensionner (appuyez sur les touches Ctrl/Cmd+T), puis l'outil Déplacement pour placer l'oiseau juste devant la lune.

12 EFFET DE VITESSE

Pour donner un effet de vitesse à la voiture, il suffit d'utiliser un filtre d'atténuation. Voici comment faire. Commencez par sélectionner le calque "Voiture" et récupérez la sélection de son masque vectoriel. Appuyez sur les touches Ctrl/Cmd+C pour copier la voiture puis faites Ctrl/Cmd+V pour la coller sur un nouveau calque. Renommez ce calque "Vitesse". Allez dans le menu Filtre> Atténuation> Flou directionnel et configurez l'angle à 20° et la distance à 500 pixels. Cliquez sur OK.

13 AJOUTER DE NOUVELLES OPTIQUES À LA VOITURE

Une voiture roulant de nuit doit avoir les phares allumés. Pour simuler leur luminosité dans l'obscurité, vous allez créer des lueurs avec l'outil Pinceau (B) que vous placerez juste au-dessus des phares. Créez un calque, nommez-le "Lumières" et placez-le au-dessus du calque "Vitesse". Modifiez la forme du Pinceau par un Arrondi flou, la taille à 250 pixels, l'opacité à 70 % et la couleur de premier plan en blanc. Créez une lueur sur le premier phare à droite, diminuez-en la taille, puis créez une seconde lueur sur le second phare. Même chose pour les phares de gauche.

Aperçu

Lorsque vous appliquez un filtre à votre image (comme à l'étape 12, un flou directionnel), vous avez la possibilité de voir l'effet dans la fenêtre mais également directement sur votre image, pour cela cochez la case Aperçu.

14 EFFET DE VITESSE SUR LES ROUES

La voiture a bien l'air de rouler de nuit, mais les roues détonnent. En effet, le fait qu'elles soient toutes les deux si nettes donne en fait l'impression que la voiture est à l'arrêt. Il faudrait donc les flouter pour apporter l'effet de vitesse et de déplacement. Avec l'outil Ellipse de sélection (M), créez une zone de sélection autour de la première roue puis sélectionnez le calque "Voiture". Faites Filtre> Atténuation> Flou radial et configurez comme suit : Valeur : 80 px, Mode : rotation, Qualité : normale. Répétez l'opération sur la seconde roue.

« La voiture a bien l'air de rouler de nuit, mais les roues détonnent. »

« Remarque : tracez les lignes en suivant l'effet de vitesse précédemment créé. »

15 EFFET DE FAISCEAUX LUMINEUX

Pour accentuer l'effet des phares, vous allez ajouter des faisceaux de lumière. Modifiez la couleur de premier plan par le blanc puis sélectionnez l'outil Trait (U). Créez des lignes sur votre image : de petites mais larges lignes sur les phares, et de plus longues et plus fines sur les contours. Remarque : tracez-les en suivant l'effet de vitesse précédemment créé. À chaque fois que vous avez créé une ligne, un nouveau calque s'est ajouté. Sélectionnez tous ces calques puis fusionnez-les. Faites Filtre> Atténuation> Flou directionnel et modifiez la distance à 800 pixels (l'angle restant à 20°). Renommez le calque en "Faisceaux".

16 AJOUTER DES ÉTOILES

Comme pour la lune, vous utiliserez pour créer les étoiles des formes de pinceaux. Commencez par charger ces formes grâce au fichier Star_Brushes_by_DemosthenesVoice.abr, puis créez un calque et nommez-le "Etoiles". Placez-le juste en dessous du calque "Texture". Sélectionnez l'outil Pinceau (B) puis modifiez la couleur de premier plan par du blanc. Choisissez dans le sélecteur une forme d'étoile et créez des étoiles autour de la lune. N'hésitez pas à faire varier la taille de la forme de votre pinceau pour créer un effet de profondeur et d'éloignement sur les étoiles. Diminuez l'opacité du calque à 80 %.

17 AJOUTER DE LA COULEUR

Pour terminer l'exercice, ajoutez à votre image deux calques de réglage. Faites Calque> Nouveau calque de réglage> Balance des couleurs et modifiez les tons moyens : - 20, 0 et + 20. Ajoutez un calque de réglage Luminosité/Contraste, puis modifiez la Luminosité à - 25 et le Contraste à + 15. Puis, pour la couleur, faites Fichier> Importer et sélectionnez sur le CD le fichier couleurs.psd. Modifiez le mode de fusion du calque ainsi importé en Couleur. Pour terminer, placez en première position les calques "Couleur" ainsi que les deux calques de réglage.

18 SAUVEGARDE DU FICHIER

L'exercice est maintenant terminé, il est temps d'enregistrer votre fichier. Si vous avez déjà effectué un enregistrement à la première étape, appuyez sur les touches Ctrl/Cmd+S. Sinon, allez dans le menu Fichier> Enregistrer sous. Remarque : il est important d'enregistrer votre fichier en PSD pour garder une trace de vos calques, vous pourrez ainsi l'ouvrir ultérieurement pour le modifier. Enregistrez également une copie en JPEG pour l'exporter sur Internet.

RACCOURCIS CLAVIER LES PLUS

Les outils

Déplacement	V
Rectangle de sélection	M
Ellipse de selection	M
Rectangle de sélection 1 rangée	M
Rectangle de sélection 1 colonne	M
Lasso	L
Lasso polygonal	L
Lasso magnétique	L
Baguette magique	W
Sélection rapide	W
Recadrage	C
Tranches	C
Sélection de tranche	C
Pipette	I
Échantillonnage de couleur	I
Règle	I
Annotation	I
Comptage	I
Correcteur tons directs	J
Correcteur	J
Pièce	J
Œil rouge	J
Pinceau	B

Crayon	B
Remplacement couleur	B
Tampon duplication	S
Tampon de motif	S
Forme d'historique	Y
Forme d'historique artistique	Y
Gomme	E
Gomme d'arrière-plan	E
Gomme magique	E
Pot de peinture	G
Dégradé	G
Goutte d'eau	
Netteté	
Doigt	
Densité +	O
Éponge	O
Densité -	O
Plume Libre	P
Ajout point d'ancrage	P
Suppression point d'ancrage	P
Convertion de point	P
Plume	P
Texte	T
Masque texte vertical	T

Masque texte horizontal	T
Texte vertical	T
Sélection de tracé	A
Sélection directe	A
Rectancle	U
Rectangle arrondi	U
Ellipse	U
Polygone	U
Trait	U
Forme personnalisée	U
Orbite 3D	N
Vue d'enroulement 3D	N
Vue Panoramique 3D	N
Vue de déplacement 3D	N
Zoom 3D	N
Rotation 3D	K
Enroulement 3D	K
Panoramique 3D	K
Coulissement 3D	K
Mise à l'échelle 3D	K
Main	H
Rotation de l'affichage	R
Zoom	Z
Mode masque	Q
Mode standard	Q

Pour passer d'un outil à l'autre dans la même catégorie, utilisez la touche Maj + le raccourci de l'outil.

COURANTS DE PHOTOSHOP CS4

Raccourcis des fonctions

Nouveau	Ctrl/Cmd+N
Ouvrir	Ctrl/Cmd+O (ou double clic sur le fond gris)
Enregistrer	Ctrl/Cmd+S
Enregistrer sous	Ctrl/Cmd+Maj+S
Enregistrer pour le web	Ctrl/Cmd+Maj+Alt+S
Imprimer	Ctrl/Cmd+P
Fermer	Ctrl/Cmd+W
Fermer tout	Ctrl/Cmd+Maj+W
Quitter	Ctrl/Cmd+Q

Annuler	Ctrl/Cmd+Z
Annulations multiples	Ctrl/Cmd+Alt+Z
Couper	Ctrl/Cmd+X
Copier	Ctrl/Cmd+C
Copier avec fusion	Ctrl/Cmd+Maj+C
Coller	Ctrl/Cmd+V
Coller dedans	Ctrl/Cmd+Maj+V
Remplir	Maj+F5
Transformation	Ctrl/Cmd+T

Niveaux	Ctrl/Cmd+L
Courbes	Ctrl/Cmd+M
Teinte/Saturation	Ctrl/Cmd+U
Balance des couleurs	Ctrl/Cmd+B
Inverser	Ctrl/Cmd+I

Nouveau calque	Ctrl/Cmd+Maj+N
Fusionner les calques	Ctrl/Cmd+E
Associer les calques	Ctrl/Cmd+G
Dissocier les calques	Ctrl/Cmd+Maj+G
Dupliquer le calque	Ctrl/Cmd+]

Tout sélectionner	Ctrl/Cmd+A
Désélectionner	Ctrl/Cmd+D
Inverser la sélection	Ctrl/Cmd+Maj+I
Sélectionner tous les calques	Ctrl/Cmd+Alt+A

Filtre précédent	Ctrl/Cmd+F

Taille réelle des pixels	Ctrl/Cmd+Maj+0
Taille écran	Ctrl/Cmd+0
Afficher les règles	Ctrl/Cmd+R
Zoomer	Ctrl/Cmd++
Dézoomer	Ctrl/Cmd+-

Aide	F1

Les raccourcis sont paramétrables dans édition> Raccourcis clavier.

INDEX

A

AFFICHAGE
- Afficher les repères 197
- Magnétisme 183
- Règles 183, 201
- Repère 183

AGRANDIR UN DOCUMENT 6

ALIGNEMENT 51, 196

C

CALQUES 10, 23
- Créez un nouveau calque 176
- Dupliquer le calque 34, 73
- Fusionner les calques 18, 18
- Groupe 19
- Renommer 41
- Supprimer le calque 174

CALQUES DE FORME 124

CALQUES DE RÉGLAGE
- Balance des couleurs 53, 68, 133, 223
- Niveaux 42, 43, 69
- Teinte/Saturation 27, 43, 69, 87

CONTOUR 18

CONTOUR DU TRACÉ 176, 211

COULEUR 153, 169

CRÉER UN MASQUE D'ÉCRÊTAGE 75, 179

CRÉER UN MASQUE VECTORIEL 218

D

DÉFINIR UNE FORME PRÉDÉFINIE 54

DÉFORMATION 39, 134

DÉGRADÉS 199

DENSITÉ + 8

DÉSATURATION 52, 218

DUPLIQUER LE CALQUE 75, 139, 163, 172, 185, 195, 212

E

ÉDITION
- Définir une forme prédéfinie 19
- Utiliser comme motif 144

ENREGISTRER 139

F

FILTRES 121
- Flou directionnel 35, 37, 75, 96, 117, 127, 164, 178, 221
- Flou gaussien 11, 20, 26, 42, 83, 84, 87, 116, 149, 193, 194, 219
- Flou radial 26, 222
- Nuages 26, 76, 202, 219

FORMATS 181
- GIF 181
- JPEG 181
- PNG 181
- PSD 181
- TIFF 181

FORMATS DE FICHIERS 181

FORMES DE PINCEAU 141
- Charger des formes 118, 220

FUSIONNER LES CALQUES 18

G

GROUPE 49, 54, 94, 106, 117, 131, 134, 150, 175
- Créez un groupe 211
- Dupliquer le groupe 211
- Fusionner le groupe 211
- Nommer le groupe 195

I

IMPORTER 171, 223

M

MAGNÉTISME 183

MASQUE DE FUSION 38, 41, 50, 51, 60, 62, 63, 65, 66, 76, 87, 92, 103, 108, 117, 127, 128, 135, 149, 156, 166, 174, 178, 185, 193, 202, 218

MODE MASQUE 35

MODES
- Niveau de gris 93

MODES DE FUSION
- Couleur 118, 210
- Densité couleur - 19
- Incrustation 16, 27
- Lumière tamisée 9, 26, 55, 219
- Produit 49, 68
- Superposition 85, 129, 130, 135

N

NETTETÉ 136

NIVEAUX 42, 43

NOUVEAU CALQUE 16, 18, 21, 39, 144

NOUVEAU DOCUMENT 5, 13, 25, 33, 47, 59, 73, 81, 91, 101, 113, 123, 143, 155, 171, 183, 201, 217

NUAGES 26

NUANCIER 153

O

OBJETS DYNAMIQUES 57

OPACITÉ 11, 18, 35, 38, 51, 63, 97, 164

OPTIONS DE FUSION 138

OUTILS
- Baguette magique 83
- Dégradé 28, 35, 51, 75, 92, 119, 127, 150, 186, 188, 190, 193, 202
- Densité - 81–87
- Densité + 8, 38, 81–87
- Déplacement 29, 34, 37, 40, 51, 63, 64, 75, 92, 125, 132, 136, 143, 146, 156, 163, 184, 203, 211
- Doigt 81–87
- Ellipse 17, 51, 185, 207
- Ellipse de sélection 28, 190, 191, 196, 222
- Flou directionnel 164
- Forme personnalisée 26, 155, 197
- Gomme 84, 132, 150, 189, 196
- Goutte d'eau 196
- Lasso 104, 129
- Lasso polygonal 62, 67, 158
- Loupe 103
- Pinceau 9, 10, 19, 25, 35, 38, 41, 52, 54, 63, 65, 67, 68, 76, 82, 83, 93, 106, 114, 116, 118, 130, 134, 141, 149, 156, 157, 164, 165, 173, 210, 221
- Plume 5, 7, 36, 47, 50, 52, 53, 60, 62, 73, 89, 92, 102, 107, 124, 128, 145, 146, 171, 173, 203, 206, 206
- Pot de peinture 11, 15, 28, 29, 82, 97, 101, 102, 144
- Recadrage 132
- Rectangle arrondi 184, 187
- Rectangle de sélection 37, 64, 85, 125, 145, 157, 158, 187, 188, 190
- Rectangle de sélection 1 colonne 144
- Rectangle de sélection 1 rangée 144
- Tampon 64, 104
- Texte 27
- Zoom 125, 128, 137, 145, 174, 175, 186, 218

P

PANNEAUX
- Calques 10, 17, 48, 77, 95, 103, 109, 115, 148, 161, 219
- Formes 26, 38, 54, 114, 137

PERSPECTIVE 37, 61, 126

PINCEAU 9, 10

PLAGE DE COULEURS 39, 52

PLUME 5, 7, 89

R

RÉGLAGES
- Désaturation 52, 218

RÈGLES 183

REMPLIR 51, 60, 62, 67, 115, 128, 144, 158, 160, 165, 173, 192, 196, 204, 209, 219

REPÈRE 183

S

SÉLECTEUR 169

SÉLECTION 99
- Contour progressif 36, 39, 74
- Contracter 83
- Dilater 219
- Intervertir 6, 36, 41, 74, 85, 124, 126, 174
- Plage de couleurs 39, 52, 73, 83

STYLES DE CALQUE 17, 71
- Aplatir 18
- Biseautage et estampage 28
- Coller le style de calque 175
- Contour 18
- Copier le style de calque 175, 192, 206
- Incrustation couleur 132, 156, 167, 174, 187
- Incrustation en dégradé 16, 28, 49, 101, 138, 148, 220
- Lueur externe 75, 174
- Lueur interne 138, 174, 204
- Ombre portée 138
- Options de fusion 138, 207

SUPPRIMER LE TRACÉ 173

T

TEXTE 27, 197, 212

TRACÉ 210

TRANSFORMATION 8, 11, 27, 34, 37, 40, 48, 52, 60, 61, 67, 85, 92, 107, 111, 124, 136, 147, 212, 218
- Déformation 39, 134, 145, 195
- Perspective 37, 61, 126
- Rotation 180° 197
- Symétrie axe horizontal 50
- Symétrie axe vertical 34, 37, 125
- Symétrie horizontale 117, 132
- Symétrie verticale 163

TRANSFORMATION DU TRACÉ 184

U

UTILISER COMME MOTIF 144

DISPONIBLES DANS LA COLLECTION

SAVOIR TOUT FAIRE AVEC PHOTOSHOP

Tutoriels Volume 1
Collectif

Retouche photo
par Hervé Cafournet

Cet ouvrage a été composé en Archer et The sans
et imprimé en France chez CPI Aubin à Ligugé.

N° d'imprimeur 73545

Achevé d'imprimer en mars 2010

Fabrication CD QOL en Belgique

ISBN 978-2-36145-002-1

Dépôt légal mars 2010